中国IT产业发展报告

(2013~2014)

李 颖／主编

REPORT ON
THE DEVELOPMENT OF
CHINA'S IT INDUSTRY
IN 2013-2014

社会科学文献出版社
SOCIAL SCIENCES ACADEMIC PRESS (CHINA)

《中国IT产业发展报告（2013~2014）》编委会

主　　任　吴　鹰　李　颖

成　　员　丁　健　邓中翰　田溯宁　王维嘉　刘二飞
　　　　　曾　强　宋立新　王中军　刘钜波

《中国IT产业发展报告（2013~2014）》编写组

组　　长　洪京一

副 组 长　邱惠君

统　　稿　李德升　付　伟

成　　员　黄　鹏　李德升　陈新河　付　伟　王　帅
　　　　　付万琳　李　飞　宋艳飞　修松博　曲柳莺
　　　　　汪礼俊　龚巍巍　李维娜　周　鹏　张　宇
　　　　　王　岚　夏　芸　田振国

序 一

IT创新无处不在，硬件在创新，软件在创新，应用在创新。即使很多人认为没有太多创新空间的PC行业，企业也在做很多创新的事情。比如，传统的翻盖式笔记本电脑现在能够"玩瑜珈"，能够变形；传统的电脑在功能上只是个人工作和娱乐的工具，现在变成一个家庭分享娱乐的工具；过去的平板电脑只能躺着使用，现在可以站立，可以弯曲。我们使用的终端设备不是人类的附属品，是人类生活的延伸；终端设备附着越来越多艺术品的成分，人和设备之间更加自然顺畅地沟通交互，人和人之间可以更加和谐地去分享。

IT产业正呈现出计算化、移动化、消费化及人性化的发展趋势。未来，几乎所有的智能终端设备都会具有计算能力，移动设备将无处不在，企业员工越来越多地自主选择和购买个性时尚的消费类产品来进行办公，而人与机器间的交互也将更加简单、方便和人性化。PC市场现在遇到了一些困难，增长不如过去那么快，但是PC不会消亡，仍然是重要的互联网工具。

现在大家都在谈互联网模式、互联网思维，似乎互联网能解决一切问题，但如果所有人都去玩互联网，产品从何而来？互联网模式对于生产、管理、营销带来很大的影响，但产品是实实在在有形的事物，不可能因为采用了互联网模式，产品就能不用研发生产而凭空出现。所以，我们需要的是用互联网来武装自己，改变自己，调整和升级我们的产品开发方式、生产制造方式和渠道模式，而不是动辄就用互联网模式来炒作，什么都打上互联网标签。

可见，总结产业发展特点，洞察产业发展趋势对于产业研究人员和企业家而言尤为重要。《中国IT产业发展报告（2013~2014）》全景描述了过去一年中国IT产业发展情况及产业热点，并对未来IT产业发展进行了展望，为业界提供了观察IT产业的"窗口"和"眼镜"。

杨元庆

联想集团董事长兼CEO

序 二

IT是在不断创新和变革中发展到今天的。IT的发展影响了几乎所有产业，无论是传统的还是新兴的。同时，IT的发展也在影响和冲击自身。十年前，我们看到互联网在快速发展，但没想到十年后能如此深入地改变我们的生产和生活。十年前，我们看到手机在快速普及，但没想到十年后移动互联网对我们的经济和社会影响如此之大。更重要的是，IT的创新发展永无止境，未来十年还能创造什么样的奇迹，带来什么样的冲击，现在还难以想象。不过，可以肯定的是，将有许多企业、行业在IT发展的冲击中出局，而新兴的企业和业态也将涌现出来。十年前，中国一批互联网企业抓住机会，仅用短短十年的时间就发展成为具有很大影响力的企业。未来十年里，IT创新发展所带来的机会仍然会很多，就看谁能抓住这些新的机会，并具有将其变为现实的能力。

2014年的IT领袖峰会主题是"IT新价值与产业互联网"。IT新价值源于IT和互联网的思想。互联网能发展得这么好，最主要的是它具有开放、透明、分享、责任的特征。这也是互联网思想的精髓所在。今天的企业要发展，同样需要秉承开放、透明、分享、责任的思想。传统行业和企业受互联网的影响和冲击，主要的不是业务或是客户，而是思想和基于思想的商业模式。比如，互联网金融不是因为要颠覆或挑战传统金融才发展起来的，而是在开放、透明、分享、责任的思想下以新的模式满足了众多小微企业和个人需求而发展起来的。

我在IT领袖峰会上读到《2013年中国IT发展报告（简版）》，里面对IT产业的发展进行了盘点，一些观点颇有新意。这次《中国IT产业发展报告（2013~2014）》在简本的基础上，从细微入手，对IT产业作了比较全面的总结，相信会为业界带来很多新观点、新视角，并能为行业发展走向提供有益的参考。

马　云

阿里巴巴集团董事局主席

序 三

过去十五年，中国 IT 产业持续快速发展，形成了庞大的产业规模，积累了丰富的技术和人才。尤其是互联网行业飞速发展，创新不断，对经济和社会带来深刻影响。比如，就电子商务来说，仅淘宝一家的交易量就过万亿元。即使放到全球格局，中国的互联网行业也是可圈可点，并占有一定的地位。比如，从市值来看，全球前五家互联网企业中有三家是美国的企业，有两家就是中国的企业。

互联网正加快与传统产业融合。过去十五年，互联网主要涉足了传媒、软件、游戏和零售等行业，就是网络媒体、互联网服务、网络游戏和电子商务等，成为这些行业的颠覆性力量。最近几年，互联网开始渗透到更多行业，带来更为深刻的变革和影响。比如，小米科技用互联网方式涉足手机行业，短短三年内销售收入超过 300 亿元。互联网金融成为去年以来的热门话题，余额宝在几个月时间内聚集了 4000 亿元的资金，进展之神速，令人惊叹。腾讯和阿里通过高额补贴在打车软件领域进行争夺，迅速普及了打车软件，优化了出租车的调度服务。这些也推动了"互联网思维"这个词语成为热门。总结起来，互联网主要具有以下几个特点：一是信息对称。很多传统行业就是用信息不对称来赚钱，如批发市场等，互联网很容易将其颠覆。二是用户切换成本低。到淘宝买还是到京东买，鼠标一点就换了。互联网极其重视用户口碑和用户体验。三是高效率，快速成长。如果用这些特点来做传统产业，会有爆炸性增长。

互联网发展浪潮给了中国巨大的发展机会，一批企业和人才抓住机遇，快速崛起。当前，移动互联网时代到来，其发展速度比互联网还快。几乎所有的互联网公司都在抢移动互联网的船票。没有移动互联网，就没有未来。比如，腾讯三年前做微信，从零开始，目前已经超过 4 亿活跃用户，市值也从500亿美元涨到1500亿美元，是目前最大的赢家。

我在IT领袖峰会上读到《2013年中国IT发展报告（简版）》，报告以"互联网促进跨界融合"为主题，对互联网引发的创新、融合、变革进行归纳描述，不少看法能给人以启发。这次《中国IT产业发展报告（2013~2014）》在简本的基础上，进一步充实内容，相信能为行业主管部门和研究机构提供很好的参考。

雷　军

小米科技创始人、董事长兼CEO

前　言

近年来，IT产业的转型步伐明显加快，新的发展特点层出不穷。一方面，IT产业与各个行业加速融合，推动各行业变革，促进产业互联网迅猛发展。另一方面，"互联网思维"催生IT产业的自身变革，"用互联网改变别人"转变为"用互联网改变自己"，传统硬件、软件、信息服务的界限正在被逐渐打破，进入开放性创新变革的新时期。此外，伴随着IT产业和互联网的突飞猛进，核心技术和信息安全等问题已经从产业局部自身问题上升到关系国家社会、经济、政治、军事等发展全局的战略性问题。IT发展得到更高层次、更广视角的重视和关注，也必将承担更大的责任和期望。

2013年，中国IT产业继续保持良好发展态势，取得了多方面进展，也面临着不少挑战。

产业规模保持增长，但增速放缓。2013年电子信息制造业收入同比增长12.7%，软件和信息技术服务业增长24.6%，电信业增长8.7%，但增速分别下滑2.6%、6.9%和0.2%。究其根本，固然有多方面客观原因，包括宏观经济环境影响、出口增长乏力、内需刺激政策退出、传统业务萎缩等，同时也反映出产业发展已经进入需要调整和变革的新阶段。

产业结构调整步伐加快。一是IT产业服务化趋势明显。软件和信息技术服务业的收入比重到达了23%，这意味着相比2008年已经累计提升了11.7个百分点。二是IT产业呈现向中西部地区转移的趋势。中西部地区增速高于全国平均水平17个百分点。

核心技术和安全问题日益凸显且迫在眉睫。我国在电子材料、存储芯片、导航系统、显示技术、智能语音等领域取得了一定程度的突破，但关键信息技术和核心产品对外依存度仍然较高，支撑能力比较薄弱，关键技术受制于人，尤其是集成电路和基础软件方面。集成电路进口总额超过原油，成为最大的进口商品。国外品牌操作系统占据了国内90%以上的市场份额，国产数据库所占市场份额不到5%。2013年的"棱镜门"事件，2014年的微软中国宣布4月8日对Windows XP停止服务、马航MH730客机失联、华为公司总部服务器被美国国家安全局入侵监控等事件，都反映出核心技术、信息安全等问题的重要性和紧迫性。

IT骨干企业国际化和走出去取得积极进展。2013年中国IT企业在国际市场开拓上取得一定的成绩。骨干企业由"产品"走出去向"工厂"和"服务"走出去转变，通过国际并购实现"资本"走出去的步伐加快。2013年电子信息百强企业中，有1/10以上的企业通过收购或并购海外企业，提升本企业的国际影响力。国内IT企业的国际地位进一步提升，比如，华为在营收规模上超过爱立信成为全球最大电信设备商，联想超越惠普成为全球最大的PC厂商，微信海外版本的注册用户数量超过1亿等。

投融资活动活跃，互联网、软件和信息服务是热点。2013年中国IT领域的并购整合力度不断加强，并购案例398起，涉及金额2110.5亿元，其中互联网、软件和信息服务领域的投资活动十分活跃，2013年共有投资案例301起，占比77.4%，明显高于其他领域。

知识产权竞争更加激烈。截至2013年6月，中国信息技术专利申请量达210万件，其中国内申请占69%。知识产权成为国际IT企业阻击竞争对手的重要手段。2013年上半年美国涉华"337调查"10起，居涉案国之首。如何突破外国企业的知识产权壁垒，是中国企业不能回避的问题。从国内看，互联网领域的版权纠纷、不正当竞争纠纷不断增加。

政策环境不断宽松和优化。2013年国务院及各部委相继出台了针对物联网、宽带中国、信息消费等领域的一系列政策，颁发4G和虚拟运营商牌照，取消或下放了一大批行政审批事项，产业政策环境持续完善；对滥用市场支配地位的IT厂商发起反垄断调查，处理多起侵权案件，市场规范管理力度加大。

2013年，我国在移动互联网、云计算、大数据、移动电子商务、社交网络、智慧城市等热点领域发展迅猛，呈现新的特点。

移动互联网正在进入大众化阶段，已经形成世界级用户群体和世界级市场。2013年，中国手机网民规模达5亿，3G用户达4亿，智能手机出货量达3.6亿部，国产品牌智能手机市场占有率近80%，为孕育世界级企业提供了肥沃土壤。

云计算从初期概念炒作阶段进入实践和应用阶段。2013年中国云计算市场规模约110亿元。国内外IT企业加快布局，云计算的产品和服务逐渐增多。个人云发展迅速，多家企业推出大空间、免费的云存储产品，掀起"云盘大战"。云计算逐渐向传统行业渗透，行业应用进入实践阶段。

大数据仍处于早期发展阶段，但产业生态系统已开始构建，其应用加快向垂直行业延伸。互联网企业引领数据技术发展和应用实践，一批面向大数据的创新型企业开始出现。大数据对传统IT业带来革命性挑战，其引发的"去IOE"趋势将给我国IT产业发展带来窗口机遇期。

社交网络进一步发展，用户规模、社交应用、商业化和融合跨界能力不断提升，加速向移动化、平台化方向发展。移动社交引领社交网络发展，支付功能成为扩展和盘活社交网络的重要应用，加速了流量变现。

移动电子商务成为年度发展亮点和电商竞争热点。电商企业加快向社交、物流、金融等领域跨界融合发展，着力构建开放平台。供应链金融为电商供应商和上下游企业提供新的融资渠道，也使电商巨头向金融领域又跨进了一步。

智慧城市进入推进期。全国掀起智慧城市建设热潮，带动相关产业发展。但热潮中暗藏隐忧，将智慧城市建设等同于粗放的科技地产、园区地产和低水平信息设施建设，贪大求全，应用不足，缺乏标准规范，民众参与不足等问题应引起重视。

展望未来，我国IT产业已经具备向更高层次发展的基础和能力，下一步将向纵向深入、横向延伸、跨界融合的态势发展。

IT产业将加强顶层设计。2014年是中国全面深化改革的元年。无论是中央网络安全和信息化领导小组的成立，还是国家创新驱动战略的落实，都体现出国家战略层面对IT产业创新发展的迫切需要和大力支持。网络安全和信息化上升为国家战略。国家对信息基础设施、信息技术研发的投入将加大，对芯片、操作系统等关键技术攻关和推广应用的路径更加清晰。相关的创新体制，尤其是科研项目和资金管理也将加快改革。

互联网思维加速产业变革。在互联网迅猛发展的催化下，IT产业链上下游的壁垒被进一步打破，电信运营商、内容和应用服务商、设备制造商、终端厂商、软件服务商等企业加速将自身业务向产业上下游延伸，通过企业并购、业务合作等形式，围绕自身优势打造硬件、软件、应用服务的一体化特色服务。

产业互联网引领跨界融合。"互联网+"模式将给各个行业带来创新与发展的机遇。传统企业将更多地吸收互联网思维，对企业的资源和业务进行重构，进而推动商业模式、服务模式、研发模式的创新。云计算、大数据、移动互联网正在成为企业打造核心竞争力的关键要素。在个人消费级应用领域大热的云服务、移动应用、社交网络正在步入企业，基于新兴技术和模式的企业级应用将崛起。

智能科技将带动产业升级。智能化浪潮正逐步向家居、可穿戴设备、汽车、机器人等行业延伸，特别是随着智能电视的发展，客厅将引领新型智能终端入口之争。智能制造加速，融合众多IT技术的智能汽车及智能工业机器人将带来新一波高技术产业发展。

互联网生态系统建设进一步加快。互联网巨头凭借产品、技术和用户群等优势，实现硬件、软件、内容、服务的垂直一体化整合，并将线上服务延伸至线下，在冲击电信、金融领域的同时，逐渐向教育、医疗、交通等领域延伸，围绕应用场景、流量入口、位置和地图服务、支付、服务和物流在O2O领域进行布局，打造多元化服务的强势生态，超级应用将成为构建强势生态的核心。

本报告分为三篇，共19章，在跟踪2013年中国和全球IT产业最新进展和热点的基础上，分析产业发展变化的特点，总结产业发展态势和趋势。在报告编写过程中，我们得到工业和信息化部、深圳市人民政府等相关政府部门的大力支持和众多业界专家的悉心指导，在此一并表示最诚挚的谢意。

由于时间、条件和水平有限，不足之处恳请批评指正。

李颖

2014 年 5 月

目 录

第一部分 综述篇

第一章 全球IT产业发展特点 ········· 001
一 IT支出增长乏力，产业增速缓慢回升 ········· 001
二 产业结构调整加快，新业务竞争加剧 ········· 007
三 投资并购回暖，移动互联网和云计算持续走热 ········· 010
四 新兴热点领域加速发展，跨界融合和智能化趋势明显 ········· 013
五 各国加快支持和布局，争抢新兴技术发展先机 ········· 019

第二章 中国IT产业发展综述 ········· 022
一 产业规模增长速度趋缓，从业人员规模增速下滑 ········· 022
二 产业结构调整步伐加快，IT服务化趋势明显 ········· 025
三 核心技术和产品支撑较弱，安全可控成为关注重点 ········· 029
四 骨干企业国际化破瓶颈，研发投入和专利储备增强 ········· 034
五 新兴技术加速落地，技术融合趋势明显 ········· 039
六 国际竞争日趋激烈，环境建设不断加强 ········· 046

第三章　中国IT产业发展展望···································· 052

一　全面深化改革带来新机遇，IT产业顶层设计将加强 ············ 052

二　互联网思维促进产业变革，开放性创新成为典型特征············ 057

三　产业互联网引领跨界融合，智能化应用加快普及················ 060

四　大数据带来大价值，数据分析应用能力成为核心竞争力········ 063

五　生态成为竞争的关键，业界巨头打造强势生态·················· 066

第二部分　热点篇

第四章　集成电路进入产业发展新阶段······························ 074

一　产业继续保持快速增长，市场规模再创新高···················· 074

二　技术水平持续提升，国产化能力不断增强························ 075

三　国内集成电路企业合作加强，并购重组更加活跃················ 077

四　新政策将开创产业发展新局面······································ 078

第五章　国产操作系统支撑能力有待提高···························· 081

一　操作系统寡头垄断格局已定，国产操作系统份额较低·········· 081

二　国产操作系统发展面临机遇，也存在巨大的挑战················ 084

三　安全技术是根本，低功耗技术是移动端竞争焦点················ 086

四　操作系统顺应新兴业态发展需求，"四化"趋势明显············ 087

第六章　移动互联网孕育世界级企业································· 090

一　中国移动互联网蓬勃发展，进入大众用户阶段·················· 090

二　中国已经形成世界级市场，正在孕育世界级企业················ 094

三　平台企业不断加强生态系统建设，战略投资和

　　并购力度加强··· 098

四　4G牌照发放，国内企业加紧布局································· 102

第七章　云计算市场已迎来战国时代 104
  - 一　云计算市场规模偏小，但增速较快 104
  - 二　云盘大战掀起个人云服务高潮，消费云时代到来 107
  - 三　云计算逐渐渗透传统行业，企业开始向云计算转型 109
  - 四　国内外厂商同台博弈，市场竞争激烈 110
  - 五　国内外云计算厂商差距依然明显 113
  - 六　统筹规划云产业发展，应用落地应进一步加强 114

第八章　大数据带来新的机遇窗口期 118
  - 一　大数据产业雏形显现，产业链覆盖广泛 118
  - 二　互联网企业引领大数据发展，创新企业不断涌现 121
  - 三　大数据的行业应用实践不断涌现，传统IT企业加快大数据技术和产品开发 123
  - 四　政府高度重视大数据发展，政策环境不断完善 125
  - 五　大数据应用引发"去IOE"趋势，国内IT企业迎来发展新机遇 127
  - 六　大数据仍处于早期发展阶段，数据的开放和利用是重点 131

第九章　社交网络借助支付加速变现 134
  - 一　社交网络用户规模整体增速放缓，用户活跃度攀升 134
  - 二　即时通信类工具引领社交网络发展，移动社交成争抢焦点 136
  - 三　社交网络与其他领域融合加速，不断创新商业模式 138
  - 四　支付功能扩展和盘活社交网络应用，加速流量变现 141
  - 五　微信成为新一代社交网络的代表，加速模式创新以构建商业化的生态体系 141

第十章　3D打印推动我国智能制造升级 145
  - 一　智能化成为全球制造业发展的必然趋势 145

二　发展智能制造是我国制造业升级的必由之路……………………147
三　3D打印成为促进全球制造业智能化发展的重要因子…………150
四　3D打印成为推动我国制造业产业升级的新锐力量……………154
五　3D打印推动我国智能制造面临的机遇与挑战…………………155

第十一章　物联网步入规模发展阶段………………………………………158
一　物联网发展环境不断优化，持续发展动力强劲…………………158
二　产业规模快速增长，细分领域协调发展…………………………161
三　重点企业快速发展，规模和能力不断壮大………………………163
四　技术研发水平提升，关键技术有所突破…………………………165
五　区域发展呈现不同特色，产业集聚效应显现……………………167
六　应用示范蓬勃发展，典型应用取得显著成效……………………169
七　物联网发展需求不断释放，未来发展趋势向好…………………172

第十二章　移动电子商务成为角逐焦点……………………………………176
一　电子商务发展持续深化，移动电商成新亮点……………………176
二　各大巨头加速跨界与融合，角力构建开放平台…………………181
三　巨头布局供应链金融服务开放平台，企业融资
　　需求快速释放………………………………………………………183
四　互联网深化发展促传统企业加速"触网"，O2O
　　发展成竞抢的新蓝海………………………………………………184
五　政府大力推进电子商务稳健发展，营造良好的政策环境………186

第十三章　智慧城市建设拉动产业发展……………………………………189
一　我国智慧城市建设进入推进期……………………………………189
二　政府加快推出政策营造良好环境…………………………………191
三　智慧城市是产业转型升级的重要方向……………………………192
四　智慧城市建设拉动产业发展………………………………………194

五　产学研用各部门加盟布局智慧产业……………………………… 199
　六　智慧城市建设热潮中暗藏隐忧…………………………………… 201

第十四章　2013年度中国IT产业十大热点事件……………………… 203
　一　国务院出台信息消费促进政策…………………………………… 204
　二　工业和信息化部向三大运营商发放4G牌照……………………… 205
　三　余额宝上线引发互联网金融热潮………………………………… 207
　四　微信以支付加速腾讯O2O模式发展布局………………………… 208
　五　小米与格力的赌局引业界重审互联网模式的后顾之忧………… 209
　六　联想集团以29亿美元收购摩托罗拉智能手机业务……………… 210
　七　百度斥19亿美元收购91手机助手………………………………… 211
　八　紫光股份并购展讯和锐迪科加速集成电路行业整合…………… 213
　九　XP停止服务引发担忧……………………………………………… 215
　十　发改委对高通发起反垄断调查…………………………………… 217

第三部分　专题篇

第十五章　新型智能终端发展浪潮来袭………………………………… 221
　一　可穿戴市场角逐全面展开，医疗健康市场前景广阔…………… 222
　二　智能家居发展仍处起步阶段，智能家电领域发展迅速………… 226
　三　汽车智能化水平不断提升，无人驾驶正成为竞争焦点………… 230
　四　机器人市场迎来发展机遇，工业应用前景广阔………………… 237
　五　智能语音技术应用不断深入，正在成为主要人机
　　　交互方式……………………………………………………………… 240

第十六章　"软件定义"改变世界…………………………………………… 244
　一　硅谷掀起软件革命浪潮，"三化"趋势明显……………………… 244
　二　软件定义内涵扩展，软件开始定义IT产业各领域……………… 246

三 软件渗透生产生活各领域，软件开始定义世界…………………… 248
四 信息的数字化进程加快，软件重新定义各行各业…………………… 250

第十七章 "互联网化"驱动产业变革 …………………… 257

一 互联网普及深化，"互联网化"浪潮来袭 …………………… 257
二 从电子化到互联网化，是思维与模式的变革 …………………… 261
三 互联网金融兴起，互联网化冲击金融业 …………………… 265
四 互联网化促 IT 产业变革，IT 企业加快转型 …………………… 271
五 互联网化将走向互联网无形化，数据和内容是核心 …………… 272

第十八章 产业金融成为推动 IT 发展的重要力量 …………………… 274

一 IT 领域产融结合趋势明显 …………………… 274
二 大企业是 IT 领域"由产到融"的主要推动力 …………………… 277
三 投资并购是 IT 领域"由融到产"的重要形式 …………………… 280
四 软件和信息服务成投融资关注重点 …………………… 285
五 中国 IT 产业的产融结合还面临一些问题 …………………… 289

第十九章 知识产权竞争更加激烈 …………………… 294

一 IT 领域专利申请量平稳增长 …………………… 294
二 专利成为进军国际市场的重要工具 …………………… 300
三 网络版权保护力度进一步增强 …………………… 302
四 互联网领域不正当竞争纠纷增多 …………………… 303
五 知识产权质押融资发展迅速 …………………… 304

附　录

附录1　2013 年电子信息产业主要指标完成情况 …………………… 307

附录2	2013年中国软件和信息技术服务业主要经济指标完成情况 ·············· 309
附录3	2013年中国电子信息百强企业名单 ·············· 310
附录4	2013年中国软件业务收入前百家企业名单 ·············· 314
附录5	2013年度中国互联网100强名单 ·············· 318
附录6	1998~2013年英特尔投资的中国IT企业 ·············· 322

参考文献 ·············· 325

编后记 ·············· 328

图目录

图1-1　2010~2014年全球GDP增长情况 …………………………… 002

图1-2　全球IT支出增长情况 …………………………………………… 003

图1-3　全球各类型IT设备出货量增长情况 …………………………… 004

图1-4　全球各类型操作系统设备出货量增长情况 …………………… 004

图1-5　2010~2013年全球电子产品产销增长情况 …………………… 005

图1-6　2005~2013年世界软件产业增长情况 ………………………… 005

图1-7　2013年主要国家电子产品产值增长情况 ……………………… 006

图1-8　世界主要国家和地区在全球软件产业中的比重 ……………… 006

图1-9　2013年各类电子产品产值增长情况 …………………………… 007

图1-10　2012年和2013年各类电子产品产值所占份额 ……………… 008

图1-11　全球SaaS收入增长情况 ……………………………………… 008

图1-12　全球移动应用商店移动应用付费下载量增长情况 ………… 009

图1-13　2012年第1季度至2013年第3季度美国IT领域的风险投资案例数情况 ………………………………………… 010

图1-14　2012年第1季度至2013年第3季度美国IT领域的风险投资金额情况 …………………………………………… 011

图1-15　全球IT领域IPO情况 ………………………………………… 011

图1-16　2012年第1季度至2013年第3季度全球IT各领域并购交易数量 ………………………………………………… 012

图目录

图 1-17　2012 年第 1 季度至 2013 年第 3 季度全球互联网、软件和
　　　　　IT 服务并购交易金额 …………………………………………… 013
图 1-18　全球 IT 细分领域投资并购情况 …………………………………… 013
图 2-1　2008~2013 年中国 IT 产业规模变化 ……………………………… 023
图 2-2　2007~2013 年中国互联网用户规模及渗透率 …………………… 024
图 2-3　2008~2013 年电子信息制造业和软件业从业人员规模 ………… 024
图 2-4　2008~2013 年中国 IT 产业结构变化 ……………………………… 025
图 2-5　2013 年 1~11 月电子信息制造业主要行业实现营业收入
　　　　所占份额 ……………………………………………………………… 026
图 2-6　2011~2013 年中国东、中、西、东北部电子信息制造业
　　　　发展态势对比 ………………………………………………………… 027
图 2-7　2009~2013 年中国软件业收入结构变化 ………………………… 028
图 2-8　2013 年软件分区域增长情况 ……………………………………… 028
图 2-9　2010~2013 年全国 19 个中心城市软件业务
　　　　收入增长及占比 ……………………………………………………… 029
图 2-10　国内操作系统市场分布 …………………………………………… 031
图 2-11　国内数据库市场分布 ……………………………………………… 032
图 2-12　2012~2013 年全球五大通信设备提供商营收情况 ……………… 036
图 2-13　2013 年第 1 季度至 4 季度全球五大 PC
　　　　　厂商出货量 ………………………………………………………… 036
图 2-14　2013 年全球主要智能手机厂商出货量及市场份额 ……………… 037
图 2-15　2008~2013 年中国电子信息百强企业营收增长及占比 ………… 037
图 2-16　2009~2013 年中国软件业务收入前百家企业营业
　　　　　收入增速及占比 …………………………………………………… 038
图 2-17　云计算、物联网和大数据发展历程 ……………………………… 040
图 2-18　云计算、大数据、物联网三大技术相互关系 …………………… 042
图 3-1　2012~2016 年中国可穿戴设备市场出货量预测 ………………… 062

009

图 4-1　2007~2013 年中国集成电路产业销售收入增长情况 …… 075
图 5-1　操作系统产业链构成 …… 082
图 6-1　2008~2017 年全球手机用户增长趋势 …… 091
图 6-2　全球的移动互联网用户增长趋势 …… 091
图 6-3　2008~2017 年全球的移动宽带用户增长趋势 …… 092
图 6-4　中国手机网民规模及占比 …… 092
图 6-5　2009~2014 年中国移动互联网用户发展趋势 …… 093
图 6-6　2008~2014 年中国 3G 用户增长趋势 …… 094
图 6-7　2009~2014 年中国智能手机出货量增长趋势 …… 097
图 6-8　2013 年第四季度中国智能手机品牌市场份额 …… 098
图 6-9　2011~2016 年小米科技增速预测 …… 098
图 6-10　2009~2012 年中国移动智能终端操作系统市场份额 …… 099
图 6-11　2009 年至 2014 年 12 月全球 LTE 网络数量 …… 102
图 7-1　2010~2016 年全球公有云市场规模 …… 105
图 7-2　2010~2016 年全球公有云市场结构 …… 105
图 7-3　2011~2014 年中国公有云市场规模 …… 106
图 7-4　全球分地区市场情况 …… 107
图 7-5　2013 年 8 月云盘大战持续升级 …… 108
图 7-6　国内云计算市场格局 …… 112
图 7-7　2010~2013 年国内外企业的净利润对比 …… 114
图 8-1　大数据产业的价值链 …… 119
图 8-2　我国大数据产业发展的推进力量 …… 125
图 8-3　2011 年第 4 季度至 2013 第 3 季度 IBM 营业收入和净利润 …… 129
图 8-4　企业选用大数据厂商调查 …… 130
图 8-5　2011~2016 年中国大数据市场规模 …… 131
图 8-6　2013 年版 Garnter 新技术成熟度周期曲线 …… 132
图 9-1　全球社交网络用户活跃度排名 …… 135

图目录

图9-2	2011~2013年中国社交网络用户规模及其结构变化情况	135
图9-3	中国社交类应用网民覆盖率	137
图9-4	垂直领域与社交融合典型企业和产品	139
图11-1	2010~2015年我国物联网产业总体规模	162
图11-2	物联网产业链结构	163
图12-1	2009~2013年中国电子商务市场交易规模及其变化情况	177
图12-2	2011年6月至2013年12月中国网民规模及其变化情况	177
图12-3	2008~2016年中国进出口贸易及跨境电子商务交易规模	178
图12-4	全球接入网络设备占比	180
图12-5	2008~2014年中国移动电子商务市场交易规模	180
图12-6	O2O模式生态链	185
图13-1	国外智慧城市发展历程	189
图13-2	国内智慧城市发展历程	190
图13-3	我国人均资源储量占世界人均水平的百分比	192
图13-4	2008~2012年我国电子信息产业收入规模	195
图14-1	中国安卓游戏分发平台市场份额情况	213
图14-2	2009~2012年紫光股份、展讯通信和锐迪科营收情况	214
图14-3	2013财年高通营业收入来源按产品结构分布	218
图14-4	2013财年高通收入来源按地域分布	218
图14-5	五大厂商LTE基本与新颖专利比例和AOP技术趋势专利比例	219
图15-1	2012~2016年中国可穿戴设备市场出货量预测	222
图15-2	2012~2016年中国可穿戴设备市场规模预测	223

图 15-3　可穿戴设备的产品形态分布 …………………………………… 225

图 15-4　2014~2018 年谷歌眼镜预计年销量 …………………………… 225

图 15-5　2012~2016 年中国可穿戴市场移动医疗设备市场
　　　　　规模预测 ………………………………………………………… 226

图 15-6　智能家居发展的五个阶段 ……………………………………… 227

图 15-7　目前主要智能家居企业主体 …………………………………… 228

图 15-8　联网汽车发展情况 ……………………………………………… 232

图 15-9　谷歌无人驾驶汽车结构 ………………………………………… 234

图 15-10　美国 2013 年前 5 月电动车销量 ……………………………… 236

图 15-11　2008~2016 年全球机器人年销量 …………………………… 238

图 15-12　2008~2015 年中国机器人年销量 …………………………… 240

图 15-13　2012~2017 年中国应用语音技术的智能电视
　　　　　（含机顶盒）销量 ……………………………………………… 242

图 15-14　2012~2017 年中国应用语音技术的车载信息服务系统
　　　　　销量 ……………………………………………………………… 243

图 16-1　软件革命无处不在 ……………………………………………… 245

图 16-2　软件定义网络的产业链示意 …………………………………… 248

图 16-3　软件定义世界时代的来临演进 ………………………………… 249

图 16-4　软件定义世界示意 ……………………………………………… 249

图 16-5　软件定义世界的发展路径示意 ………………………………… 250

图 16-6　丰富多彩的社会化媒体示意 …………………………………… 251

图 16-7　电子商务中国经济和社会发展带来的影响示意 ……………… 252

图 16-8　互联网金融新兴力量不断出现示意 …………………………… 253

图 16-9　软件推动制造业服务化 ………………………………………… 253

图 16-10　工业互联网的潜力示意 ………………………………………… 254

图 16-11　计算机育种示意 ………………………………………………… 255

图目录

图 17-1	全球互联网用户数及普及率增长情况	258
图 17-2	全球移动用户和普及率增长情况	258
图 17-3	中国网民增长情况	259
图 17-4	企业发展中的影响因素	260
图 17-5	各行业互联网化程度及受其冲击程度示意	261
图 17-6	信息技术应用及其影响的阶段划分	262
图 17-7	互联网化过程	264
图 17-8	黄太吉微博截图	264
图 17-9	互联网金融发展的主要节点	266
图 17-10	互联网金融的层次和模式	267
图 17-11	P2P借贷平台工作原理	268
图 17-12	众筹平台运作流程示意	269
图 17-13	从互联网化到互联网无形化	273
图 18-1	君联资本投资的部分企业	279
图 18-2	互联网企业"由产到融"	280
图 18-3	2013年中国IT领域并购案例分布	282
图 18-4	2008年第1季度至2013年第4季度美国软件产业投资数量及其占比	285
图 18-5	2008年第1季度至2013年第4季度美国软件产业投资额及其占比	286
图 18-6	2013年中国IT产业按细分领域投资案例数量占比	288
图 18-7	2013年中国IT产业在证券市场上的表现	290
图 18-8	2013年全球主要证券市场表现情况	291
图 18-9	中国金融服务体系	292
图 19-1	信息产业九大领域专利申请总量分布	297
图 19-2	2006~2012年信息产业九大领域专利申请年度变化	298

图19-3 内地信息技术领域专利申请前10位企业统计 …………… 298

图19-4 国外企业在华专利申请前20位企业专利申请分布 ……… 300

图19-5 不同规模企业涉及不正当竞争纠纷情况 …………………… 303

图19-6 2008~2013全国专利质押融资情况 ………………………… 305

表目录

表1-1　全球IT支出明细情况　003
表1-2　2012年第1季度至2013年第3季度全球IT并购情况　012
表2-1　2013年全球半导体产业排名前20强　030
表3-1　腾讯等五家中国互联网公司主要业务和产品　066
表3-2　2014年1月移动端活跃用户数最高的十大超级应用　071
表5-1　中国网民的操作系统使用情况　083
表6-1　2013年中国互联网企业海外并购情况　095
表6-2　2013年IT上市企业市值Top 15　096
表6-3　2012年和2013年全球智能手机出货量　097
表6-4　腾讯等五家中国互联网公司近期主要投资并购情况　100
表7-1　国外云服务厂商与国内政企合作一览　110
表7-2　部分城市的云计算发展规划　115
表7-3　首批云计算试点城市云产业发展阶段性情况　116
表8-1　大数据产业链相关国内企业　121
表8-2　国内部分大数据融资案例　122
表8-3　国内部分地方政府的大数据发展政策　127
表9-1　社交网络与垂直领域融合情况　140
表9-2　微信生态系统　144
表11-1　我国物联网主要企业发展情况　164
表11-2　各地物联网产业园区　168

表 12-1	电商领域相关的跨界与融合产品和事件	182
表 12-2	传统企业"触网"案例	184
表 13-1	智慧城市发展前20名	193
表 14-1	2013年中国IT产业十大热点事件	203
表 15-1	国内外典型企业可穿戴设备布局	223
表 15-2	2013年中国液晶电视市场最受关注的前10款产品及主要参数	229
表 15-3	智能汽车发展历程	231
表 15-4	IT企业和汽车制造厂商在无人驾驶汽车领域的优势	233
表 15-5	谷歌2013年机器人相关的收购事件	239
表 18-1	中国IT产业部分投资机构及其基金规模	281
表 18-2	2013年中国IT领域已披露金额并购案例涉及金额前十位	283
表 18-3	2013年中国IT领域新上市企业名单	284
表 18-4	2013年全美软件产业重大投资案例	286
表 18-5	2009~2013年中国IT产业上市企业增发情况	289
表 19-1	电子信息技术专利申请主要国别分布	295
表 19-2	2013年内地各省市专利申请情况	296
表 19-3	2013年电子信息百强前20位企业专利申请统计	299

第一部分 综述篇

第一章 全球IT产业发展特点

2013年,全球经济增长仍旧低迷,但呈回升趋势。在此经济形势下,全球IT支出增长乏力,全球IT产业增长缓慢回升。SaaS、移动应用、大数据等新兴业务发展迅速,成为全球IT产业新的增长点,带动IT市场结构的调整。各大IT企业围绕这些新兴业务展开越来越激烈的竞争,加快业务调整和产业链整合。全球IT领域的投资并购活动回暖,移动互联网和云计算成为投资并购的热点。移动互联网的爆发式增长进一步推动了互联网的深入渗透和广泛普及,"互联网化"浪潮推动了产业变革。大数据技术发展加快,应用逐渐增多,产业链雏形初步形成,也进一步凸显了数据资源的重要性,促进开放数据运动的兴起。为抢占技术和产业发展先机,各国政府加大对新兴技术和产业的布局,通过战略规划、研发投入、应用推广等措施进行支持和促进。

一 IT支出增长乏力,产业增速缓慢回升

2013年,全球经济增长仍处于低速,而且增长动力也发生改变。根据

国际货币基金组织 10 月发布的报告，2013 年全球经济增长率预计为 2.9%，低于 2012 年的 3.2%（见图 1-1）。虽然主要新兴市场的增长依然强劲，但增长率将低于预期，部分原因是国际金融危机后新兴市场采取的刺激措施逐步退出导致经济活动自然降温。另外，基础设施、劳动力市场发展的滞后及投资中存在结构性问题也导致了许多新兴市场增速放缓。IMF 预测 2014 年全球经济增长率将上升到 3.6%，且增长回升将主要由发达经济体推进。

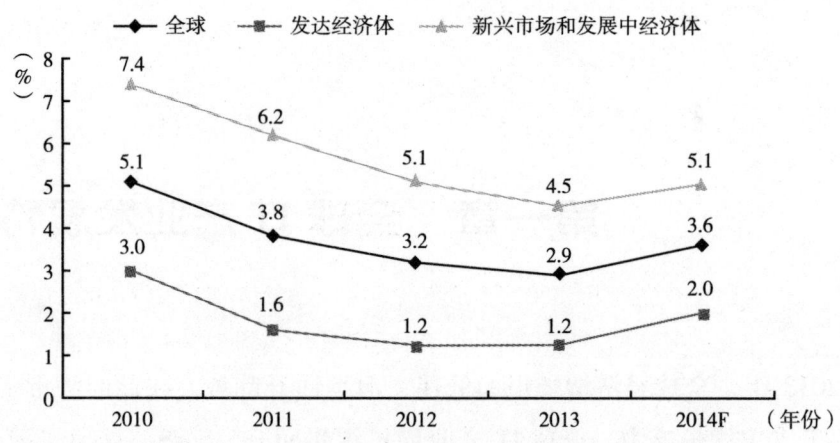

图 1-1　2010~2014 年全球 GDP 增长情况

资料来源：IMF。

受全球经济持续低速增长的影响以及低价的平板电脑和云服务逐渐取代价格昂贵的 PC 和软件产品，全球 IT 支出增长缓慢。Gartner 在 2013 年 7 月的预测报告中指出，2013 年的全球 IT 支出预计为 3.7 万亿美元，较上年仅上涨 2.1%，增速低于前两年（见图 1-2）。其中，电信服务支出规模最大，而增速最低，为 0.9%，但已扭转了上年负增长的态势；IT 设备支出增速下滑幅度最大，从 2012 年的 10.9% 下滑至 2.8%；增长最快的是企业软件，增速为 6.4%（见表 1-1）。

IT 设备支出增速大幅下滑与消费者的 IT 设备购买需求转换有直接关系。体积大、价格贵的 PC 逐渐被消费者冷落，而体积小、价格低的平板电脑和智能手机等设备更受青睐。根据 Gartner 2013 年的数据，2013 年全球市场 PC、平板电脑和手机设备的总出货量预计将达到 23.2 亿台，同

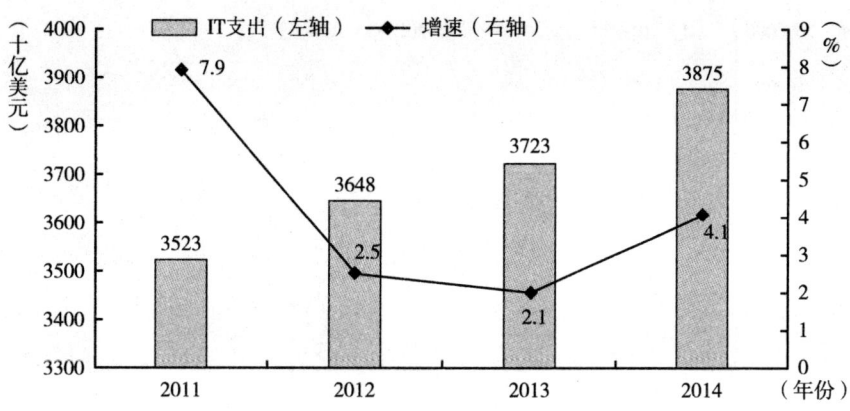

图1-2 全球IT支出增长情况

资料来源：Gartner。

表1-1 全球IT支出明细情况

单位：十亿美元，%

项目	2012年		2013年		2014年	
	支出	增长	支出	增长	支出	增长
IT设备	676	10.9	695	2.8	740	6.5
数据中心	140	1.8	143	2.1	149	4.1
企业软件	285	4.7	304	6.4	324	6.6
IT服务	906	2.0	926	2.2	968	4.6
电信服务	1641	-0.7	1655	0.9	1694	2.3
合计	3648	2.5	3723	2.1	3875	4.1

资料来源：Gartner。

比上涨4.5%。其中，平板电脑出货量将达到1.84亿台，大幅上升53.4%；而PC（台式和笔记本）出货量为3.03亿台，下降8.4%；手机出货总量预计高达18亿台，上涨3.7%（见图1-3）。从操作系统的角度来看，安卓操作系统的设备继续领跑，预计将占2013年全球IT设备总出货量的38%左右；Windows设备受到PC设备出货量减少的影响，下降4.3%，占到总出货量的14%；iOS/MacOS设备所占据的市场份额将由2012年的0.96%上升至2013年的11%左右（见图1-4）。

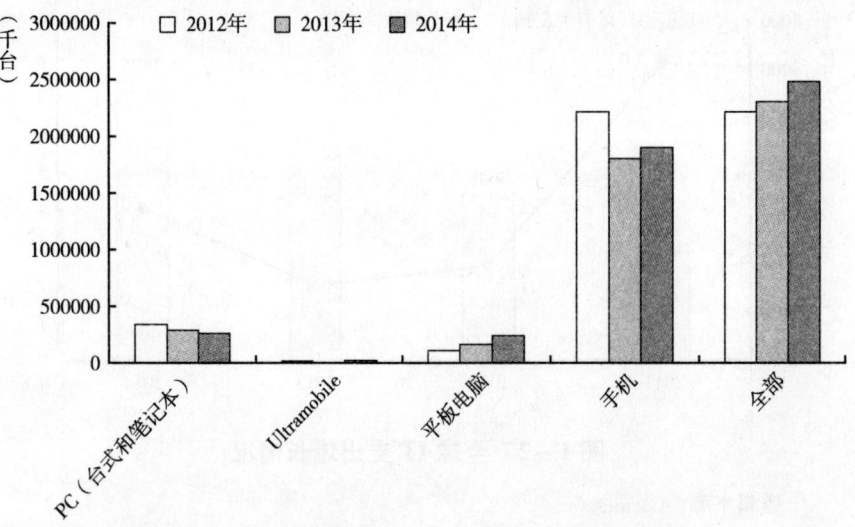

图 1-3　全球各类型 IT 设备出货量增长情况

资料来源：Gartner。

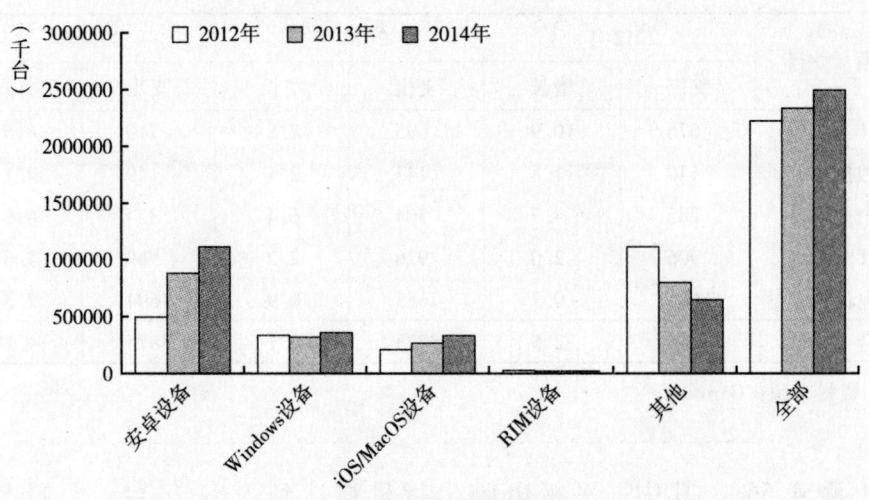

图 1-4　全球各类型操作系统设备出货量增长情况

资料来源：Gartner。

受整体经济形势疲软和 IT 支出增长乏力的影响，2013 年全球 IT 产业增长缓慢。全球电子产品产值和销售收入虽然扭转了 2012 年负增长的局面，但增速很低，分别为 2.5% 和 2.3%，仅为 2011 年的一半左右（见图 1-5）。全球软件产业增速较上一年略有回升，预计为 5.8%，产业规模预计达到1.3万亿美元（见图1-6）。不过，软件产业仍是全球IT产业中增长态势最好的产业。

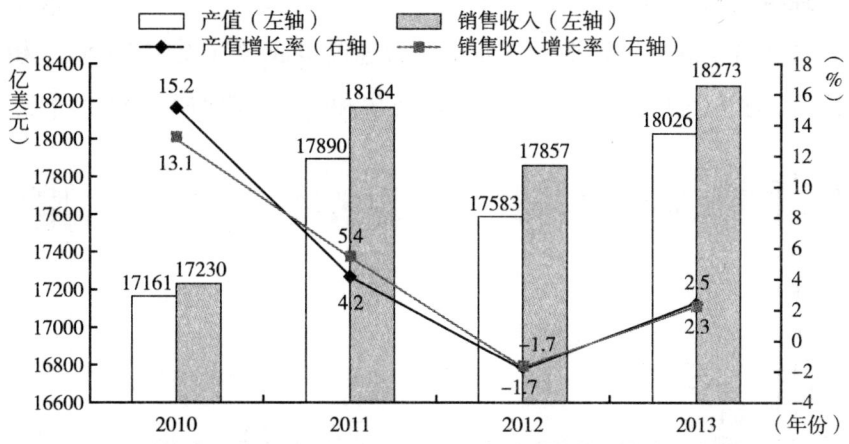

图1-5　2010~2013年全球电子产品产销增长情况

资料来源：*The Yearbook of World Electronics Data 2013/2014*。

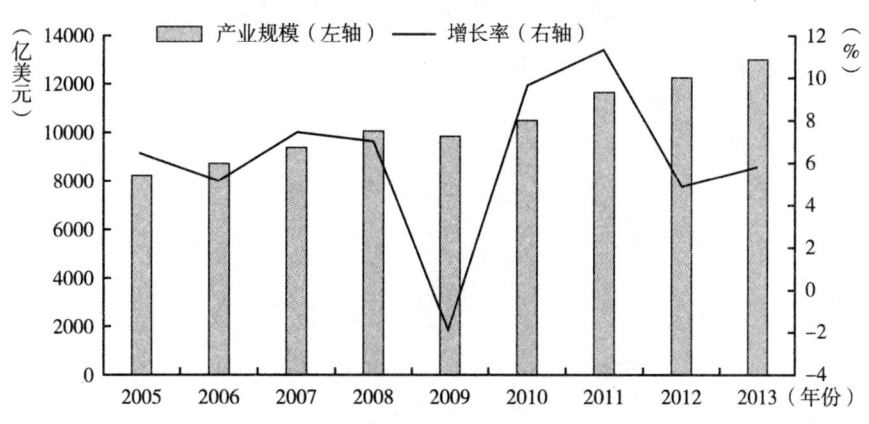

图1-6　2005~2013年世界软件产业增长情况

资料来源：工业和信息化部电子科学技术情报研究所。

从国家或地区发展情况来看，近两年美国、西欧、日本等发达国家和地区受经济低迷、债务危机等问题的影响较大，IT产业增长缓慢甚至出现负增长，所占市场份额呈逐步下降趋势；而新兴和发展中国家的IT产业仍保持较高增速，所占市场份额越来越大。特别是日本、德国、英国等国家的电子产品产值连续两年都出现负增长；而印度的电子产品产值持续快速增长，2013年增速达到两位数（见图1-7）。不过，受全球整体经济低迷和本国经济增长不力的影响，中国、俄罗斯、印度等新兴市场的软件产业增长趋缓，占全球软件产业的比重的提升速度也放缓（见图1-8）。相比之下，拉美、澳大利亚、东欧等地区的IT支出和软件产业均保持较快增长态势。

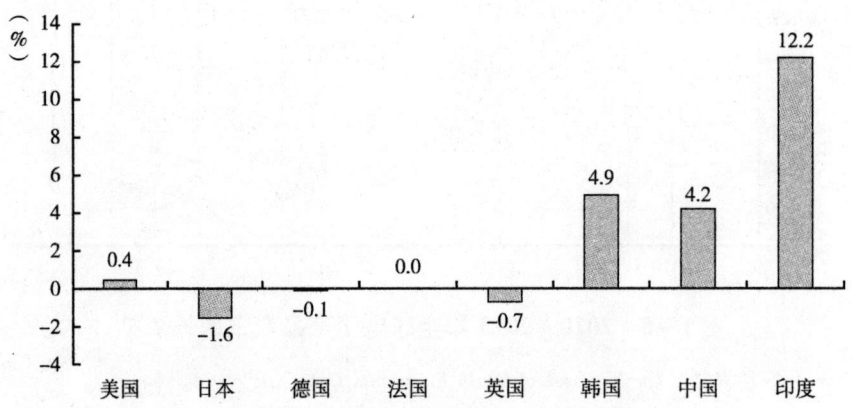

图1-7 2013年主要国家电子产品产值增长情况

资料来源：*The Yearbook of World Electronics Data 2012/2013*。

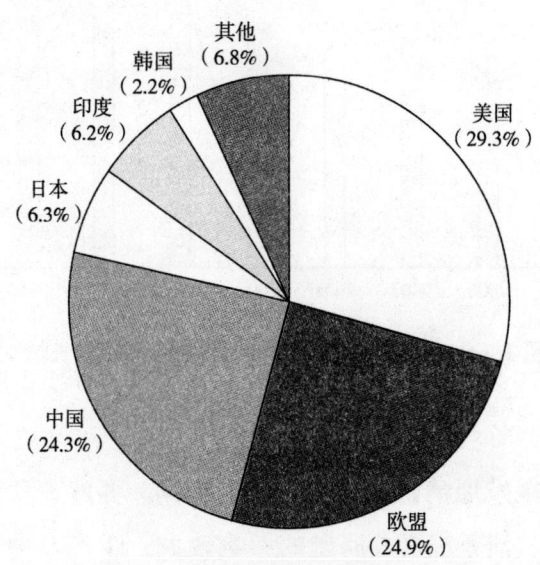

图1-8 世界主要国家和地区在全球软件产业中的比重

资料来源：中国软件行业协会。

二 产业结构调整加快,新业务竞争加剧

从产业结构来看,软件和 IT 服务的增速高于电子产品,在全球 IT 产业中的比重不断提高。根据 Gartner 的相关数据计算,2010 年软件和 IT 服务支出占全球 IT 支出的比重为 30%,2013 年这一比重超过 33%。在全球电子产品制造业中,无线通信设备、控制仪器设备和医疗与工业设备增长最快,因而市场比重逐渐提高,而消费电子设备和办公设备持续出现负增长,市场比重趋于下滑(见图 1-9 和图 1-10)。

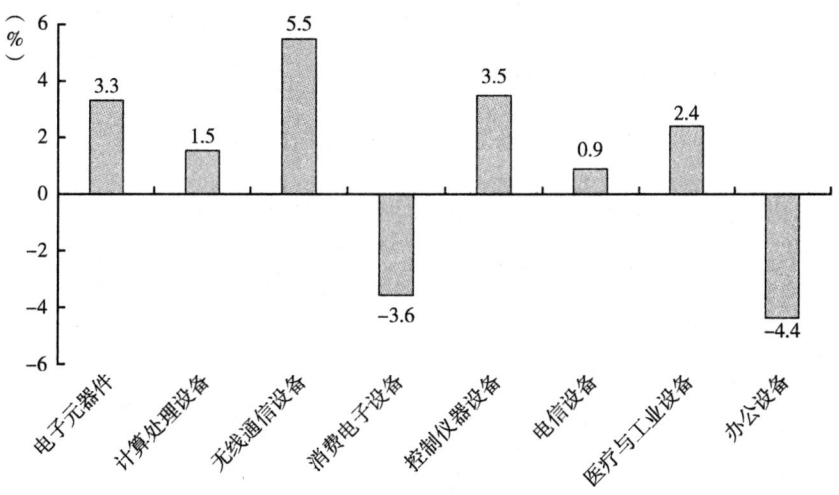

图 1-9 2013 年各类电子产品产值增长情况

资料来源:*The Yearbook of World Electronics Data 2012/2013*。

在全球软件产业中,随着 IT 消费化趋势日益明显和新技术、新模式的快速发展,云计算技术、SaaS(软件即服务)、移动技术、大数据等对软件产业产生越来越大的影响,所带来的新兴业务逐渐成为全球软件市场的重要组成部分,全球软件产业结构调整加速。

首先是云计算应用加速,SaaS 成为软件业务的新增长点。根据 Gartner 的数据,2013 年全球 SaaS 收入将达到 160 亿美元,预计到 2015

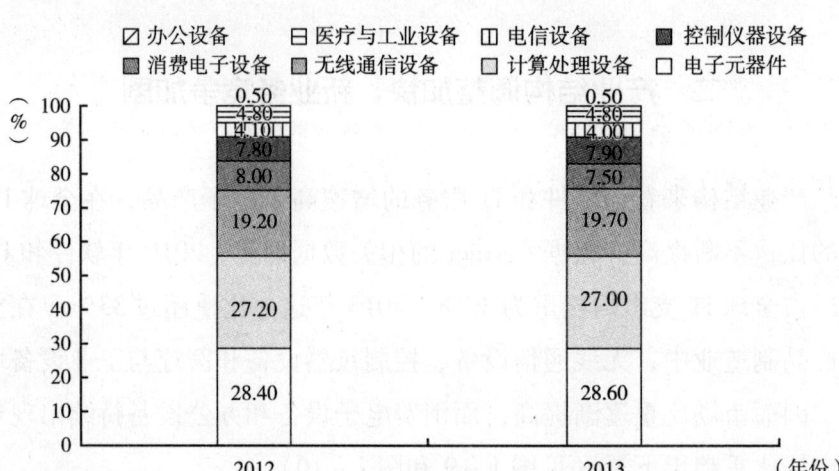

图1-10　2012年和2013年各类电子产品产值所占份额

资料来源：*The Yearbook of World Electronics Data 2012/2013*。

年将增长至213亿美元（见图1-11）。另据普华永道的研究，软件授权收入正逐渐收缩，而SaaS带来的收入和利润在全球软件业务中的比重正不断提高，预计到2016年将达到24%。

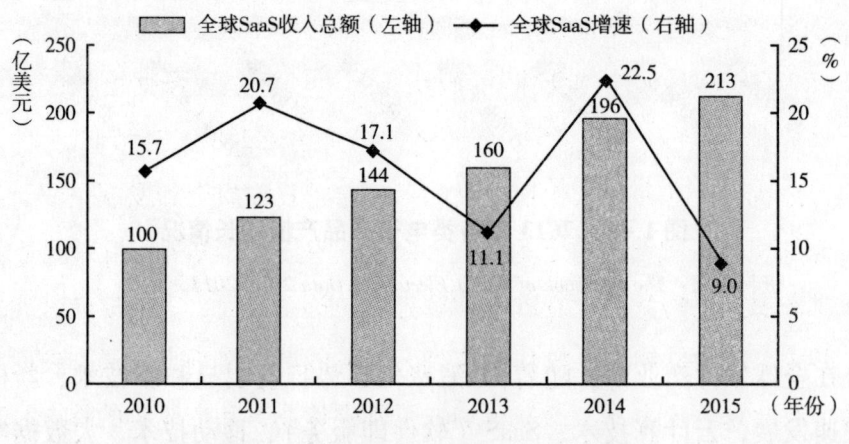

图1-11　全球SaaS收入增长情况

资料来源：Gartner。

另一个快速增长的新业务是移动应用。Gartner的数据显示，2013年全球移动应用商店下载总量将达到1020亿，比2012年增长37.3%；下载总收入将达到 260 亿美元，比 2012 年增长 44.4%。移动应用的付费下载量出现持续较快增长，2013 年为 91.86 亿，比 2012 年增长 38.1%，预计到 2017 年将增长至 147.78 亿，届时应用程序内购买（IAPs）占应用商店收入的比重将达到 48%（见图 1-12）。

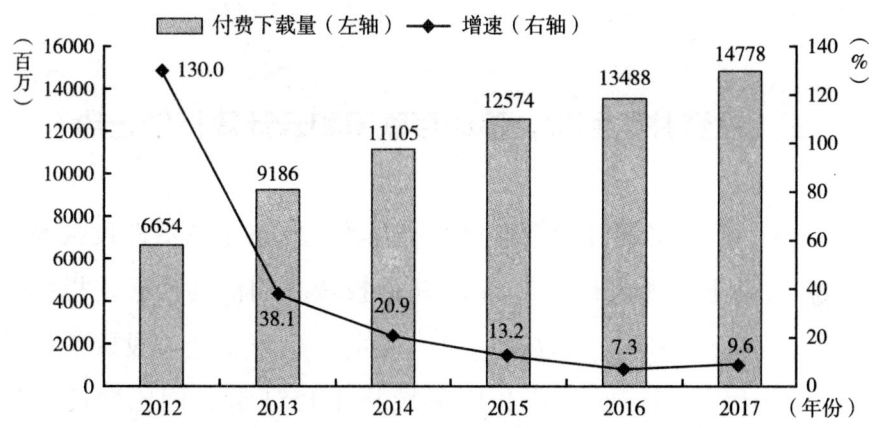

图 1-12　全球移动应用商店移动应用付费下载量增长情况

资料来源：Gartner。

另外，大数据应用加快，大数据技术及服务市场发展迅速。IDC 的研究显示，2012~2016 年大数据技术及服务市场将呈现强劲增长态势，年复合增长率将达 31.7%，2016 年收入规模将达到 238 亿美元。

为在新兴技术和模式快速发展的时代取得发展机会和发展空间，各大 IT 企业加快业务整合，在云计算、大数据、移动互联网等新兴业务领域展开越来越激烈的竞争。谷歌收购摩托罗拉移动之后，完成软硬件业务整合，形成了从硬件终端、操作系统到云服务的产业链垂直布局。在面对谷歌等企业的竞争压力下，微软也加快了软硬件业务和产业链的整合。2013 年 9 月，微软宣布以 72 亿美元收购诺基亚手机业务，强化了其在移动互联网领域的竞争优势和专利优势。IBM 近一年多来业绩表现不佳，加速了业务调整步伐。IBM 公司表示，将进行资源调整，集中发展社交商务、移动云和大数据等方面的业务。截至 2013 年 10 月，IBM 在云计算、商业分析和移动等领域进行了7起收购,其中在6月花费了近20亿美元收购云服务提供商SoftLayer。SAP在5月宣布,为了进一步专注于云计算和数据库软件业务,对公司管理架构进行了调整。甲骨文2013年的业绩增长低于预期,尤其是硬件业务出现下滑,于是其加强了业务的结构性调整,加大了对云计算业务的布局,甚至与Salesforce.com结盟。

三 投资并购回暖,移动互联网和云计算持续走热

2013年,发达经济体经济形势有所好转,资本市场活跃度提高,再加上新兴IT业务快速发展,带动IT领域投资并购活动回暖。根据美国风险投资协会(NVCA)的数据,2013年前三个季度全美投资案例共计2867起,同比增长2.7%,其中IT领域共计1551起,同比增长6.2%;投资金额207.45亿美元,同比增长2.1%,其中IT领域共计116亿美元,同比增长17.2%。在IT领域的投资中,软件和IT服务是最主要的领域,投资案例数占比为88.1%,投资金额占比为82.2%(见图1-13和图1-14)。

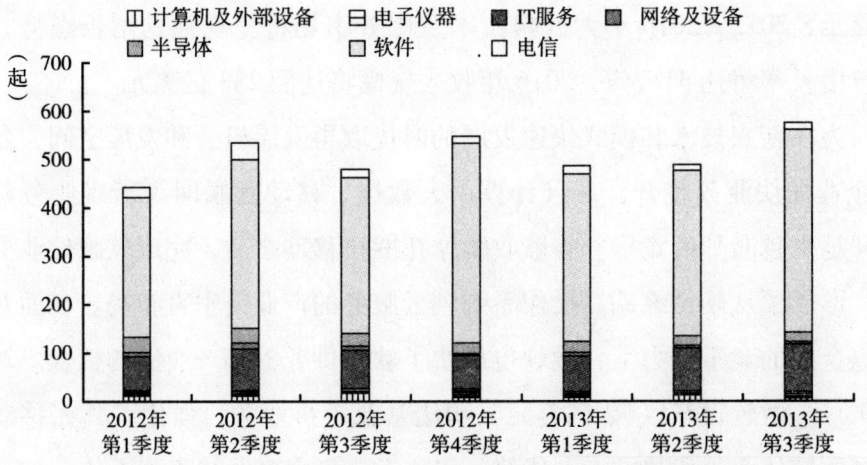

图1-13 2012年第1季度至2013年第3季度美国IT领域的风险投资案例数情况

资料来源:NVCA。

第一章 全球IT产业发展特点

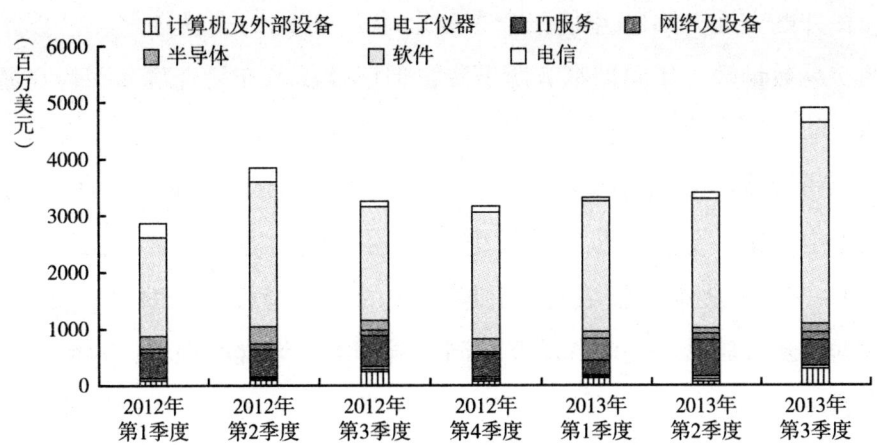

图1-14　2012年第1季度至2013年第3季度美国IT领域的风险投资金额情况

资料来源：NVCA。

在IPO方面，根据Renaissance Capital的数据，2013年前三个季度全球共计176起融资金额超过1亿美元的IPO案例，同比增长9.7%，共计募集资金779亿美元，同比增长23.9%。根据普华永道的数据，2013年前三个季度全球IT领域的IPO案共有39起，募集金额共计为48.58亿美元，较上年同期两个数据都有所增长（见图1-15）。其中，软件、互联网和IT服务是IPO的最主要细分领域。

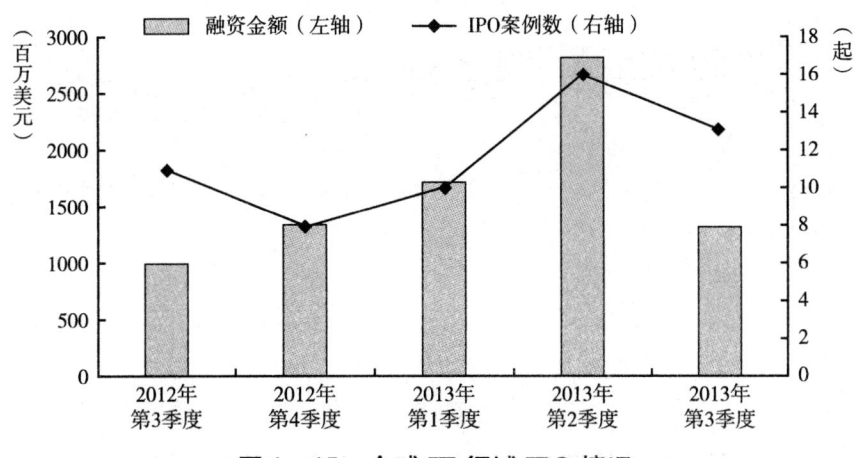

图1-15　全球IT领域IPO情况

资料来源：普华永道。

在并购方面，2013年前三个季度全球IT并购的交易数量、已披露金额的交易数量较上年同期都有所下降，但已披露的交易金额和平均交易金额与上年同期相比都有较大幅度的增长（见表1-2）。其中，互联网、软件和IT服务领域的并购交易数量占全部交易数量的比重为85.7%，交易金额占全部交易金额的近50%，是IT交易并购的主要领域（见图1-16和图1-17）。从细分领域看，并购关注的重点是移动互联网、云计算、大数据等新兴领域。其中移动互联网、云计算领域继续领先，并购案例数量均超过300起，与上年同期相比均有所增加；其次是大数据领域，并购案例数超过150起，与上年同期相比基本持平（见图1-18）。

表1-2 2012年第1季度至2013年第3季度全球IT并购情况

单位：起，百万美元

项目	2012年第1季度	2012年第2季度	2012年第3季度	2012年第4季度	2013年第1季度	2013年第2季度	2013年第3季度
交易数量	756	728	752	699	661	627	704
已披露金额交易数量	145	158	153	151	118	134	179
已披露交易金额	25090	33374	28233	29424	36437	33391	71220
平均交易金额	173	211	185	195	309	249	398

资料来源：安永。

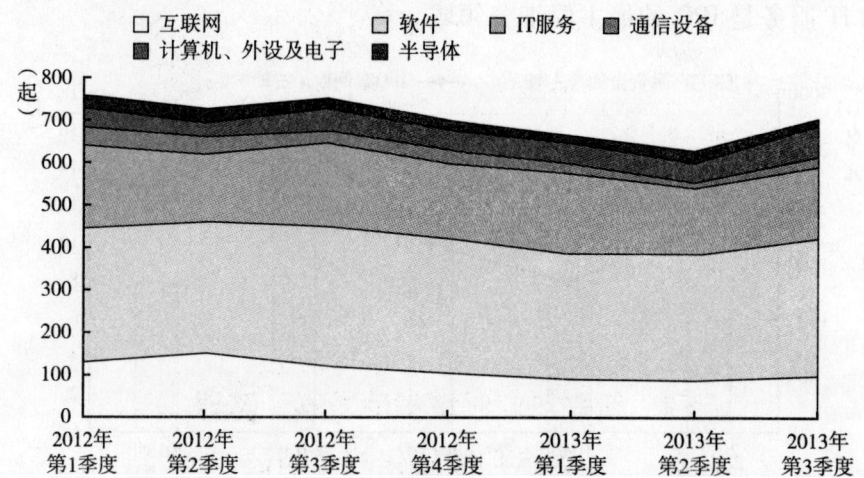

图1-16 2012年第1季度至2013年第3季度全球IT各领域并购交易数量

资料来源：安永。

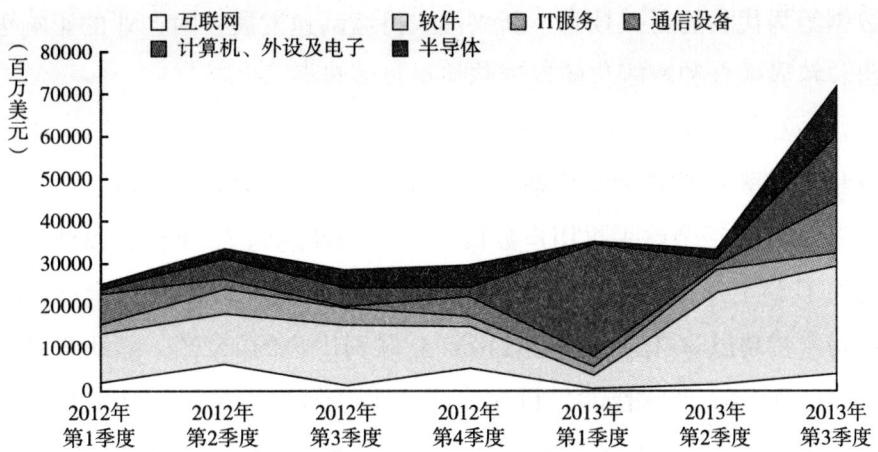

图 1-17　2012 年第 1 季度至 2013 年第 3 季度全球互联网、软件和 IT 服务并购交易金额

资料来源：安永。

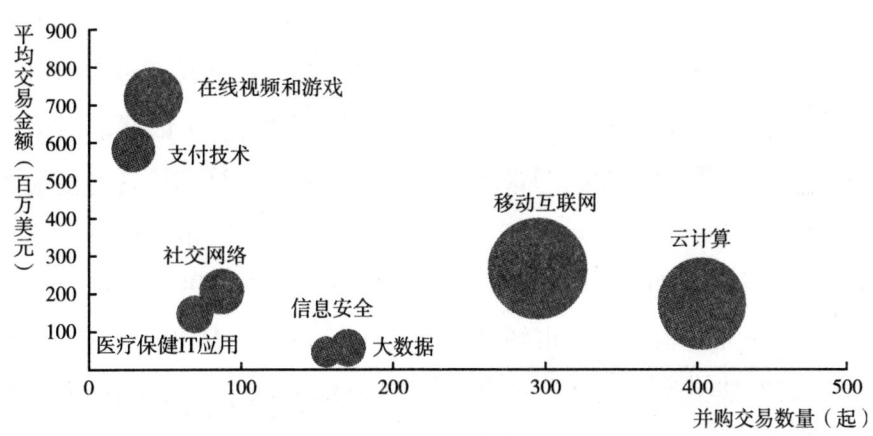

图 1-18　全球 IT 细分领域投资并购情况

资料来源：安永。

四　新兴热点领域加速发展，跨界融合和智能化趋势明显

2013 年，全球 IT 技术创新步伐有增无减，以移动互联网、云计算、

大数据等为代表的新兴技术、新兴模式持续高速发展，对产业的影响更加突出，跨界融合和智能化的发展趋势更加明显。

移动互联网加速发展，相关产业快速增长。2013年，移动互联网用户数和渗透率呈现加速增长态势。根据全球移动通信系统协会（GSMA）的数据，2013年全球手机用户数以SIM卡计算达到了64亿，以使用人计算达到了34亿，全球近一半的人口拥有移动电话。2013年，全球移动互联网用户将超过26亿，首次超过PC互联网用户的25亿，移动互联网渗透率超过35%。全球智能手机用户在2013年超过16亿，其中美国、日本、韩国等发达国家智能手机用户量占比已经过半，进入成熟发展阶段，而中国、印度、巴西、俄罗斯等发展中国家和新兴国家正迎来增长的爆发点。移动互联网的爆发式增长，使硬件、软件、广告、电子商务等产业规模持续增长。IHS iSuppli的数据显示，2013年全球移动设备和基础设施行业营收为4200亿美元，预计未来五年的复合年增长率将达到11%。其中，终端产业发展迅速，智能手机和平板电脑的产业规模超过1800亿元。根据IDC的数据，2013年全球智能手机出货量为10.38亿部，同比增长43.6%。随着一种智能终端的快速普及，移动应用、移动广告和移动电子商务也在高速增长。Gartner估计2013年包括苹果App Store、Android Market和Windows Phone 7 Marketplace等在内的整个应用商店营收规模将超过270亿美元。根据英国市场研究公司Telecoms & Media的报告，2013年全球移动广告总营收为128亿美元，较上年增长近50%。2013年美国移动电子商务达到近200亿美元，而中国移动电子商务的交易规模也超过千亿元。

云计算市场规模不断扩大，个人云服务发展迅速。2013年，政府、企业和消费者对云计算的认识更加理性，云计算产品、服务和应用大量涌现，带动市场快速发展。根据Gartner数据，2012年全球公有云市场规模突破千亿美元，2013年将达到1310亿美元。从市场结构来看，云广告、业务流程即服务（BPaaS）和软件即服务（SaaS）占据市场绝大多数份额，分别占46.7%、26.8%和15.3%，处于主导地位；基础设施即服务

(IaaS）的市场规模增长速度最快。从市场竞争来看，亚马逊、谷歌、微软、IBM、WMware、Salesforce 几大巨头都已形成各自比较成熟的产品和解决方案，相互间的竞争激烈，并不断展开对新兴云服务商的并购争夺及产品和服务的价格战。云计算市场的繁荣带动了相关业务的创新，云经纪业务兴起，一些专门从事云经纪业务的公司出现。Gartner 估计 2013 年全球云经纪业务规模为 2.3 亿美元，到 2018 年将增长至 20.3 亿美元。个人云成为全球云计算市场中的一个发展亮点，以云存储、云办公为代表的个人云服务产品不断出现并快速普及。苹果的 iCloud、谷歌的 Google Drive 及 Google Docs、亚马逊的 Cloud Drive、微软的 SkyDrive 和 Dropbox 等 IT 巨头的产品主导了个人云市场。比如，截至 2013 年 7 月，微软 SkyDrive 和 Dropbox 的用户数量分别达到 2.5 亿、1.75 亿，苹果 iCloud 用户数高达 3.2 亿；Google Drive 上线较晚，截至 2013 年 11 月其用户总数达到 1.2 亿。

　　大数据产业链雏形形成，市场参与者众多。随着对数据价值的认识加深，越来越多的企业涉足大数据领域，大数据技术发展速度加快，在科研、政府、商业等领域的应用逐渐增多，并形成了大数据产业链雏形。大数据产业链可粗分为硬件、软件和服务三大环节，主要包括数据生产商（如制造业、能源、电子商务等）、数据运营商（如通信、广告监测）、数据分析工具提供商、数据分析应用者（企业或个人用户）等。根据 Wikibon 2013 年 3 月发布的报告，2012 年大数据市场总体规模为 114 亿美元，2013 年总体规模将增长 61% 至 182 亿美元，大数据市场正处在井喷式增长的前夕。从市场参与者来看，目前主要有传统 IT 企业、互联网企业、大数据专业厂商等。IT 巨头通过并购、研发新产品向大数据领域拓展，占据当前大数据市场领导地位。包括 IBM、甲骨文、EMC、惠普、谷歌、雅虎和亚马逊等在内的 IT 巨头在近两年纷纷发布重量级产品和解决方案来应对大数据的挑战。谷歌、Facebook、亚马逊等互联网厂商本身所具备的业务、大数据资源与技术优势，决定了它们未来将引领大数据走向。大数据专业厂商仍处于孕育阶段，未来潜力巨大。目前比较有影响力的专业大数据厂商主要有 Marklogic、Cloudera、10gen、MapR 等。随着大数据技术的初步成熟，在资本推波助澜下，涌现出一大批新兴大数据专业厂商。这些专业大数据厂商主要关注五个领域：Hadoop 商业化、SQL on Hadoop、NoSQL 数据库、大数据分析与可视化服务、行业大数据应用。

"软件定义"趋势更加明显，跨界融合加速发展。近年来，"软件定义"成为 IT 领域的热门词。从软件定义网络（Software Defined Network，SDN）开始，软件定义逐渐向计算、存储、数据中心甚至整个 IT 环境扩展，大有"软件定义 IT"之势。各大 IT 企业摩拳擦掌，布局"软件定义"的产品、方案甚至战略。比如，华为在 2013 年 2 月面向电信运营商发布了"SoftCOM" SDN 战略，随即在 3 月提出以"云化、全层次开放、融合演进以及简单可控"为核心的企业 SDN 战略；EMC 高调进军"软件定义存储"（SDS）市场，在 2013 年 3 月发布了 SDS 战略，并在 9 月推出了 SDS 平台 ViPR；VMware 是"软件定义数据中心"（SDDC）的积极宣传者，提出了自己的 SDDC 战略，并推出了一系列相关的产品和方案，如 Virtual SAN、NSXTM、Virtual SANTM、vCloud Suite 5.5、VMware vSphere with Operations Management TM 5.5 等。另外，软件定义终端、软件定义路由器等思想、概念和产品不断涌现，汽车、电视机、冰箱、鞋子、手表、眼镜等传统工业产品也加入被定义的行列。从长远的信息技术创新发展来看，"软件定义"还只是一个开端，但已经给技术、产业的发展带来深刻影响。它推进和深化了软硬件的结合和跨界融合，使得产品和产业边界逐渐模糊。智能手机的普及和可穿戴设备的问世，改变了传统 IT 产品以硬件性能为主的局面，而是突出了软硬结合、软件控制、应用为先的思想。软硬结合还表现在 IT 企业的发展方面。惠普、戴尔、联想等硬件巨头加快向 IT 服务领域拓展，而谷歌、微软、亚马逊等软件和互联网巨头则纷纷进入移动设备硬件领域。跨界融合的最典型例子是汽车与 IT 的融合。特斯拉把软件、云计算和数据与汽车很好地结合在一起，打造了"软件定义的汽车"。谷歌凭借强大的后台数据、网络技术、智能软件的支持，能够很好地实现车与云端的互联，其研发的智能汽车充分应用芯片技术、多种网络通信技术以及协同软件技术、视频技术、商业智能分析系统、地图技术等IT技术。

全球信息技术加快向智能化方向发展，在多个领域取得突破和进展。在传感技术领域，近年来，无线传感技术、MEMS传感技术、生物传感技术快速发展，相关的产品也不断推向市场。随着技术的融合，光纤传感技术、智能传感技术、金属氧化传感技术等新型传感技术和相关产品也在研发和创新中。以传感技术为代表的物联网技术加快了智慧应用步伐。在欧美等国家和地区，物联网在能源、医疗、交通物流、汽车、消费电子、零售、工业自动化、公共事业和安全等领域发挥作用，而且应用逐渐走向成熟。比如，德国在2013年完成迄今世界最大规模的智能安全交通技术现场测试，通过采用"汽车—物—网络通信系统"，将汽车与汽车、汽车与基础设施相互联成网络。

随着智能终端对智能语音技术应用地增多，智能语音技术得到较快发展。语音增强、语音合成、语音识别、自然语言处理和理解、自然对话等智能语音技术取得进展，商用加速。近年来，深度神经网络已经开始用于智能语音技术的研究和应用中，并在语音识别和自然语言理解方面显示出独特的优势，推动了语音识别精度和自然语言理解能力提高。谷歌在开发新一代安卓系统（果冻豆）时使用深度神经网络技术对系统的语音指令识别进行了优化，错误率比上一代系统下降了约25%。随着云计算、大数据、移动互联网等技术的逐步成熟，以语音云服务模式为基础的智能语音技术开放平台快速发展起来。国内的科大讯飞、捷通华声、云知声等智能语音技术厂商先后推出了基于语音云的开放平台。另外，实时语音机器翻译技术作为智能语音的一个前沿技术领域也受到研究机构和技术企业的关注。谷歌于2010年开始研究实时语音翻译技术，在部分语音如英语和葡萄牙语之间的实时翻译取得了非常好的效果。IBM、Nuance等企业都开展了相关的研究项目，或资助高校进行相关研究。

人工智能一直是智能化技术研究的重点。在图像识别和计算机视觉方面，美国一所大学研究人员通过运行程序让"尼尔"（NEIL）不断搜寻并

"观看"大量图片，能够对图像产生某种"理解"，建立起某种"常识"，并按照所建立的常识进行思考；日本山口大学的一个研究小组通过试验证实，人脑存在处理二维图案不规则性的机制，该成果有望在人工智能等领域促进图像识别和图像合成技术发展。在神经网络方面，瑞士和美国的神经信息学研究人员成功研制出一种芯片，能够实时模拟大脑处理信息的过程。这是首个大小、处理速度和能耗等方面都可与真实大脑相媲美的实时硬件模拟神经电路，被认为有助于制造出能同周围环境实时交互的认知系统。IBM公司发布了一个全新的计算体系，能支持人类认知研究的分布式、网络化和并行处理的需求。研究人员希望该技术帮助搭建模拟人类感知、思维和行为模式的智能网络，进而设计出能感知和思考的智能机器。在计算机感知方面，英国布里斯托尔大学研究人员在2013年6月开发出了一种超触觉系统，能让用户在一个交互界面上体验到多触点的触觉反馈，而无须与设备发生实质性接触。这种系统将使得人们在公共场合的互动更加轻松。在深度学习方面，谷歌、百度、微软等知名高科技公司争相投入资源，占领技术制高点。谷歌依托其庞大数据和服务器，建立了深度学习系统，开发了深度学习软件尝试模仿人的大脑皮层中的神经层活动（该区域负责人脑80%的思维）。2012年6月，谷歌公司的深度学习系统在识别物体的精确度上比上一代系统提高了一倍，并且大幅度削减了安卓系统语音识别系统的错误率。2013年3月，谷歌公司收购了一家深度学习企业，进一步加强了对深度学习技术的研究。在智能机器人方面，Rethink Robotics公司研发的Baxter工业机器人与传统工业机器人相比，更加智能，适应性和安全性更高，且成本更低。它不需要专门的编程人员和编程系统，只需要工人带动它的手臂进行运动，就可以完成一次简单编程，并用于工业生产，实现"手把手教学"。

　　智能化技术的创新和应用，带动了智能终端产品的爆发性发展。除了智能手机、平板电脑等移动智能终端外，以可穿戴设备为代表的新型智能终端产品如雨后春笋般不断涌现，令人眼花缭乱。谷歌眼镜是可穿戴设备的引爆者，随后三星智能手表"火上浇油"，使得可穿戴设备成为全球最热门的智能设备概念。纵观近两年来可穿戴设备的发展，已推出或展示的产品形态包括：以手腕为支撑的watch类（智能手表、智能腕带、智能戒指、智能臂环等）、以脚为支撑的shoes类（智能跑鞋、智能袜子等）、以头部为支撑的glass类（智能眼镜、智能头盔、智能头带、智能假发等）以及其他类型（如智能腰带、智能服装、智能书包、智能拐杖、智能配饰等）。在2013年的CES上，智能可穿戴设备产品多达近百种。可穿戴设备的功能也是纷繁多样，最主要是休闲娱乐、运动健身、人体监测、医疗保健、生活辅助、老幼照看等。除了可穿戴设备外，其他的新型智能终端产品，如智能汽车、智能家居设备等也相继面世。

五 各国加快支持和布局，争抢新兴技术发展先机

近两年来，美国、欧盟、日本、韩国等国家和地区通过制定战略规划、加大研发投入、积极推广应用等措施，加快对云计算、大数据、移动互联网等新一代信息技术的研发和应用，加快技术、标准、产业的布局，力图抢占发展先机和战略制高点。

自2011年2月发布《联邦云计算战略》以来，美国联邦政府积极推进政府应用、建设标准体系、规范服务合同、加强安全和隐私保护等措施，以促进和引导云计算产业发展。2013年5月美国总统签署《数字政府：构建一个21世纪的服务平台以更好地服务美国人民》总统令，进一步提出要采用云计算等新兴技术提高IT项目管理水平。美国国家标准和技术研究院（NIST）在前两年的基础上，于2013年发布了《云计算安全参考架构（征求意见稿）》和《云计算标准路线图（2.0版）》，进一步完善了云计算及其安全的标准体系。

美国奥巴马政府认识到大数据所蕴含的战略意义，于2012年3月推出《大数据研究和发展倡议》，多个政府部门投资2亿美元开展大数据技术和应用的研发。为在大数据环境下开放政府数据、推动政府透明和数据产业发展，2013年5月奥巴马总统发布了《开放政府信息资源并让机器

可读》总统行政令。

  欧盟也积极加快云计算战略部署。2012年9月，欧盟委员会宣布启动名为《充分发挥云计算在欧洲的潜力》的战略性计划，旨在加速和扩大云计算的应用，并创造大量的就业机会。2012年10月，欧盟委员会正式向欧盟理事会和欧盟议会提交了《云计算发展战略及三大关键行动建议》草案，该草案旨在加速欧盟云计算服务建设，加强云计算技术研发创新和基础设施投入强度，把欧盟打造成云计算服务的强势集团。2013年10月，欧盟委员会成立专家组，研究制定安全而公平的云计算服务准则，以推动云计算服务的发展、提高经济生产率。

  英国政府大力支持大数据技术和新一代移动网络技术的研发与应用。英国商业、创新和技能部在2013年初宣布，将投资1.89亿英镑用以研发大数据技术，并将投入巨资加强相关基础设施建设，加强数据采集和分析，从而让英国在"数据革命"中占得先机。为了提升移动宽带速度，拉动英国经济发展，英国政府积极推进4G网络建设。2013年1月，英国启动4G频谱拍卖，共有7家公司参与竞投。截至2013年10月，英国4G网络已覆盖60%以上的人口和主要城市区域。英国政府还率先推动国内的5G移动通信网络技术研发工作，将位于英格兰东南部的萨里大学建立一个5G网络研发中心。该项目投资总数将达到5000万英镑，其中1/3由政府出资。

  日本近年来的IT战略将大数据作为重点。2012年7月日本总务省推出综合战略"活力ICT日本"，重点关注大数据的应用。2013年6月，日本第二次安倍内阁正式公布了新IT战略——《创建最尖端IT国家宣言》。该宣言全面阐述了2013~2020年日本以发展开放公共数据和大数据为核心的新IT国家战略，其大数据的内容要点是：向民间开放公共数据，2013年度内启动居民可浏览中央各部委和地方省厅公开数据的网站（试用版）；促进大数据的广泛活用，推进个人数据的流通与运用。

  韩国加大大数据的研发和应用投入力度。韩国政府划拨了2亿美元预算，在2013年起的4年时间里打造运用大数据的国家工程。韩国政府还投资建设大数据中心。韩国大数据中心由韩国科学、通信和未来规划部与韩国国家信息社会局共建，计划创建一种基础解决方案，使任何人都可以使用其服务对大数据进行分析。该中心主要向中小企业、创业企业、大学和普通公民提供服务，用户可以通过该中心利用大数据技术解决业务或者研究方面的问题。韩国大数据中心于2013年6月进行了硬件和软件的招标，基本的Web平台于8月建成，9月进行试运行。

第二章 中国IT产业发展综述

2013年,在全球信息技术(IT)产业增速放缓的背景下,中国IT产业出现持续增长,产业结构加速调整,IT骨干企业的国际地位不断提高,产业投融资日趋活跃,产业发展环境不断优化。

一 产业规模增长速度趋缓,从业人员规模增速下滑

中国IT产业规模增速放缓。2013年电子信息产业收入规模达到12.4万亿元,同比增长12.7%,增速较上年下滑了4个百分点。其中,电子信息制造业实现销售收入9.3万亿元,同比增长10.4%,增速较上年下滑了2.6个百分点;软件和信息技术服务业实现业务收入3.06万亿元,同比增长23.4%,增速较上年下降了7.1个百分点。从产品产量来看,手机、计算机和彩电的产品产量分别达到14.6亿台、3.4亿台和1.3亿台,占全球出货量的比重均在半数以上。全年累计生产集成电路866.5亿块,同比增长5.3%。电信业务总量增速持续下滑,电信业务收入增速基本稳定。2013年,全国电信业务总量为13954亿元,电信业务实现收入11689亿元,分别同比增长7.5%和8.7%,较上年分别下降3.2个百分点和0.2个百分点(见图2-1)。

2013年中国电子信息产业增速下滑有多方面的原因。一是无论是国际还是国内,整体宏观经济不景气。二是受国际经济影响,许多产品出口量增速和出口价出现下滑,导致出口收入增长乏力。比如,2013年彩色电视机出口量和出口额分别为5959.42万台和110.5亿美元,同比下降3.1%和8.7%;液晶电视出口单价从209.6美元/台降至195.1美元/台,下降6.9%;计算机产品出口一路走低,自6月以来连续7个月出

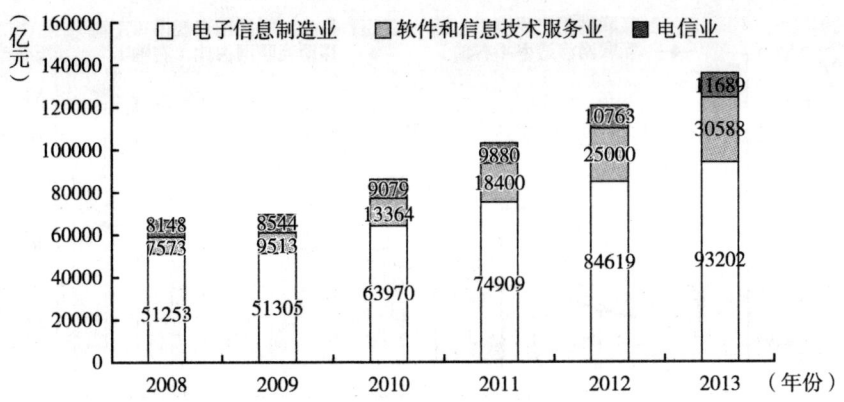

图 2-1 2008~2013 年中国 IT 产业规模变化

资料来源：工业和信息化部。

现负增长，其中笔记本电脑出口额同比下降 2.6%；2013 年软件业务出口收入为 469 亿美元，同比增长 19.0%，增速仅比上年增加 1 个百分点。三是受国内家电下乡、节能惠民等刺激政策退出影响，电子制造业尤其是家电行业增速呈现快速下滑态势。四是平板电脑、云服务等新的低价格产品和服务逐渐取代 PC、套装或定制软件等产品，导致销售收入增长趋缓。五是软件和信息技术服务业已超过 3 万亿元规模，产业规模基数较大，很难再继续保持 30% 以上的高速增长态势，增速放缓是正常趋势。电信业增速下滑除了受宏观经济影响外，其主要原因是电信业正处于转型之中，传统的固话业务持续下滑，短信业务受到即时通信工具的冲击，而面向移动互联网、4G 的新兴业务对行业增长的贡献还未完全体现出来。

互联网用户规模增速持续放缓，移动互联网用户规模增速保持良好态势。中国互联网络信息中心（CNNIC）的报告显示，截至 2013 年 12 月，中国网民规模达到 6.18 亿人，全年新增网民 5358 万人，互联网渗透率达到 45.8%，较上年提高 3.7 个百分点；移动互联网用户达到 5 亿人，较上年增加 8009 万人，网民中移动互联网用户比重提升 6.5 个百分点，增至 81.0%（见图 2-2）。

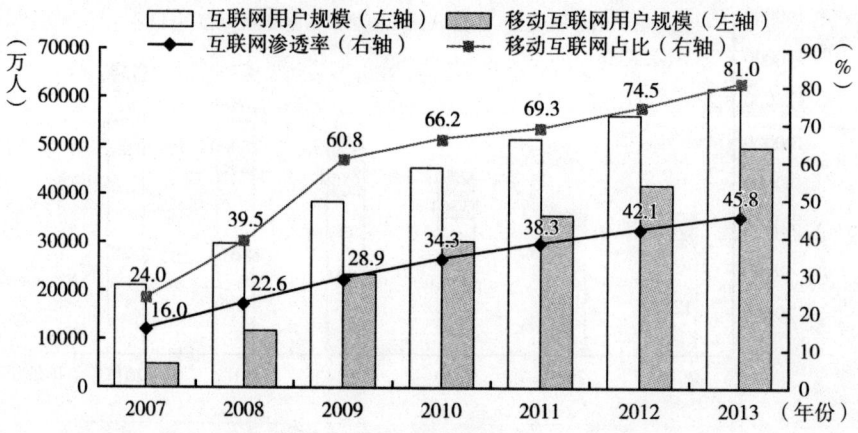

图 2-2　2007~2013 年中国互联网用户规模及渗透率

资料来源：中国互联网络信息中心（CNNIC）。

全国 IT 产业从业人员规模不断增加，但增速持续下降。2013 年，全国电子信息制造业和软件业从业人员约为 1530 万人，同比增长 7.8%，增速下滑 2.7 个百分点，增速连续三年出现下滑。其中，电子信息制造业从业人员约为 1060 万人，同比增长 5.9%，增速下降约 0.6 个百分点；软件业从业人员约为 470 万人，同比增长 12.4%，增速下降约 9.1 个百分点。

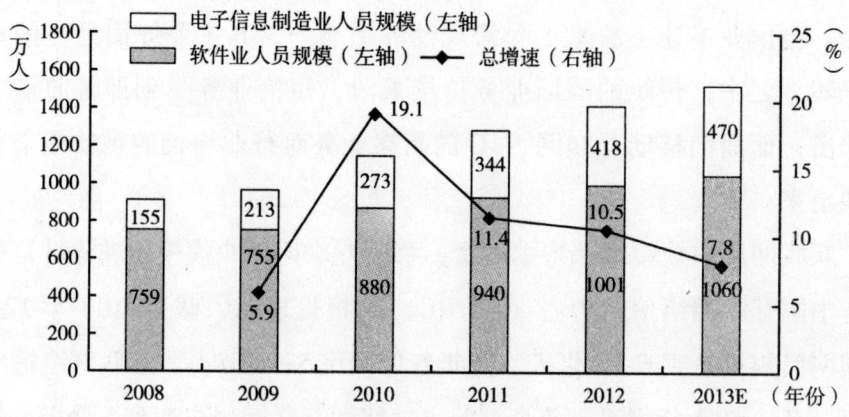

图 2-3　2008~2013 年电子信息制造业和软件业从业人员规模

资料来源：《中国信息产业年鉴（2013）》。

二 产业结构调整步伐加快，IT 服务化趋势明显

与全球 IT 产业服务化趋势相同，中国 IT 产业的相关数据显示出很强的服务化趋势。2013 年软件和信息技术服务业所占比重为 22.6%，自 2008 年以来累计提升了 11.3 个百分点；而电子信息制造业和电信业所占比重分别为 68.8% 和 8.6%，累计下滑了 7.7 个百分点和 3.6 个百分点（见图 2-4）。

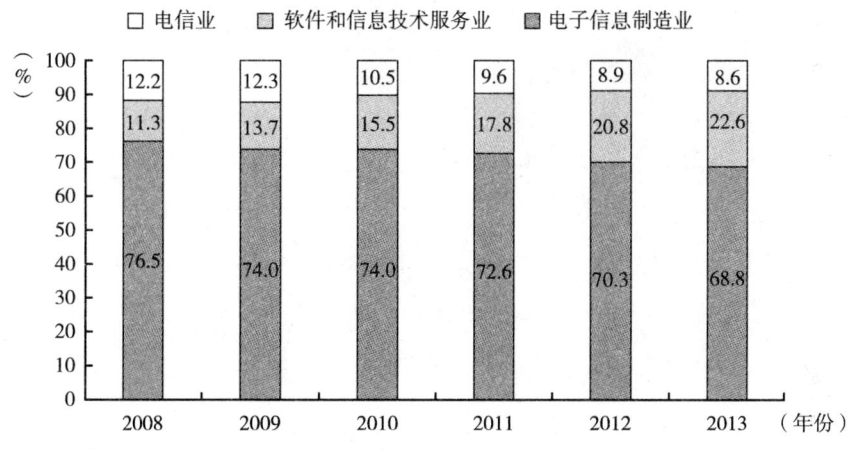

图 2-4　2008~2013 年中国 IT 产业结构变化

资料来源：工业和信息化部。

随着 3G/4G 网络建设速度加快及移动智能终端快速普及，通信设备行业在电子信息制造业中的比重提升。2013 年 1~11 月，通信设备行业实现销售产值 15092 亿元，占电子信息制造业比重达到 17.9%（见图 2-5），对全行业增长的贡献率超过 1/3；电子计算机行业实现销售产值 20320 亿元，同比仅增长 5.1 个百分点；电子器件行业实现销售产值 12852 亿元，同比增长 11.3%；电子元件行业实现销售产值 14226 亿元，占行业比重为 16.9%，比上年同期下降 0.7 个百分点；家用视听行业实现销售产值 14226 亿元，内外销市场表现差距较大。受国际经济环境复杂严峻，特

别是欧洲经济持续低迷,我国家用视听行业出口大幅下滑。自 2013 年 3 月以来,家用视听行业出口交货值连续 9 个月出现负增长,截至 11 月底,实现出口交货值 2489 亿元,同比下降 7.8%,比年初下滑近 12 个百分点,比上年同期下降 8.6 个百分点;与之相反,内销市场却连续 10 个月增速超过 20%,其中 6 个月内销增速超过 30%,内销贡献率明显提高。

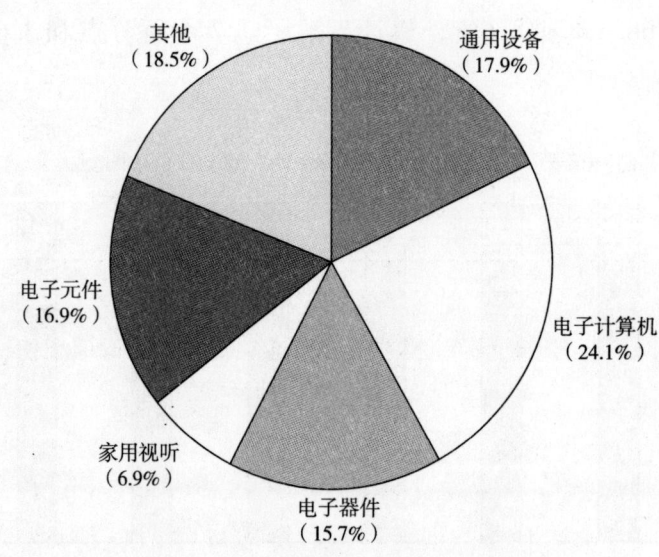

图 2-5　2013 年 1~11 月电子信息制造业主要行业实现营业收入所占份额

资料来源:工业和信息化部。

电子信息制造业向中西部转移趋势明显。随着中国东部城市的人力成本和土地成本不断攀升,以及制造业向服务业转型的迫切需要,中国电子信息制造业向中西部转移的趋势非常明显。2013 年,我国规模以上(年主营业务收入达到 2000 万元)电子信息制造业中,中部地区和西部地区分别实现销售产值 10208 亿元和 7659 亿元,同比增长 28.0% 和 28.9%,增速高于平均水平 17.0 个和 17.9 个百分点;中西部地区销售产值比重达到 19.0%(见图 2-6),比上年提高 2.5 个百分点。从 2011~2013 年中国东部、中部、西部、东北部电子信息制造业发展态势看,东部、中部、西部、东北部电子信息制造业销售产值增速都出现了不同程度的下滑，但是中部和西部地区的销售产值增速始终远高于东部和东北部。

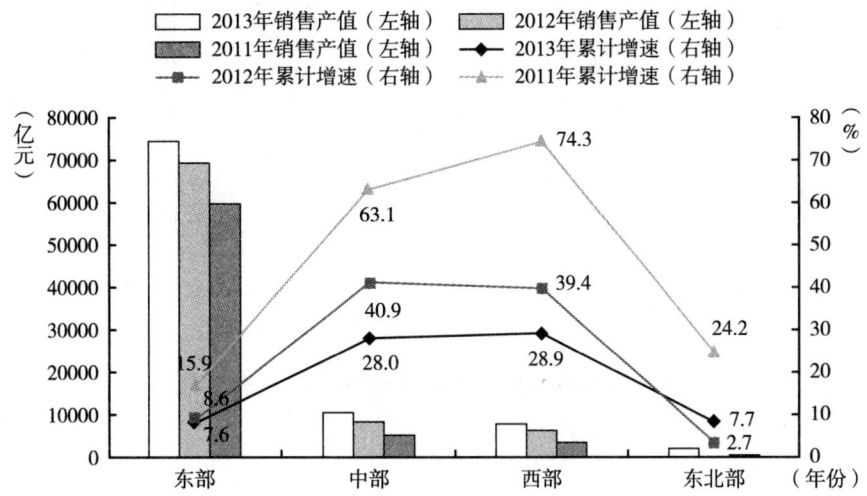

图2-6　2011~2013年中国东、中、西、东北部电子信息制造业发展态势对比

资料来源：工业和信息化部。

软件业服务化步伐加快。近年来，随着软件即服务（SaaS）的快速发展和软件企业加快向价值链中高端拓展，软件产业服务化步伐加快，服务类业务增长较快。2013年，数据处理和存储服务收入大幅增加，全年完成5482亿元，同比增长31.9%，增速居全行业首位，占全行业收入的比重为17.9%，比上年提高0.8个百分点。从2009~2013年中国软件业收入结构变化看，软件产品收入所占比重累计下降了2.3个百分点，咨询类服务收入占比累计提升了3.7个百分点，运营类服务收入占比累计提升了2个百分点（见图2-7）。

从区域结构上看，中部和东北部加快增长，东部增速缓步回升。2013年，东北部和中部分别完成软件业务收入3212亿元和1346亿元，同比增长29.9%和38.2%，分别高于平均增速6.5个和14.8个百分点。东部地区完成软件业务收入22880亿元，同比增长20.4%，低于2012年同期7

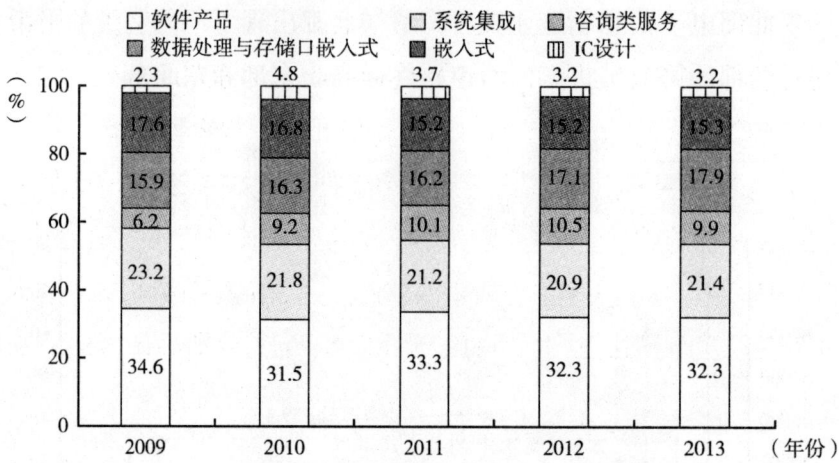

图 2-7　2009~2013 年中国软件业收入结构变化

资料来源：工业和信息化部。

个百分点。西部地区完成软件业务收入 3151 亿元，同比增长 18.3%（见图 2-8），增速低于 2012 年同期 11.3 个百分点。

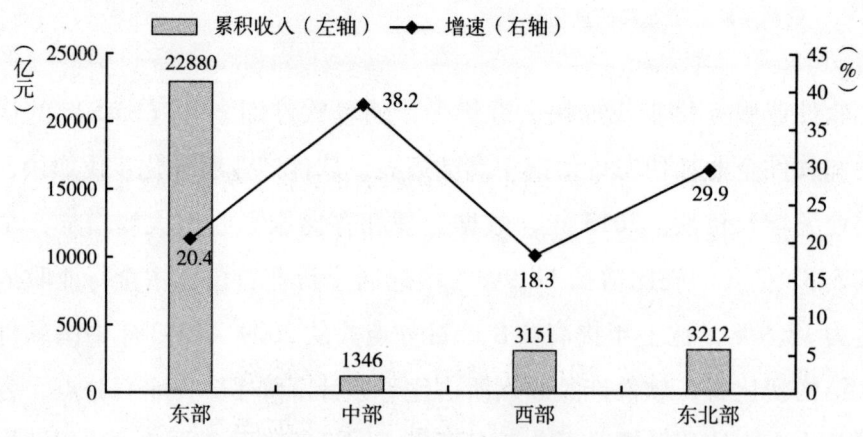

图 2-8　2013 年软件分区域增长情况

资料来源：工业和信息化部。

中心城市软件业稳步发展，增速放缓明显。2013 年，全国 19 个中心城市共计完成软件业务收入 25443 亿元，同比增长 24%，增速较上年同期降低约 11 个百分点，与全国增速持平，占全国软件业务收入的比重提高 1 个百分点至83%左右（见图2-9）。北京、上海、深圳、南京四个城市软件业务收入超过2000亿元，四个城市软件业务收入增速差距较大，北京仅为11%，而南京增速高达30%，上海和深圳分别为20%和19%；广州、杭州、大连、沈阳、济南、成都等六个城市软件业务收入超过1000亿元，杭州、大连、沈阳的软件业务收入增速超过30%，其中杭州增速高达36%。此外，2013年，全国19个中心城市的软件产品、信息系统集成、数据处理和存储服务增速分别达30.1%、30.2%和31.7%，分别高出全国平均水平3.3个、4.4个和5.4个百分点，服务化进展快于全国其他地区。

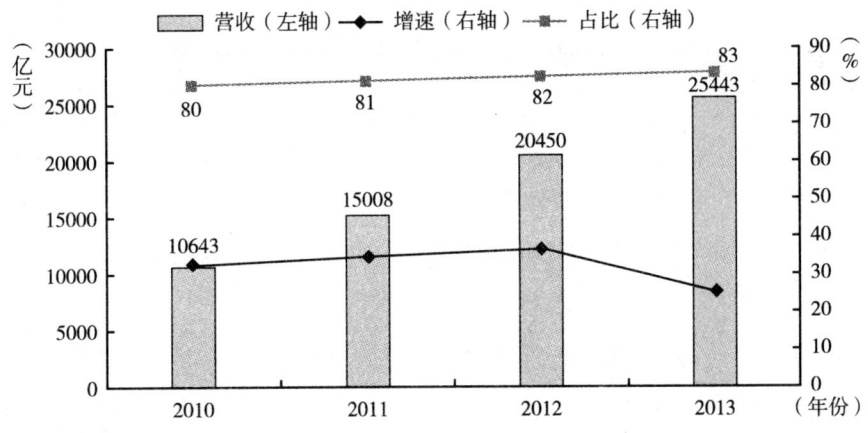

图2-9　2010~2013年全国19个中心城市软件业务收入增长及占比

资料来源：工业和信息化部。

三　核心技术和产品支撑较弱，安全可控成为关注重点

信息安全依赖于集成电路和基础软件。集成电路是信息产业的核心，软件是信息产业的灵魂。各类信息系统的安全需要从掌控底层的芯片和操作系统来保障。但我国在集成电路和基础软件方面还比较薄弱。

集成电路成第一大进口产品。工业和信息化部的数据显示，2013年中国集成电路产业销售产值2693亿元，同比增长7.9%；集成电路产量866.5亿块，同比增长5.3%。海关总署的统计数据显示，中国进口集成电路2313.4亿美元，同比增长20.4%；出口集成电路877亿美元，同比增长64.1%。进出口逆差1436.4亿美元。而同期我国原油进口总额2196亿美元。中国集成电路对外依存度达到75%以上。事实上，近十年来，中国集成电路进口额超过石油，长期居各类进口产品之首。中国集成电路企业无论在规模还是数量方面与美国相比都有很大差距，全球半导体产业排名前20强中仅有联发科上榜（见表2-1）。

表2-1 2013年全球半导体产业排名前20强

单位：百万美元，%

2013年预计排名	2012年排名	企业名称	2012年收入	2013年预计收入	预计增长率
1	1	英特尔	49114	48321	-2
2	2	三星	32251	33590	4
3	3	台积电	16951	19804	17
4	4	高通	13177	17145	30
5	8	SK海力士	9057	13040	44
6	6	东芝	11217	12197	9
7	7	德仪	12081	11474	-5
8	10	美光	8002	10551	32
9	9	意法	8364	8184	-2
10	11	博通	7793	8110	4
11	7	瑞萨	9314	7827	-16
12	14	英飞凌	4928	5265	7
13	13	AMD	5422	5244	-3
14	12	索尼	5709	4889	-14
15	15	恩智浦	4325	4787	11
16	22	联发科	3366	4515	34
17	17	格罗方德	4013	4261	6
18	19	飞思卡尔	3803	3942	4
19	20	联电	3730	3919	5
20	18	英伟达	3965	3752	5
全球20强			216582	230817	7

资料来源：IC Insights，2013年11月。

第二章　中国IT产业发展综述

2013年，中国集成电路设计业全行业销售额仅808.8亿元（132.85亿美元），尚不及高通（171.45亿美元）一家的销售额。根据华强电子产业研究所的统计数据，2013年中国大陆IC设计公司中仅有海思半导体和展讯通信两家企业的销售额超过10亿美元，IC设计公司销售前三十名的入围门槛仅为5700万美元。

国产基础软件的支撑能力也比较薄弱。《信息化蓝皮书：中国信息化形势分析与预测（2010）》显示，通用计算机CPU和基础软件90%以上依赖于进口。比如，在操作系统方面，国外品牌占据了绝对主导的地位，仅微软一家就占78.3%（见图2-10）。

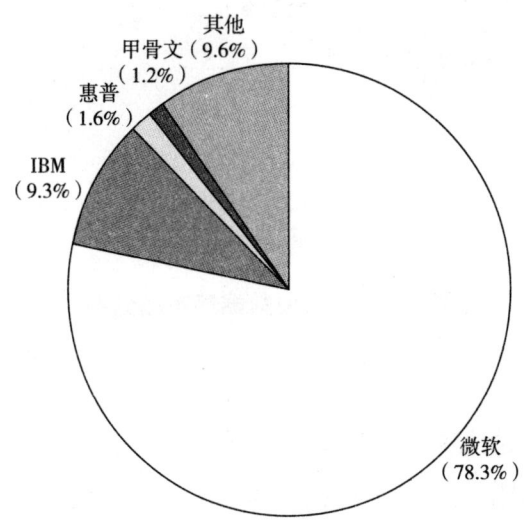

图2-10　国内操作系统市场分布

资料来源：赛迪顾问。

信息基础设施对外依赖的程度依然高。尽管我国信息化发展水平较快，但在信息技术关键技术和核心产品方面，尤其是信息基础设施领域基本被跨国巨头垄断。根据华创证券的分析，我国130万套软硬件设备的统计数据显示，采用国外产品的比例为：操作系统97.25%、数据库95.06%、服务器86.72%、数据处理设备83.38%、网络设备62.28%。思科的路由器几乎垄断和主导中国大型网络项目的建设，涉及政府、海关、邮政、金融、铁路、民航、医疗、军警等部门。赛迪顾问的报告显示，2012 年，中国数据库市场规模达到 53.15 亿元，国产数据库所占份额达到 4.47%（见图 2-11）。国产数据库虽然取得了一定的市场地位和增长速度，但与国外厂商相比仍存在巨大差距。

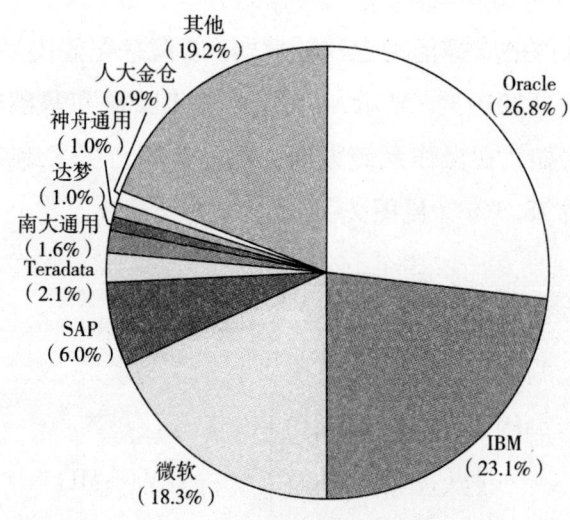

图 2-11　国内数据库市场分布

资料来源：赛迪顾问。

此外，我国工业控制系统产品和服务依赖于国外，安全隐患发现和防范能力不足。数据显示，22 个行业 900 余套工业控制系统主要由国外厂商提供，相关系统运维也直接由国外厂商负责。

安全可控能力有所提升。浪潮依托国家重点实验室、信息存储工程技术研究中心、存储技术国家重点实验室、集成电路研发设计平台，并通过并购了德国奇梦达在欧洲的高端集成电路存储器封装测试生产线，建立起了包括芯片设计、芯片制造和芯片应用在内的完整产业链，形成了与世界同步的芯片级研发平台，并在此基础上自主研发出一系列云计算基础装备，为构建中国自主、可控、安全的云计算基础架构平台打下了坚实的基础。阿里巴巴采用开源、开放的系统架构，采用标准硬件产品，利用自己研发的 IT 系统，构建起云计算系统，摆脱对 IBM 小型机、Oracle 数据库、

EMC 存储设备（IOE）的依赖，并向数十万家中小微企业提供服务。

2011 年 7 月 28 日，阿里云自主研发的"飞天"云计算平台开始以公共云服务的方式对外提供云计算服务。IT 支撑起阿里集团的业务运营，并在淘宝、支付宝等核心业务之外，勾勒出了新的盈利模式——云服务。2013 年 8 月 15 日，阿里巴巴"飞天"云计算平台的单集群服务器规模达到了 5000 台，这是中国互联网公司首次公布单集群规模达到了 5000 台。

重点领域不断取得技术突破。在电子材料领域，石墨烯科研成果迅速转化，国内第一条世界领先的石墨烯生产线已开工在建，标志着我国在该领域跻身世界前列。在集成电路领域，国内第一款具有自主知识产权的 55 纳米相变存储技术产品发布，打破了国外芯片存储核心技术长期垄断的局面；完全自主知识产权的大功率 IGBT 芯片通过专家鉴定并投入批量生产。在卫星导航领域，北斗导航手持机和芯片亮相 2013 年世界雷达博览会。在超级计算机领域，我国研制的"天河二号"荣登全球超计算机 500 强排行榜榜首。在液晶显示领域，国内首颗 AMLOED 驱动芯片研制成功，具有重要的里程碑意义。在智能语音领域，语音合成、语音识别、自然语言处理和理解及声纹识别等技术不断成熟，深度神经网络技术开始用于语音产品，以语音云服务模式为基础的智能语音技术开放平台发展迅速。

信息安全工作进一步得到重视。随着网络信息资源的日趋丰富，信息安全保障能力成为国家软实力和竞争力的重要标志。"棱镜门"事件的爆发，暴露出互联网上的信息安全存在巨大的隐患，高度重视信息安全工作刻不容缓。2013 年 11 月 12 日，党的十八届三中全会发布的《中共中央关于全面深化改革若干重大问题的决定》指出，"坚持积极利用、科学发展、依法管理、确保安全的方针，加大依法管理网络力度、加快完善互联网管理领导体制，确保国家网络和信息安全"，明确"设立国家安全委员会，完善国家安全体制和国家安全战略，确保国家安全"。2014 年 1 月 24 日，中共中央政治局召开会议，研究决定中央国家安全委员会设置。会议决定，中央国家安全委员会由习近平任主席，李克强、张德江任副主席，下设常务委员和委员若干名。中央国家安全委员会作为中共中央关于国家安全工作的决策和议事协调机构，向中央政治局、中央政治局常务委员会负责，统筹协调涉及国家安全的重大事项和重要工作。同年，2月27日，中央网络安全和信息化领导小组成立，习近平担任组长，李克强、刘云山任副组长，并制定了《中央网络安全和信息化领导小组工作规则》《中央网络安全和信息化领导小组办公室工作细则》《中央网络安全和信息化领导小组2014年重点工作》，网络安全和信息化顶层设计进一步加强，"网络安全和信息化是一体之两翼、驱动之双轮，必须统一谋划、统一部署、统一推进"的工作思路得到进一步体现。同时，作为信息安全的主管部门，工业和信息化部高度重视信息安全工作，2013年，先后制定并颁布了《电信和互联网用户个人信息保护规定》和《电话用户真实身份信息登记规定》，研究建立信息安全审查制度，参与修订《互联网信息管理办法》等。

四 骨干企业国际化破瓶颈，研发投入和专利储备增强

2013年，通信设备、PC及移动终端设备"天花板效应"开始显现，传统设备厂商增速开始出现不同程度的放缓和下滑。思科、苹果、三星、索尼、诺基亚等传统设备厂商增速均在10%以下，并出现不同程度的下滑，诺基亚连续三年出现负增长。而高通、谷歌则受益于移动互联网引发的产业变革，营业收入继续保持高速增长态势，2013财年前两个财季增速分别为23%和26%。在国内大市场的支撑下，国内IT骨干企业营收保持了较好的增长态势。截至2013年第三季度，华为、联想、海尔、大唐等设备厂商营收增速超过10%，华天科技、同方国芯、中颖电子等集成电路企业增速超过20%，天喻信息、浪潮信息、大华股份、阿里巴巴、腾讯、百度等软件和互联网企业营收估计超过50%，鹏博士的营收增速甚至超过100%。

中国IT产业骨干企业在开拓国际市场上取得一定的成绩。2013年，中国IT骨干企业由"产品"走出去向"工厂"和"服务"走出去转变态势明显，利用国际并购实现"资本"走出去步伐加快。2013年（第27届）电子信息百强企业中，有1/10以上的企业通过收购或并购海外企业来提升本企业的国际影响力。2013年电子信息百强企业完成出口交货值比2012年增长12.3%，增速高于行业平均水平2个百分点，占全行业比重超过10%，是带动我国电子信息产品出口增长的重要力量。

我国IT企业的国际地位稳步提升。通信设备方面，华为成为全球最大电信设备商。2013年，华为营收超过2380亿元（约合393亿美元），同比增长8.6%（按美元计算为11%），主营业务利润超过286亿元（约合47亿美元），同比增长超过43%（按美元计算为46.9%）；同期，爱立信营收为2274亿瑞典克朗（约合353亿美元），与2013年基本持平，净利润122亿瑞典克朗（约合18.6亿美元），同比增长105%（见图2-12）。PC产品方面，联想成为全球最大的PC厂商。市场咨询公司IDC的数据显示，自2013年第二季度开始，联想的全球PC出货量开始超过惠普，全年出货量达到5373.4万台，比惠普多158.8万台（见图2-13）；与此同时，联想的全球市场占有率也不断攀升，2013年第四季度，联想的市场占有率达到18.6%，比惠普高1.8个百分点。智能手机方面，华为和联想的出货量进入全球前五位。IDC的数据显示，2013年全球智能手机出货量接近10亿部，华为和联想分别以4880万部和4550万部出货量位居全球智能手机出货量第三和第五（见图2-14）。社交网络方面，微信开始向全球扩张，海外版本WeChat的注册用户数量超过1亿。市场咨询公司GlobalWebIndex的数据显示，2013年第一季度至第三季度，微信在移动社交平台商青少年活跃用户增长最快，达到1021%，远远高于Facebook（69%）和Twitter（69%），截至2013年第三季度，微信及WeChat的合并月活跃用户数达到2.7亿，同比增长124.3%。

电子信息百强企业稳步发展，软件骨干企业带动作用减弱。2013年（第27届）电子信息百强企业数据显示，中国电子信息百强企业在2012

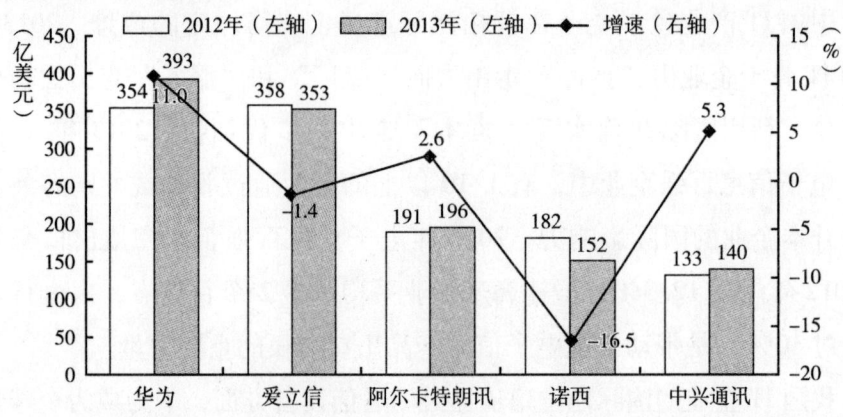

图 2-12　2012~2013 年全球五大通信设备提供商营收情况

资料来源：各企业财报。

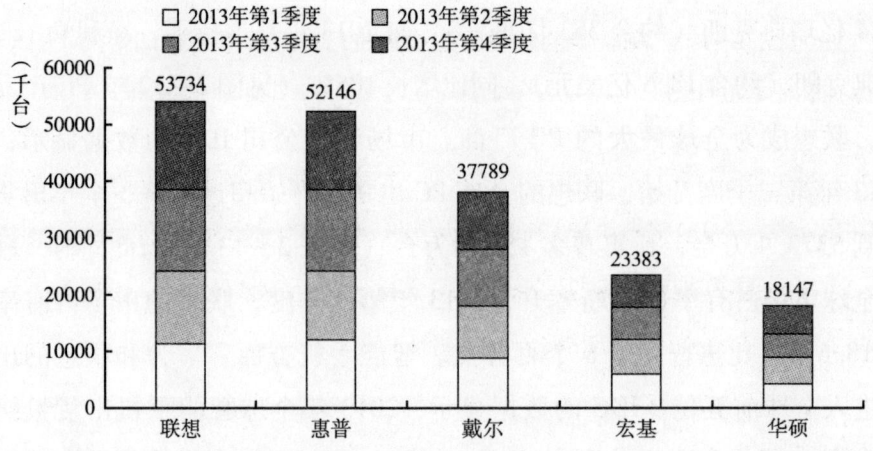

图 2-13　2013 年第 1 季度至第 4 季度全球五大 PC 厂商出货量

资料来源：IDC。

年的主营业务收入达到 19565 亿元，同比增长 11.1%，占全行业比重接近 25%，资产总额同比增长 15%（见图 2-15）。其中，收入规模超过 100 亿元的企业有 36 家，超过 200 亿元的企业有 16 家，超过 1000 亿元的企业有 4 家，后两者分别比第 26 届增加了 2 家和 1 家。2013 年电子信息百强企业共实现利润总额 812 亿元，占行业总量比重达到 23.2%，销售利润率为 4.2%，高于行业平均水平 0.2 个百分点。其中，销售利润率超

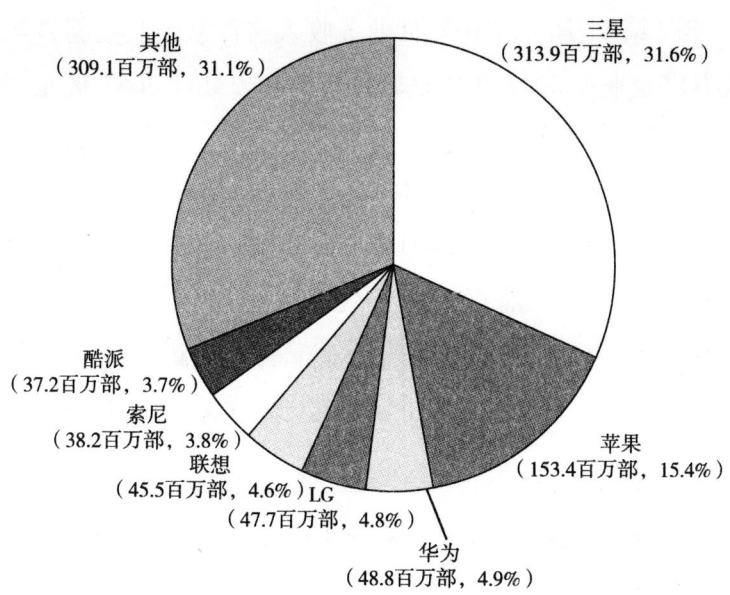

图 2-14　2013 年全球主要智能手机厂商出货量及市场份额

资料来源：IDC。

过 5% 的企业有 48 家，超过 10% 的有 12 家，分别占百强企业利润总额的 65% 和 30%。从 2008～2013 年中国电子信息百强企业营收增长数据来看，电子信息百强企业营收总额持续增长，占行业的比重小幅提高，仍体现出了对整个行业有较强的带动作用。

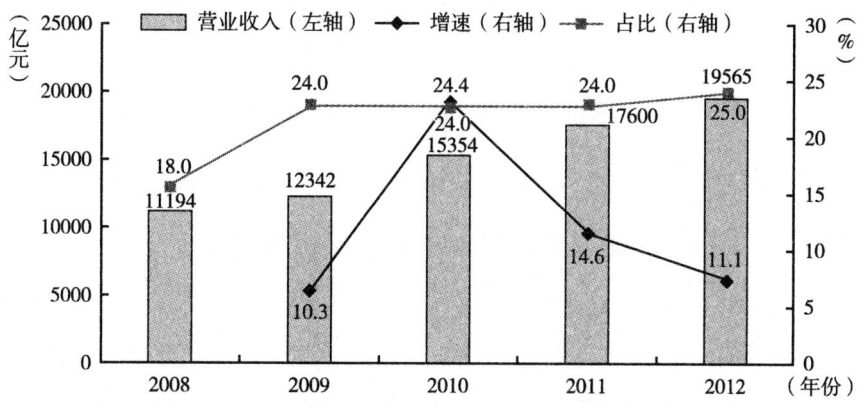

图 2-15　2008～2012 年中国电子信息百强企业营收增长及占比

资料来源：工业和信息化部。

2013年（第12届）中国软件业务收入前百家企业数据显示，软件业务收入前百家企业在2012年实现软件业务收入共计3667亿元，同比增长7.8%，占全国软件业务收入的比重降至14.7%，百家企业入围门槛进一步提升至7.79亿元，同比增长29%（见图2-16）。其中，排名第一的华为，软件业务收入首次超过1000亿元，达到1017.7亿元。2009~2013年，中国软件业务收入前百家企业营收占全国软件业务收入的比重从26.3%下滑至14.7%，百家企业的行业带动作用正在减弱。同时，营收增速大幅下滑则说明，骨干软件企业已经进入营收增长的瓶颈期，软件企业面临较大的转型压力。

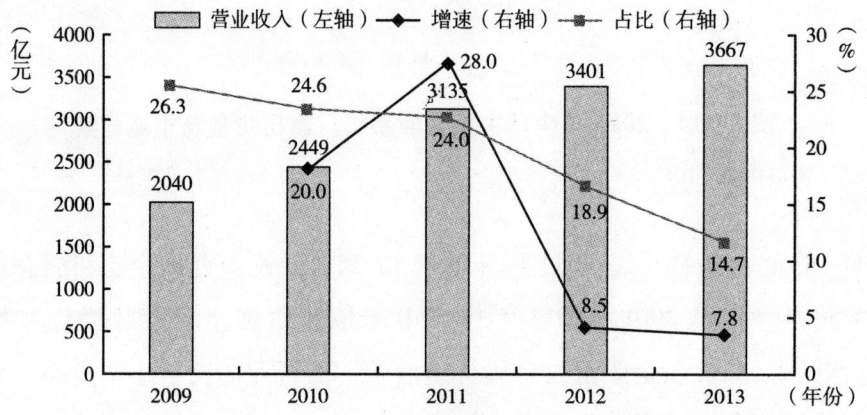

图2-16　2009~2013年中国软件业务收入前百家企业
营业收入增速及占比

资料来源：工业和信息化部。

IT骨干企业研发投入增加，知识产权与专利储备继续增强。2013年（第27届）电子信息百强企业研发投入同比增长14.5%，研发投入比重突破5%，达到5.1%，高于全国工业平均水平3个百分点。其中，研发投入强度超过5%的企业有31家，超过10%的有7家，最高水平接近30%。研发人员较上年增加1.3万人，占比达到20.8%，比第26届提高1.2个百分点。2013年（第12届）中国软件业务收入前百家企业共有软件研发人员24万人，比第11届增加4万人，增长20%；投入软件研发经费628亿元，比第11届增长17.8%，研发投入占比达到9.5%。2013年电子信息百强企业共拥有专利13.3万件，同比增长33%。国家知识产权局的数据显示，2013年，中国发明专利授权量前十位企业中有4家IT企业：华为技术（2251件）、中兴通讯（1448件）、中芯国际（374）、华为终端（288件）；中国专利合作协定（PCT）申请量前十位企业中有8家IT企业：华为技术（3625件）、中兴通讯（2156件）、腾讯科技（1057件）、京东方（656件）、华为终端（432件）、华星光电（438件）、北京京东方（222件）、合肥京东方（123件）；中国国内申请量排名前十位企业中有6家IT企业：华为技术（5012件）、腾讯科技（2002件）、中兴通讯（1948件）、联想（1870件）、京东方（1173件）、中芯国际（1134件）。

五　新兴技术加速落地，技术融合趋势明显

云计算、大数据和物联网相互关联，彼此作用。"云计算"由Google首席执行官埃里克·施密特（Eric Schmidt）在2006年8月9日搜索引擎大会上首次提出，至今已经经历了准备阶段、起飞阶段，正在向成熟阶段迈进。"物联网"由美国麻省理工学院学院Kevin Ashton教授在1991年首次提出，于1999年阐明了"物联网"的基本含义，但是随着信息技术的不断发展，物联网的含义已经发生了变化，不只是指基于RFID的物联网。然而，物联网技术一直发展缓慢，随着云计算技术的日渐成熟，物联网才进入快速发展阶段，自2009年开始，物联网进入起飞阶段。"大数据"的概念最早是在20世纪90年代由"数据仓库之父"Bill lnmon提出，但是，从2009年开始，"大数据"才成为IT领域流行词。随着云计算、物联网、移动互联网的应用，数据量迅猛增长，数据资源成为生产、生活等领域的重要资产。目前，从全球来看大数据还处在起步阶段。

云计算和大数据属于IT领域的术语，大数据和物联网是从应用业务角

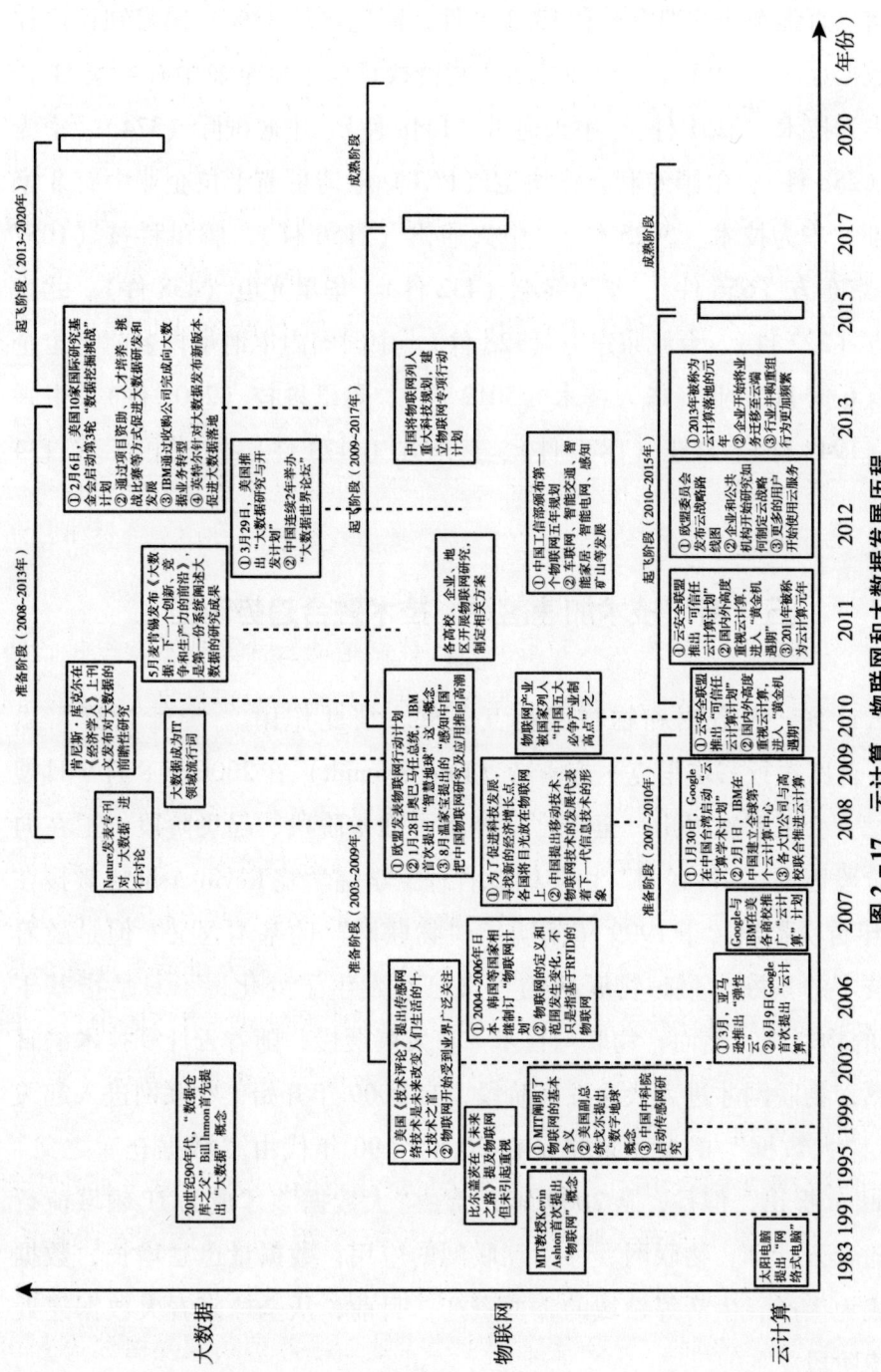

图 2-17 云计算、物联网和大数据发展历程

资料来源：工业和信息化部电子科学技术情报研究所。

度提出的概念，云计算不关心业务，而物联网则可以应用在各个领域。云计算、大数据、物联网三大技术之间相互影响，相互促进，相互融合。

其中，大数据是随着互联网、移动终端设备及物联网的发展而兴起的，物联网本身的数据具有4V特征，是产生大数据的重要源泉。物联网的推广应用带动大数据发展壮大，而大数据则推动物联网发展完善，促进物联网向智能化、个性化方向发展。大数据实时分析需要数十、数百甚至数万台计算机协同工作，离开云计算几乎是不可能实现的。谷歌、亚马逊、Facebook、百度、腾讯、阿里巴巴等既是大数据企业也是云计算企业。

物联网的应用离不开云计算技术的支撑，云计算加速物联网落地和发展，并且带动物联网实现模式创新；而物联网的应用将推动云计算技术的进步。物联网各个节点不断产生的数据汇聚成大数据，利用云计算进行数据筛选、处理和分析，从而挖掘出潜在的经济价值。

大数据是云计算的延伸和发展，大数据带动云计算技术的进步，而云计算则为大数据存储、数据挖掘等提供了基础，并将促进大数据模式创新。

云计算应用加速落地。2013年，云计算已进入相对理性的实践阶段，中国也步入务实发展阶段，云计算加速落地。无论是政府、企业还是消费者，对云计算都有了更理性的认识，越来越多的企业和政府接受并使用云服务。与此同时，云计算的逐渐落地使得产品和服务大量涌现且逐渐成熟。云计算试点落户社区医疗卫生领域、公共服务领域，并不断推进；管理类和工具类 SaaS 应用步入正轨；PaaS 和 IaaS 服务也在互联网、游戏、动漫等行业得到了大力推广。

虽然与欧美国家相比，我国公有云的应用市场以及服务水平都处于起步阶段，但是我国公有云服务现有市场规模以70%以上的速度在增长，而国际国内云服务巨头争相抢占市场份额，更加速了中国公有云的落地。伴随着公有云的落地，2013年中国中小企业云服务市场规模增速进一步加快，据计世资讯预计，2013年中国中小企业云服务市场规模将达到71亿

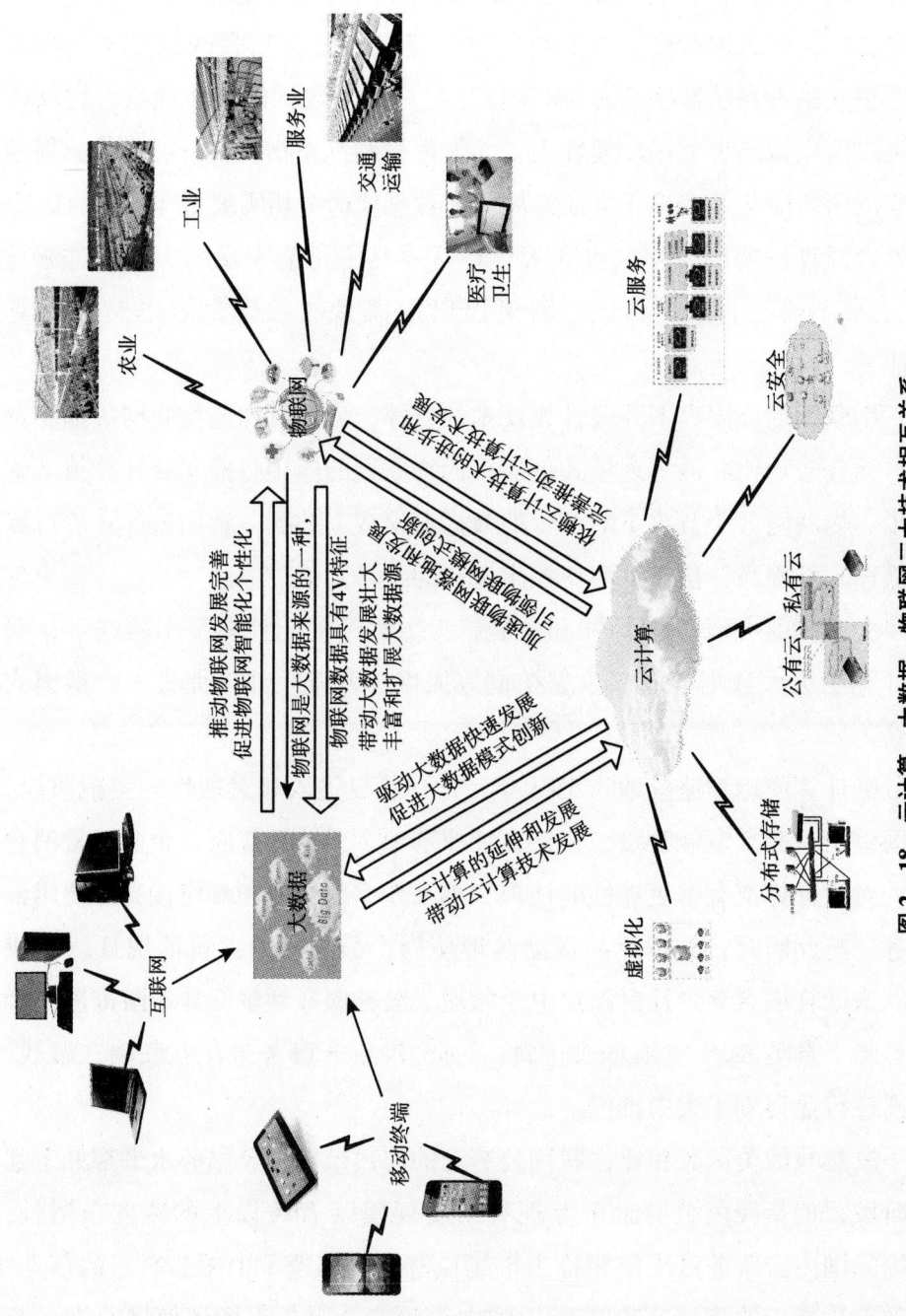

图2-18 云计算、大数据、物联网三大技术相互关系

元，同比增长44.9%，预计到2017年在中国中小企业市场中云服务的规模将达到250亿元。相对于公有云，国内大中型企业更青睐于私有云，预计2013年我国超过半数以上大中型企业关注规划和部署私有云，并采购面向云的软硬件及相关服务。

云计算建设的落地不断推动着云计算硬件市场的发展。随着云计算成为智慧城市、大数据等最新应用热点的基础架构，带动传统数据中心转型。2012~2013年，来自公有云基础的平台建设和企业私有云的建设带动了传统硬件设备的采购，云计算拉动的IT硬件采购市场在未来几年仍将高速增长，继交通、通信之后，云计算将成为新一轮基础建设工程，甚至成为推动中国经济下一轮发展的决定因素。

大数据应用推动企业转型发展。互联网的快速发展产生大数据，大数据反过来驱动互联网各类应用的加速演进。2013年，继中国各大互联网公司布局大数据之后，政府部门加快了谋划大数据的步伐。5月，国家发改委与中科院正式启动了"基础研究大数据服务平台应用示范项目"。11月，国家统计局宣布与11家国内电子商务、互联网、电信等企业签署战略合作协议，共同开发利用大数据。合作的内容包括：共同研究探讨建立大数据应用统计标准，涉及指标定义、口径等；共同研究确定利用企业数据完善、补充政府统计数据的内容、形式和实施步骤等。这表明政府开始与企业共同推进大数据在政府统计中的应用。

大数据将加快中国企业信息化进程，促进企业架构调整。随着大数据持续发展，中国企业信息化的进程将会大大加快，为了支持大数据非结构化、不断刷新的特点，基础架构层面也会在未来发生变化。大数据的基础架构支撑已经不仅限于高性能计算层面，还需要硬件产品更好地支持虚拟化和分布式架构的软件。同时，基于固态存储的分层存储解决方案、智能化的负载均衡网络结构也都会得到更多应用，从而推动企业基础架构横向拓展，刺激企业加大硬件设备上的支出和数据中心的建设。

大数据相关技术的发展将会创造出一些新的细分市场，向更多的行业和应用场景拓展。大数据正在向更多的行业和应用场景拓展。在行业方面，2012年，大数据应用已经从电子商务/互联网、快消品等行业向金融、政府/公共事业、能源、交通等行业扩展；从应用场景来看，已经从用户上网行为分析拓展到电力安全监控系统、舆情监测等。从行业需求的场景来看，未来大数据需求主要集中在金融行业中的数据模型分析、电子商务行业中的用户行为分析、政府部门中的城市监控、能源行业中的能源勘探等。

2013年多数企业仍处于采用大数据的早期阶段，仅少数已将其运用至企业层面，或是能认知大数据对其基础架构、企业与产业所产生的全面影响。Gartner预测至2015年，20%的全球前1000大企业会将其策略重点置于"信息基础建设"，而其重要性等同于应用管理。

物联网进入应用带动发展阶段。2013年，物联网被提升为国家战略，发展迅猛，进入到了以实际应用带动整体发展的新阶段。

中国物联网产业呈现出集聚发展态势，区域布局初步形成。2013年我国物联网市场规模将达到4896亿元，未来三年，我国物联网市场增长率将保持在30%以上。中国现有的物联网企业分为两类：一类是由IT企业转型而来，另一类为近两年新成立的从事物联网研发的企业。其中，信息存储和传感设备领域的物联网企业较多，系统解决方案领域的物联网企业相对较少。近年来，中国物联网企事业单位加快向重点园区集中，聚集效应初步显现。同时，物联网产业联盟快速发展，推动物联网产业链上下游优势的企事业单位集聚和合作。截至2013年底，中国已建成3个国家级物联网产业示范基地——无锡的国家传感网创新示范区、重庆的国家物联网产业示范基地和杭州的高新区（滨江）物联网产业园；组建首个国家级物联网产业联盟——物联网产业技术创新战略联盟；以及超过22个物联网产业园和30个物联网产业联盟。在产业的区域分布上，中国物联网产业已初步形成以上海、无锡为核心的长三角，以北京为龙头的环渤海，以广州、厦门为中心的泛珠三角，以及以西安、重庆、武汉等为重点城市的中西部地区四大物联网区域集聚发展的产业空间格局。

技术研发步伐加快，标准研制工作取得突破性进展。中国在传感器、

RFID、网络和通信、智能计算、信息处理等领域的技术研究能力不断提升，取得了一定技术创新成果。同时，物联网标准研制和国际化工作积极推进，并取得重要进展。2013年2月，中国国家标准化管理委员会发布了21项智能交通国家标准，并在2013年内陆续实施。6月20日，为推进物联网标准化工作，加快建立我国物联网标准体系，国家标准委向公安部、国家林业局、全国信息技术标准化技术委员会、全国智能运输系统标准化技术委员会、全国物品编码标准化技术委员会下达了物联网等47项国家标准计划。10月12日，移动支付国家标准在京发布，计划于2014年5月1日实施。该标准涵盖了移动支付射频接口、卡片、设备、应用管理和安全、测试方法等基础技术内容，确保了移动支付产品的互操作性和互通性。11月4日国家林业局发布了86项林业行业标准，其中包括《林业数据库设计总体规范》等23项林业信息化标准，加快智慧林业建设的进程。

应用领域取得一定拓展，商业模式探索积极推进。中国物联网应用整体处于起步阶段，基于RFID和M2M的应用发展相对较快。中高频RFID技术和产品较为成熟，在电子票证、交通卡、交通管理、出入管理等领域已经形成了一定的规模性应用，超高频和微波RFID也在多个领域开始应用。中国三大电信运营商积极开拓M2M应用市场，其中交通、电力和安防成为最大的应用领域。从应用领域来看，中国物联网在经济发展、基础设施、社会管理、民生服务和国防建设等方面的应用分别取得了不同程度的进展，呈现出加速向各领域渗透和拓展的趋势。中国物联网建设和应用项目目前以政府主导模式为主，主要由政府部门牵头组织，并委托第三方承担项目的具体建设工作，最终向用户提供产品和服务。根据出资建设的主体不同，以政府为主导的物联网商业模式可以分为两种：一种是在委托第三方完成项目建设后，选择自行承担成本以让用户免费体验物联网应用；另一种是采用BOT（建设—经营—转让）模式，即政府与相关企业、机构签订长期合作协议或采取授权形式，让其代替政府出资建设、运营或管理物联网公共服务设施并向公众提供公共服务，项目实施企业或机构可向用户收取费用以回收成本、赚取利润，期满后项目将视情况选择移交回政府。上述两种模式已广泛应用于市政、交通、环保、医疗、安全生产、公共安全等领域。

政策环境不断完善，国家和地方纷纷出台物联网的战略规划和推进政策，对于物联网的扶持力度进一步加大。2013年2月国务院发布《关于推进物联网有序健康发展的指导意见》，提出到2015年突破一批核心技术，初步形成物联网产业体系。为实现目标，将加强财税政策扶持、完善投融资政策，鼓励金融资本、风险投资及民间资本投向物联网应用和产业发展。该指导意见指出，将建立健全有利于物联网应用推广、创新激励、有序竞争的政策体系，抓紧推动制定完善信息安全与隐私保护等方面的法律法规。该指导意见的出台标志着政策层面已经框定物联网产业的发展蓝图。3月4日，《国家重大科技基础设施建设中长期规划（2012～2030年）》正式发布，规划明确未来20年我国重大科技基础设施发展方向和"十二五"时期建设重点，强调为突破未来网络基础理论和支撑新一代互联网实验，建设未来网络试验设施，主要包括：原创性网络设备系统，资源监控管理系统，涵盖云计算服务、物联网应用等。9月17日多部委印发10个物联网发展专项行动计划。这10个专项行动计划分别为顶层设计专项行动计划、标准制定专项行动计划、技术研发专项行动计划、应用推广专项行动计划、产业支撑专项行动计划、商业模式专项行动计划、安全保障专项行动计划、政府扶持措施专项行动计划、法律法规保障专项行动计划以及人才培养专项行动计划。

六 国际竞争日趋激烈，环境建设不断加强

2013年，中国IT产业发展的国际环境依旧严峻，贸易摩擦和知识产权壁垒严重。国内发展环境不断优化，政府高度重视IT产业发展，出台了一系列政策措施，取消和下放了一批行政审批事项，降低行业进入门槛。同时，行业主管部门加强市场环境建设和监管，产业投融资环境不断

优化。

1. 国际环境依旧严峻，竞争日趋激烈

随着中国 IT 产业规模快速增长，IT 产品及服务质量不断提高，中国 IT 企业竞争力明显增强，华为、中兴、联想、阿里巴巴、腾讯等企业已经开始着手布局和进入欧美市场。但是，这些企业面临的国际环境依旧严峻。一方面，欧美日等主要的 IT 设备及服务销售市场需求疲软，同时对中国企业存在一定的偏见。另一方面，IT 领域的国际贸易壁垒日趋严重，贸易摩擦愈发频繁。2013 年 1 月和 8 月，美国国际贸易委员会应美国多家公司申诉，对包括华为、中兴在内的多家企业发起"337 调查"。而"337 调查"也正在演变为遏制中国企业进入美国市场的竞争手段和知识产权壁垒。为解决此类问题，中国 IT 企业也在通过积极应诉"337 调查"、与当地运营商进行合作等方式减少影响。同时，随着中国 IT 企业进入国际市场，中国 IT 企业与国际 IT 巨头的竞争也从国内市场蔓延到全球，国际 IT 巨头对中国 IT 企业的阻击力度也进一步加大，采取专利诉讼、技术限制、拉拢合作伙伴、游说和施压本国政府设置壁垒等手段和措施打压中国 IT 企业。针对严峻的国际环境和竞争情况，国内 IT 企业一方面应强化自身的技术创新和市场拓展能力，另一方面应熟练掌握国际规则、法律，以国际化的视野、思维和方式进行业务拓展。此外，鉴于欧美等发达市场的高门槛和高成熟度，积极寻找新的市场和发展机遇也是中国 IT 企业进军国际市场的一个有效选择。比如，随着非洲地区互联网等基础设施的进一步完善和对移动智能设备的需求不断增加，非洲市场或是中国 IT 企业的一个重要机会。

2. 国家高度重视 IT 产业发展，出台一系列政策措施

发展 IT 产业和提升 IT 支撑能力对于国民经济建设、社会和谐发展和国家信息安全具有重要的意义。为此，国务院及各部委相继出台了一系列促进中国 IT 产业发展的政策措施。2013 年 2 月 5 日，国务院发布的《关于推进物联网有序健康发展的指导意见》提出，到 2015 年，实现物联网在经济社会重要领域的规模示范应用，突破一批核心技术，初步形成物联网产业体系，安全保障能力明显提高。2013年8月1日，国务院发布《关于印发"宽带中国"战略及实施方案的通知》，明确了"宽带中国"战略的技术路线和发展时间表，以及推进区域宽带网络协调发展，加快宽带网络优化升级，提高宽带网络应用水平，促进宽带网络产业链不断完善，增强宽带网络安全保障能力等重点任务。

2013年8月8日，国务院发布的《关于促进信息消费扩大内需的若干意见》提出，到2015年，信息消费规模超过3.2万亿元，年均增长20%以上，带动相关行业新增产出超过1.2万亿元，其中基于互联网的新型信息消费规模达到2.4万亿元，年均增长30%以上。信息消费包括信息产品消费和信息服务消费。其中，信息产品消费是指对移动手机、平板电脑、智能电视以及各类个性化智能终端产品的消费；信息服务消费是通过公众网络所承载的内容和应用消费，主要包括通信服务、即时通信、音视频、金融信息、电子阅读、网络游戏等服务形态。此外，还包括通过电子商务平台，以及教育、医疗、养老等公共服务平台实现的服务消费。在当今复杂的信息环境下，信息消费已渗透到生产、流通、金融、保险、教育、科技、文化、娱乐、军事等各个领域。近年来，基于互联网的信息消费不断升级、空前活跃，其产业规模大、关联度广、增长速度快、渗透范围广、发展质量高、带动能力强，已经成为扩大内需的关键力量。互联网与传统行业的相互碰撞，将进一步激发服务模式、商业模式以及生产消费模式的创新发展，不断刺激新的消费服务需求产生，带动信息消费市场快速扩张。同时，随着城镇化的不断推进，农村和三、四线城市的信息消费潜力将得到释放。

2013年8月23日，为更好地推动信息化和工业化深度融合发展，工业和信息化部发布了《信息化和工业化深度融合专项行动计划（2013~2018年）》（工信部信〔2013〕317号），对增强我国信息技术支撑服务能力提出了明确需求：建设下一代信息基础设施，加快产业集聚区的光纤网、移动通信网和无线局域网的部署和优化，实现信息网络宽带化升级，实现电信运营商向综合信息服务商转变；加快集成电路、关键电子元器件、基础软件、新型显示、云计算、物联网等核心技术创新，突破应用电子、工业控制系统、工业软件、三维图形等关键技术，提高电子信息产业链各环节配套能力，逐步形成安全可控的现代信息技术产业体系；电信运营商、信息技术服务商、互联网企业之间加强合作，有效利用平台资源、数据资源和渠道资源，通过云服务模式面向企业提供服务；信息技术企业与工业企业开展战略合作，提高协同创新能力。"两化"深度融合专项行动计划的推进，不仅有助于提升我国工业的信息化水平，加快新型工业化步伐，而且有助于推动我国智能制造技术、安全可靠信息技术的发展和相关配套能力、服务能力的提升。

2013年12月，工业和信息化部向中国移动、中国电信和中国联通颁发"LTE/第四代数字蜂窝移动通信业务"（TD-LTE）经营许可，标志着我国进入4G时代，与移动互联网应用与发展相关的产业将迎来新一轮高潮。4G牌照的发放有助于推动电信运营商加速转型，带来包括运营商、设备制造商、终端设备制造商等在内的竞争格局的重塑。业务的演进也将使移动互联网的产业链价值发生进一步扭转，由以运营商为中心向以终端用户和应用服务为中心转变。对于移动互联网来说，4G能给用户带来随时、随地、随身乐享的无限资源，并结合自身个性化、社交化、移动性、碎片化的特点催生了丰富多彩的应用。4G的普及将大大提升网络带宽、速率和数据传输能力，进而会推动大数据和云计算、虚拟成像和图像识别、视频应用、游戏应用、电子商务、可穿戴设备、语音和图片搜索领域的发展。

3. 市场环境建设和监管力度不断加强

自2013年以来，工业和信息化部先后取消或者下放了"中国服务外包基地城市"认定、通信建设监理企业资质认证和监理工程师资格认定、通信建设工程概预算人员资格认定、通信用户管线建设企业资质认定、通信信息网络系统集成企业资质认定、电信业务经营者拍卖码号审批、卫星地面接收设施生产企业指定、通信建设项目招标代理机构资质认定、电信业务资费标准审批、基础电信和跨地区增值电信业务经营许可证备案核准、计算机信息系统集成企业资质认定、计算机信息系统集成项目经理人员资质评定、信息系统工程监理单位资质认证和监理工程师资格认定、外国组织或者人员运用电子监测设备在我国境内进行电波参数测试审批等一批行政审批事项。一系列审批权的下放降低了多个IT领域的进入门槛和监管，对促进IT产业发展与创新具有重要意义。

2013年，政府对产业发展的促进由原来更多地通过财政资金引导向通过加强行业监管和优化市场竞争环境方向转变。国家发展和改革委员会先后对三星、LG、奇美等六家液晶面板厂商价格垄断发起调查，对美国高通涉嫌滥用其在无线通信标准必要专利市场和手机芯片市场上的支配地位，实施价格垄断行为，主要包括不公平的高价、歧视性定价、附加不合理交易条件等行为进行反垄断调查。这些事件显示出政府在维护电子信息产业公平市场竞争环境的决心。此外，经过近十几年的高速发展，中国互联网已经从政府大力促进产业发展进入政府严格市场监管的阶段。2013年11月，最高人民法院受理了腾讯与奇虎360的"滥用市场支配地位"纠纷案。该案是《反垄断法》出台六年来，最高人民法院审理的首例互联网反垄断案，判决结果对国内互联网反垄断的判决具有标志性意义和深远影响。

4. "新三板"扩容和股票发行改革利好IT企业融资，但是实施细则和配套制度建设还需完善

按照《中共中央关于全面深化改革若干重大问题的决定》的要求，"健全多层次资本市场体系，推进股票发行注册制改革，多渠道推动股权融资，发展并规范债券市场，提高直接融资比重"。2013年11月30日，中国证监会公告了《中国证监会关于进一步推进新股发行体制改革的意见》（证监会公告〔2013〕42号），明确指出股票发行将从"核准制"向"注册制"过渡。2013年12月14日，《国务院关于全国中小企业股份转让系统有关问题的决定》（国发〔2013〕49号）指出，全国股份转让系统（以下简称"新三板"）主要为创新型、创业型、成长型中小微企业发展服务，境内符合条件的股份公司均可通过主办券商申请在全国股份转让系统挂牌，公开转让股份，进行股权融资、债权融资、资产重组等。

"新三板"扩容对推动 IT 产业发展、完善 IT 企业融资环境具有重要的意义。但是，"新三板"仍有两大问题尚需解决和完善。一是"新三板"流动性差，大部分机构仅将其作为补充的退出渠道。一方面，目前，"新三板"可提供的可交易股权有限，且以创业型企业和家族式企业为主，创业型企业创始人出售股份的意愿较低，而家族式企业股东数量较少。另一方面，"新三板"允许机构和个人参与交易活动，但是其投资门槛非常高，要求投资者的证券资产需超过 500 万元，导致绝大部分个人散户无法参与交易活动。据统计，2013 年"新三板"52 笔定向增发中，70% 以上的融资活动由机构参与。二是转板机制细则尚未出台。2006 年以来，三板共计产生了 7 家上市企业，且全部是退出三板后重新提交 IPO 申请，因而为非真正意义上的转板。转板上市企业 IPO 的门槛并没有降低，必须按照正常审批流程，直接影响了 IT 企业融资。

第三章　中国 IT 产业发展展望

中国的 IT 产业正在经历一场前所未有的变局，无论是硬件厂商、软件企业、电信运营商，甚至是互联网企业都在传统与新兴的交锋和融合中前行。IT 产业横向延伸、纵向深入、跨界融合发展的态势恰好契合了国家全面深化改革的形势。中国 IT 产业经过几十年的积累，市场优势正在逐步转化为产业发展优势，关键技术即将孕育突破，应用服务蓬勃发展，大企业与世界强手同台竞技的能力将逐步提高，中小企业的创新活力将得到充分激发，产业整体实力将进一步加强。可以说，我国 IT 产业已经具备向更高层次发展的基础和能力，对经济发展和社会进步的推动作用和支撑地位将更加凸显。

2014 年将是中国 IT 产业发展十分关键的一年，尤其是互联网和移动互联网对 IT 产业的影响将更加深入，更具颠覆性。本章在分析全球产业发展态势和我国市场需求变化的基础上，对 2014 年及未来几年我国 IT 产业的发展进行了展望。

一　全面深化改革带来新机遇，IT 产业顶层设计将加强

党的十八届三中全会描绘了中国未来十年乃至更长时间的路线图，2014 年被视为中国全面深化改革元年。无论是中央网络安全和信息化领导小组的成立，还是国家创新驱动战略的落实等，都体现了国家战略层面对 IT 产业创新发展的迫切需要和大力支持，可以预计我国 IT 产业发展的顶层设计将得到加强和完善。

1. 全面深化改革带来产业发展新机遇

2013年11月12日在北京闭幕的中国共产党十八届三中全会吹响了深化改革的号角。全会通过的《中共中央关于全面深化改革若干重大问题的决定》明确指出，经济体制改革是全面深化改革的重点，核心问题是处理好政府和市场的关系，使市场在资源配置中起决定性作用和更好发挥政府作用。深化改革的基调为我国IT产业的发展提供了新的机遇。一是IT产业主管部门和相关政府部门将加快改革和职能转变步伐，精简下放IT领域相关的行政审批事项，创新行业管理方式，规范行业准入，加快重点领域立法进程，使得IT产业的发展环境进一步改善。二是相关的垄断性国有企业有望加快改革步伐，民营经济和社会资本可进入的领域将增加。三是国家对非公有制经济的发展更加关注，中小企业投融资环境也有望改善。四是市场对资源配置的作用进一步发挥，IT企业的创新主体地位和市场主体地位有望更加突出。

2. 两化深度融合提出IT新需求

党的十八大报告提出了推动信息化和工业化深度融合、工业化和城镇化良性互动、城镇化和农业现代化相互协调，促进工业化、信息化、城镇化、农业现代化同步发展的"四化并举"互动发展战略。2013年9月，工业和信息化部发布了《信息化和工业化深度融合专项行动计划（2013～2018年）》，开始采取多项措施切实推进两化深度融合。IT产业是两化融合的基础和支撑，两化深度融合对IT产业提出了新需求：建设下一代信息基础设施，加快产业集聚区的光纤网、移动通信网和无线局域网的部署和优化，实现信息网络宽带化升级，实现电信运营商向综合信息服务商转变；加快集成电路、关键电子元器件、基础软件、新型显示、云计算、物联网等核心技术创新，突破应用电子、工业控制系统、工业软件、三维图形等关键技术，提高电子信息产业链各环节配套能力，逐步形成安全可控的现代信息技术产业体系；电信运营商、信息技术服务商、互联网企业之间加强合作，有效利用平台资源、数据资源和渠道资源，通过云服务模式面向企业提供服务；信息技术企业与工业企业开展战略合作，提高协同创新能力。

预计未来五年，我国以数字化、柔性化及系统集成技术为核心的智能制造装备取得重大突破，安全可控的信息技术产品配套能力和信息化服务能力明显增强，重点关键领域实现全面自主配套，企业两化融合加快向产业链协同应用演进，工业领域将涌现一批新产品、新应用和新服务，两化融合发展水平将大幅提高。

3. 信息消费将为IT产业扩容

2013年8月，国务院印发的《关于促进信息消费扩大内需的若干意见》提出，到2015年，信息消费规模超过3.2万亿元，年均增长20%以上，带动相关行业新增产出超过1.2万亿元。为贯彻落实该意见，2013年12月31日，工业和信息化部公布了首批国家信息消费试点市（县、区）名单，共有68个城市入选。信息消费市场包括信息产品、信息内容及信息服务。当前，互联网广泛普及，移动互联网迅猛发展，信息消费将成为新一轮扩大内需的重要引燃点和优化经济结构的重要着力点，信息消费市场的发展将促进IT产品、商业模式不断创新，加速产业融合，带来整个IT产业的扩容。在信息消费驱动下，用户主导作用进一步突出，并带来硬件、软件、系统集成服务的一系列服务模式变化。基于消费的IT新产品将不断出现在市场中，已有的IT产品的换代升级将进一步加速。IT与传统的消费领域的结合更加深化和多样化，间接的信息消费越来越普遍。商业模式创新将加快，传统的商业竞争模式在信息消费的冲击下不断变革，制造业服务化、传统服务网络化、信息服务专业化等趋势更加明显。信息消费还将促使不同产业延伸和融合，催生出越来越多跨界的技术、产品和服务。

4. 4G发展将为IT产业提速

2013年12月，工业和信息化部向中国移动、中国电信和中国联通颁发"LTE/第四代数字蜂窝移动通信业务"（TD－LTE）经营许可，标志着我国进入4G时代。4G网络建设将拉动5000亿元的产业投资，并带动5000亿元应用产业发展。4G发展初期，芯片厂商、设备厂商、手机终端、分销渠道及网络建设企业是首批受益者，中期是内容提供商、服务提供商、应用开发商、虚拟运营商及网络测试和测量等服务商受益，后期随着 4G 网络的不断扩大和深度覆盖，网络测试、网络优化、网络运维及数据中心服务等企业亦将受益。4G 所带来的移动业务演进也将使移动互联网的产业链价值发生进一步扭转，由以运营商为中心向以终端用户和应用服务为中心转换。更重要的是，4G 超过百兆的带宽将为整个 IT 产业提速。大数据和云计算、虚拟成像和图像识别、视频应用、游戏应用、电子商务、可穿戴设备、语音和图片搜索等将获得突破性发展。移动互联网个性化、社交化、移动性、碎片化的特点催生了丰富多彩的应用，4G 将给用户带来随时、随地、随身乐享的无限资源。4G 还将带动移动互联网渗透到更多传统领域，产业链也将得到进一步拓展和延伸，形成全新的产业集群。移动互联网纵向一体化产业发展平台和生态体系正在建立，并向生产、生活领域深度渗透。在移动互联网平台上会出现越来越多的新业务模式，而且始终有新的参与者为产业带来创新和活力，这将极大地激发移动互联网的潜能，不仅各种新型的网络应用不断涌现，而且将强有力地向各种传统产业渗透，推动传统产业的升级，打造出更具活力的移动互联网新经济。

5. 网络安全上升为国家战略

2013 年，"棱镜门"事件、美国安全机构监听外国元首电话事件、微软宣布将停止对 Windows XP 的服务支持等事件进一步凸显了国际、国内网络安全日益复杂严峻的形势。网络空间已经上升为海、陆、空、太空之外的第五空间，世界各国都高度重视发展网络空间攻防实力，并大力加强网络安全建设和顶层设计，已有 40 多个国家颁布了网络空间国家安全战略，仅美国就颁布了 40 多份与网络安全有关的文件。2014 年 2 月 27 日，中央网络安全和信息化领导小组宣告成立，中共中央总书记、国家主席、中央军委主席习近平亲自担任组长，李克强、刘云山任副组长，标志着网络信息安全真正上升为国家战略。这预示着中国网络安全和信息化国家战略迈出的重要一步，拥有 6 亿网民的网络大国正在加速向网络强国迈进。中央网络安全和信息化领导小组将着眼国家安全和长远发展，统筹协调涉及经济、政治、文化、社会及军事等各个领域的网络安全和信息化重大问题，研究制定网络安全和信息化发展战略、宏观规划和重大政策，推动国家网络安全和信息化法治建设，不断增强安全保障能力。未来，随着中央网络安全和信息化领导小组工作机构和工作制度的落实，涉及国家网络安全、信息化建设、互联网管理的一些重大战略、政策有望出台，民间呼吁多年的信息安全、隐私保护等方面的立法也有望启动，国家对信息基础设施、安全可靠信息技术研发的投入和支持力度将进一步加大，中国在国际性的互联网交流合作中将更加积极。

6. 创新驱动发展战略将为 IT 技术突破提供更加健康的环境

在过去 30 多年的时间里，我国一直强调并大力推进创新。但影响企业技术创新能力提升的体制障碍日益突出，集中表现为技术创新和经济发展未能充分结合、企业创新主体地位没有真正确立、产学研结合不紧密、技术资源配置不合理、技术资源分散低效等。党的十八大提出，要实施创新驱动发展战略。十八届三中全会通过的《中共中央关于全面深化改革若干重大问题的决定》明确了科技体制改革和科技创新的方向和要求。展望未来，实施创新驱动发展战略的顶层设计工作有望加强，科技体制改革将加快，尤其是科研项目和资金管理改革将提上日程并得到推进，市场作用的发挥和企业的创新主体地位将得到加强，IT 领域的重大项目布局和专项支持资金将会进行调整和优化。2014 年 3 月 3 日，国务院下发了《关于改进加强中央财政科研项目和资金管理的若干意见》，意在通过深化改革，加快建立适应科技创新规律、统筹协调、职责清晰、科学规范、公开透明、监管有力的科研项目和资金管理机制。该意见首次提出了要对科研项目实施分类管理，强调市场和企业的作用。创新驱动战略实施和科技体制改革，将推动 IT 领域科技创新体制机制调整和完善，为 IT 领域的重大技术突破提供更好的创新环境和机制保障。

7. 关键 IT 技术和产品取得突破的路径将更加清晰

当前，我国基础网络、重要信息系统和工业控制系统等关键信息基础设施多使用国外的核心技术和产品，给我国信息安全和产业安全带来潜在的巨大隐患。芯片和操作系统是事关国家战略需求和长远发展的两大关键IT产品，我国政府已清醒地认识到这两大关键技术产品的重要性以及我国在这方面的不足，未来将加强顶层设计，集中力量办大事，对关键技术攻关和推广应用的路径更加清晰和务实，这将给国内IT企业带来巨大的发展机遇。预计移动端的芯片和操作系统将更早取得突破。目前我国IT企业在移动互联网时代的综合实力远远好于PC时代，智能终端制造、互联网应用服务等企业的市场掌控力度均有实质性提升。近年来，我国在移动智能终端操作系统和移动芯片方面已经取得了明显进展，实现移动智能终端操作系统和芯片的创新突破，逐渐摆脱核心技术和产品受制于人的局面是可预期的。同时，信息安全提升至国家战略层面，国家将更加重视应用安全可靠的技术和产品，重要技术、设备、软件和系统的国产化替代将加速，这将为国内企业带来新的庞大市场。

二 互联网思维促进产业变革，开放性创新成为典型特征

随着互联网的深入渗透和广泛普及，互联网不仅已成为电力一样的基础设施，而且带来了新的业务和商业模式。特别是移动互联网的爆发式发展，加快了"去中心化"步伐，走向"全连接和零距离"，使得权力向用户转移，再加上云计算、大数据等新技术和新模式的发展，各行各业受到的影响和冲击越来越大，纷纷走向"互联网化"之路，以互联网思维不断创新业务模式和商业模式。

1. 互联网将促进IT产业变革不断深化

在互联网迅猛发展地不断催化下，IT产业链上下游的壁垒被进一步打破，电信运营商、内容和应用服务商、设备制造商、终端厂商、软件服务商等企业加速将自身业务向产业上下游延伸，通过企业并购、业务合作等形式，围绕自身优势打造硬件、软件、应用服务的一体化特色服务。谷歌、Facebook等互联网企业凭借其对互联网的深刻理解，进军硬件领域，

力图改变游戏规则，重新定义硬件。而思科、三星等硬件厂商则不断通过收购和合作，向软件、云计算、移动互联网等领域拓展。在中国，硬件、软件、内容、服务等产业链各环节以及云计算、移动互联网、大数据等各领域都能看到阿里、腾讯、百度等互联网巨头的身影。小米科技凭借互联网思维和模式，以不可思议的速度发展成为中国移动互联网的一个主要参与者，并开始向引领者角色发展。华为、联想等传统硬件企业也在加快调整面向"互联网化"浪潮的布局。华为终端专门成立了荣耀业务部，发展电商，经营用户，用互联网模式做荣耀品牌手机。联想不断强化和巩固"硬件+软件+云端服务"的模式，有望孵化出更多的移动互联网应用。从整体市场发展来看，云计算、大数据与互联网深度融合将加快软硬一体化的发展，以云计算、大数据、移动及社交等平台为基础的技术将不断向各个行业渗透，带动相关硬件、软件及服务市场维持高速成长。从市场格局来看，IT领域赢家和输家的地位将逐渐被改写，传统IT企业在冲击下要么加快转型要么出局。实际上，为应对"互联网化"带来的冲击，传统IT企业近年来不断通过业务调整、投资并购、与互联网企业合作等方式进行转型。在未来两三年内，传统IT企业的转型还将继续，而且互联网和移动互联网企业也将不断调整变革。

2. 开放性创新将成为IT产业变革的典型特征

当前IT领域的创新，已经不再是单纯的技术创新，各种新兴模式、新兴业态不断涌现，共同推动着产业发展路线的更替和产业发展模式的变革。新技术突破和产业化应用速度加快，产业结构进入剧烈变化和重构时期，开放性创新成为产业创新的典型特征。跟随战略在开放性创新的环境中是无效的，甚至是有害的。正如，腾讯做"搜搜"难以超越百度，百度做"有啊"难以超越阿里巴巴，阿里巴巴做"来往"难以超越腾讯。小米成立三年营收达到300亿元，靠的是互联网思维和互联网模式，没有工厂，没有专卖店，没有广告，有的是高度关注用户体验和产品研发。这是对传统生产模式、营销模式、服务模式和盈利模式的创新。很多开放性创新将从微创新开始。"敏捷开发"是互联网产品开发的典型方法论，是一种以人为核心、迭代、循序渐进的开发方法，允许有所不足，不断试错，在持续迭代中完善产品。这里面有两个点，一个"微"，一个"快"。"微"就是要从细微的用户需求入手，贴近用户心理，在用户参与和反馈中逐步改进。"天下武功，唯快不破"，只有快速地对消费者需求做出反应，产品才更容易贴近消费者。Zynga 游戏公司每周对游戏进行数次更新，小米 MIUI 系统坚持每周迭代。这里的迭代思维，对传统企业而言，更侧重在迭代的意识，意味着 IT 企业要及时乃至实时关注消费者需求，把握消费者需求的变化。"简单方便，注重用户体验"往往是微创新的目标，也是开放性创新初始阶段的重要特征。

3. 企业级应用兴起，先行者将受益

互联网思维的盛行和移动互联网的发展带动了个人消费级应用的大繁荣，互联网平台的开发者和移动应用开发者挤破头都想推出一款热门的消费级应用。在个人消费级应用的影响和冲击下，企业级应用正在酝酿变革，兴起在即。云计算、大数据、移动互联网正在成为企业打造核心竞争力的关键技术要素，传统的互联网以及 B2C 业务已经渗透到企业级管理应用，在个人消费级应用领域大热的云服务、移动应用、社交网络正走向企业，不远的将来，基于新兴技术和模式的企业级应用将崛起。移动智能终端的普及使得 BYOD（Bring Your Own Device，携带自己的设备办公）风潮的影响有增无减，也对企业 IT 的走向产生影响。企业软件开发方向将朝移动应用发展，企业应用系统将呈现 App 化趋势。云计算在企业的应用将更加普及，企业采用云端的意愿将呈不断上升趋势，尤其是私有云会越来越受欢迎。随着大数据技术和工具不断成熟，企业的大数据应用会发展得很快，对有的企业来说，大数据应用就等同于核心竞争力。随着移动互联网、BYOD 的发展和企业工作模式的变革，在个人消费级应用中独占鳌头的社交网络也将在企业级应用中大放异彩。在个人消费级应用之外，企业级应用是一块大蛋糕，先行者将优先从中受益并取得优势。一些互联网企业已经对企业级应用进行布局，比如，腾讯与金山、金蝶等企业合作，推出企业 QQ 安全助手、一键管理的企业级工作平台，还将企业级

QQ 与微信实现内部打通；阿里云也与 SAP 合作进军企业级应用市场。可以预见，未来随着企业级应用的巨大潜力逐步被挖掘与释放，越来越多的互联网企业将进入这一领域，互联网企业与传统的企业软件服务商之间的合作和融合也将加速。

三 产业互联网引领跨界融合，智能化应用加快普及

互联网不断影响和冲击传统行业，与传统行业的融合不断加深。传统企业将更多地吸收互联网思维，对企业的资源和业务进行重构，进而推动商业模式、服务模式、研发模式的创新。在互联网驱动下，智能化浪潮正逐步向家居、可穿戴设备、汽车等行业延伸。特别是随着智能电视的发展，客厅将引领新型智能终端入口之争。

1. 互联网与传统行业纵深跨界融合将持续加速

"互联网+"模式将给各个行业带来创新与发展的机会，正在从产品形态、销售渠道、服务方式、盈利模式等多个方面打破行业原有的业态，将越来越多发端于"线下"的传统行业植入互联网之中。当前，与生活息息相关的零售、旅游、酒店等行业以及电信、金融、媒体等信息密集型行业都受到了互联网的强烈影响和冲击，与互联网的融合在不断加深。这种趋势将愈演愈烈，未来所有的行业都将走向与互联网融合发展的道路。以零售业为例，电子商务已成为传统巨头必须直面、接受的一种销售渠道业态，互联网的价值在于其抓住了信息优势，把一件商品的真正定价变得透明，从而大大降低了消费者的信息获取成本。不仅如此，电子商务还制造了大量用户评论，这在真正意义上制造了互联网的信任机制。而这种良性循环，是传统零售业不可能拥有的优势。未来的零售业走向将有以下几种可能：一是线下线上结合，价格同步；二是同质化的强调功能性的产品将越来越没有竞争力，而那些拥有一流用户体验的产品会脱颖而出；三是依托大数据，进行个性化推送。此外，互联网也将冲击教育、社保、医疗、卫生等社会服务领域，更加人性化、智能化、开放的新型社会服务体

系将逐渐建立。

事实上，互联网对传统产业的改造将从价值传递环节向价值创造环节渗透。商业过程纷繁复杂，概括起来包括价值创造和价值传递两大环节。在价值传递环节，主要是我们常说的信息流、资金流和物流，电子商务的蓬勃发展，则打通了物流、信息流和资金流。互联网已经全面渗透并改造了价值传递环节，实现了数字世界和物理世界的融合，减少甚至消灭了中间环节，重构了商业链条。互联网开始向价值创造环节进行渗透，特别是向产品研发和制造等领域渗透，而且这种渗透是全方位的，包括技术的渗透，如特斯拉用信息技术和互联网重新定义汽车，也包括研发模式的改变，如小米模式等。这种渗透也在不断拓展互联网发展的新空间，产业互联网将迎来发展新机遇。另外，互联网在摧毁、改造传统产业的同时，又在催生新兴产业。这些新兴的产业带有传统产业的一些属性，但在运作和经营模式上又与传统产业大不同。

2. 产业互联网加速智能化应用普及，客厅有望成为智能化应用争夺下一个场景

随着互联网与各行业各领域的融合加深，"软件定义"正成为趋势，推动了智能化应用的发展。智能化升级浪潮正逐步向家居、可穿戴设备、汽车、机器人等行业延伸，特别是随着智能电视的加速普及，客厅将成为新型智能终端入口争夺的重点。智能家居就是通过综合采用先进的计算机、通信和控制技术（3C），建立一个由家庭安全防护系统、网络服务系统和家庭自动化系统组成的家庭综合服务与管理集成系统，从而实现全面的安全防护、便利的通信网络以及舒适的居住环境的家庭住宅，智能家居是互联网向个人家居领域渗透发展的必然结果。近年来，以苹果、三星、创维、长虹、海尔为代表的家电制造厂商纷纷推出自己的智能电视产品，以抢占智能家居发展的先机。以谷歌、百度、乐视、爱奇艺为代表的互联网企业也纷纷通过合作推出智能电视产品。除智能电视市场以外，家电厂商和互联网企业也在积极布局整个智能家居市场。未来智能家居行业将更加关注用户体验和培养用户消费习惯。而且，智能家居将由现在的照明控制、窗帘控制等内容主导的家庭装修前装市场,向智能家电、控制中心、数据挖掘等后装市场方向发展,由产品竞争转向平台竞争,市场前景广阔。据市场咨询公司 ABI Research 的数据,2018 年智能家电(内置互联网连接功能的产品)市场达 250 亿美元,而中国将是一个重要的市场。

3. 可穿戴设备角逐将全面展开,健康医疗市场前景广阔

可穿戴设备是互联网驱动下的智能应用创新。随着可穿戴设备概念热潮席卷全球,互联网巨头和各类创新企业纷纷加入,市场竞争将趋向白热化。市场咨询公司 Juniper Research 预计,2013 年全球可穿戴设备出货量约 1500 万台,市场规模 14 亿美元;到 2018 年,出货量将达到 7000 万台,市场规模将达到 190 亿美元。中国可穿戴设备市场也将迎来高速增长,并正在成为全球可穿戴设备市场的核心。2012 年,中国可穿戴设备出货量达到 200 万台,预计到 2016 年将达到 4500 万部(见图 3-1)。其中,医疗健康领域可穿戴设备能实现睡眠、运动以及饮食方面的监测,有助于用户全面了解自身的健康状况,市场前景广阔。预计到 2017 年,中国可穿戴便携式移动医疗设备市场销售规模将接近 50 亿元,年复合增长达到 60%。

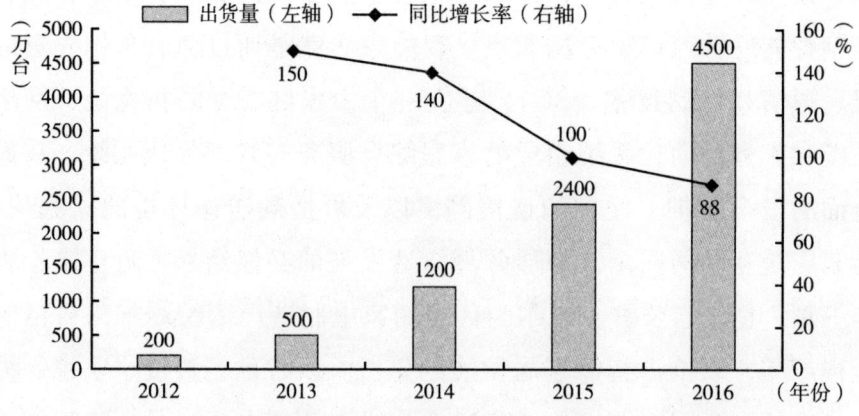

图 3-1　2012~2016 年中国可穿戴设备市场出货量预测

资料来源:工业和信息化部电子科学技术情报研究所。

4. 汽车智能化进程加速，汽车互联将进入实质性发展阶段

随着IT技术逐渐进入汽车行业，汽车已经由一个代步工具发展成为移动互联网络中的重要组成部分，并以新型智能终端的形态出现，成为全新的集娱乐、信息为一体的服务平台。特别是谷歌无人驾驶汽车的出现，加速了汽车智能化进程。近年来，谷歌、苹果等企业纷纷利用其技术推动汽车行业革新，传统的汽车厂商也在探索IT技术与汽车行业的融合发展，智能互联在汽车行业已经不再停留在概念阶段，而是进入实质性发展阶段。在汽车行业，基于工具思维、产品思维的生产方式，正在被服务思维、运维思维所取代。纵观智能汽车发展历程，汽车智能化将是主要的发展方向，IT企业将在汽车智能化过程中扮演着重要角色，基于汽车操作系统、车载应用软件的汽车服务平台将是各大IT巨头竞争的焦点。随着产品成本的降低，汽车智能化将逐渐由高档车向低档车普及，基于服务的收费模式将成为汽车行业主要的盈利模式。汽车厂商将沿数字化的价值链上下游进一步延伸，不断创新商业模式和业务类型。但受技术和实际交通限制，汽车无人驾驶技术在未来5年内将难以实现大规模的推广应用。

四 大数据带来大价值，数据分析应用能力成为核心竞争力

随着数据量的爆发式增长和数据在各个领域的深入渗透，数据的资源属性日益明显，将带来巨大的商业价值。但数据的价值和重要性只有通过处理、分析和应用后才能充分体现出来。因此，在大数据时代，只是拥有数据还远远不够，具备数据分析能力和应用能力才是企业打造核心竞争力的关键。随着企业对数据分析和应用需求的提升，企业级应用将是大数据的一个重要发展方向。移动互联网的迅猛发展使得企业可借助移动终端的数据搜集分析获取用户的需求，移动终端数据应用有望成为下一轮创新的中心。

1. 大数据的资源属性将带来巨大商业价值和 IT 创新变革

全球数据量正在以让人难以想象的速度增长，人类正在步入大数据时代。预计 2020 年全球数据量将达到 35ZB，其中中国的数据量占 20%。随着数据量的爆发性增长及数据在经济社会中的深入渗透，数据的战略价值和重要性将不断凸显，数据将像土地、石油和资本一样成为经济、社会运行中的根本性资源，成为一个国家或企业的战略性资产。在大数据时代，人类的生存活动空间将从物理空间向"物理+信息"的空间转变，进而带来决策流程、商业模式、科学范式、生活方式和意识观念上的深刻变革。大数据将延伸和扩展人类的知识与智力，进一步提升人类认识世界和改造世界的能力。人类将有条件、机会和能力在更广泛的领域和更深的层次获得和使用全面、完整的数据，并通过数据间的关联获取过去不可能获取的知识，得到新的发现，深入探索现实世界的规律。利用大数据能够提高经济管理、企业运营以及社会管理、公共服务的科学化和智能化水平，并将创造巨大商业价值。麦肯锡等研究机构估计，大数据应用将为欧洲公共部门创造 1500 亿～3300 亿欧元的潜在价值，将为美国医疗服务业每年带来 3000 亿美元的价值。国内的研究机构认为，我国大数据潜在市场价值有望达到 1.6 万亿元。大数据还将对传统 IT 架构带来挑战，引发创新变革。大数据处理要求信息系统具备大规模、低成本、高效率以及实时获取、存储和处理多样化复杂数据的能力。这将倒逼芯片、软件和信息系统的体系化创新与重构，促进基于开源软件和开放架构的信息系统的广泛应用，进而影响全球 IT 产业格局。同时，大数据将加速 IT 与各行业的交叉融合，孕育形成基于大数据应用的新型业态，进一步拓展 IT 产业发展空间。

2. 数据分析能力和应用能力将成为企业的核心竞争力

在大数据时代，拥有系统、全面、及时、高质量的数据资源是基础，具备高效管理和处理数据资源的能力是关键，对数据资源的分析挖掘和价值利用是核心。这包含两个方面的意思：一方面是不管在概念上是"大数据""中数据"还是"小数据"，"数据"都是核心，高价值密度的数据不会因其量小而减少价值，低价值密度的数据也不会因其量大而增加价值。因此，以量、类型等来区分数据是非常粗放的方式，"大数据"也仅是某一阶段的用词，未来可能会消亡，但数据的价值和重要性不会因为概念的消亡或变更而弱化，反而将越来越突出。另一方面是大数据虽然涉及多个学科和领域，涵盖数据采集、传输、存储、管理、分析和应用等多个环节，但对数据的分析挖掘和价值利用是最重要的。对企业来说，占有数据的规模、数据的活性以及对数据揭示和运用的能力是在未来市场中生存发展的关键，尤其是对数据的分析和应用能力将成为核心竞争力。对数据分析能力的提升，让企业可以从凌乱复杂的数据中挖掘出用户的行为习惯与兴趣偏好，反向输送给业务层和决策层，既能支持更精准的社会化营销与广告投放，同时减少与最终顾客间的交流层级，增强用户黏性，带来间接但更持久的价值。数据之和的价值远远大于数据的价值之和。每个企业在生产经营过程中都积累了大量数据，对这些数据的分析和再利用将为企业带来新的价值。对IT企业来说，除了自身从数据分析和应用中提升竞争力外，经营数据以及为其他企业提供数据分析应用工具和服务将是新的发展途径和重要的盈利渠道。

3. 大数据将走向企业级应用，移动终端数据应用将成为下一轮创新的中心

随着企业信息化应用的不断深入，信息处理系统也会产生大量数据，这些数据的分析和应用对企业的生产经营活动有着重要意义，而且也会促进企业IT架构的调整变革。IT企业已经开始关注和重视企业级的大数据应用，EMC、华为、联想等IT企业已进行布局。未来，企业级的数据分析和应用需求将不断增加，而且随着大数据相关技术和平台的逐渐成熟，更多适应企业级需求的功能将出现。越来越多的第三方供应商和IT服务企业将开始为企业数据仓库和应用市场推出大数据的相关工具与解决方案。同时，随着移动互联网的迅猛发展，通过移动搜索、移动浏览器、移动商店、移动广告等产生的数据量将呈几何级数增长，企业可通过移动终端的数据搜集、分析来获取用户的切实需求，从而进一步获取有价值的信息，移动终端的数据应用也将成为下一轮数据创新的中心，重点领域包括广告、促销和用户行为分析等。

五 生态成为竞争的关键,业界巨头打造强势生态

国内外互联网企业都在积极构建强势生态系统,建立坚固的生态壁垒。谷歌凭借在搜索方面积累的技术优势,通过广告收入获取巨大收益,并将该收益投向操作系统、机器人、汽车、新能源等领域,构造了线上线下相结合、新兴技术与传统产业相结合的完美生态圈。苹果围绕其智能设备打造集操作系统、智能硬件、应用分发平台于一体的生态体系。Facebook 则重点围绕社交网络打造集生活服务、应用分发、搜索、广告于一体的生态体系。亚马逊主要业务仍集中在电子商务、云服务领域,但近年来也在向硬件领域扩张。

1. 国内互联网巨头将着力完善自己的强势生态

国内以腾讯、阿里、百度、奇虎360、小米为代表的互联网巨头将依靠强大的用户积累和资本积累,凭借自身产品和技术优势,实现硬件、软件、内容、服务、广告和商务的垂直一体化整合,并将线上服务延升至线下,在继续冲击电信、金融领域的同时,逐渐向教育、医疗、房地产、交通等领域延伸,打造围绕互联网提供多元化服务的强势生态(见表3-1)。

表3-1 腾讯等五家中国互联网公司主要业务和产品

企业			百度	腾讯	阿里	奇虎360	小米
核心优势			搜索	社交	电商	安全	智能手机
业务布局	软件	浏览器	百度手机浏览器	搜狗浏览器	UC浏览器	360安全浏览器	小米手机浏览器
		输入法	百度输入法	搜狗输入法	阿里云输入法		
		操作系统	百度·易		阿里云操作系统		MIUI
		安全软件	百度卫士、百度杀毒	腾讯手机管家	云盾	360安全卫士、360杀毒	

续表

企业		百度	腾讯	阿里	奇虎360	小米
核心优势		搜索	社交	电商	安全	智能手机
业务布局	互联网应用及服务					
	搜索	百度搜索	搜狗	阿里云搜索	360综合搜索	
	导航	好123导航	QQ导航		360导航	
	邮箱服务					
	云服务	百度云	腾讯云	阿里云	360云盘	小米云服务
	大数据服务	百度指数、司南、百度统计		聚石塔、友盟		
	社交网络	百度Hi、百度贴吧	微信、QQ	来往、新浪微博、陌陌		米聊
	电子商务	拍拍网、百度微购	易迅网	阿里、淘宝、天猫、医药电商		小米网
	团购	百度团购、糯米网	QQ团购、高朋网、大众点评	聚划算、美团网		
	地图	百度地图	腾讯地图、腾讯路宝	高德		
	网络视频	i奇艺	腾讯视频	新浪视频		
	网络游戏	百度游戏	QQ游戏	手游平台	360游戏盒子、360游戏大厅	游戏中心
	应用分发平台	91助手、百度手机助手、天空软件	应用宝		360手机应用中心、360开放平台	小米应用商店
	互联网叫车服务		嘀嘀打车	快的打车		
	互联网金融服务	百付宝、百度钱包、百度理财	财付通、微信支付、现金宝、理财通	支付宝、余额宝、天弘基金、众安保险		已布局,暂无产品
	互联网旅游服务	去哪儿	QQ旅游	穷游网、淘宝旅行		
	在线教育服务	百度在线教育平台、百度文库	腾讯微讲堂	淘宝同学、麦奇教育		

续表

企业		百度	腾讯	阿里	奇虎360	小米
核心优势		搜索	社交	电商	安全	智能手机
业务布局	硬件 移动智能终端			阿里云手机	360特供机、360儿童卫士、360随身WiFi	小米手机
	智能家居	百度影棒、小度WiFi、小度路由		阿里盒子	360安全路由	小米电视、小米电视盒子、路由器、电源
	其他智能设备		Q小Q机器人			
	其他 物流		华南城	菜鸟网络		6家区域配送中心

资料来源：工业和信息化部电子科学技术情报研究所。

展望2014年，五大互联网巨头的战略动向已初见端倪。

腾讯将继续围绕微信、QQ构建基于社会化关系的多元服务，重点在移动社交、移动应用分发、互联网金融领域深耕，巩固其在移动互联网领域的优势地位。一是继续围绕微信打造O2O生态，聚焦移动电商与移动生活服务；二是移动QQ负责在线虚拟生活，与微信实现差异化发展，减少资源内耗；三是将"应用宝"作为移动端的统一平台，加快移动互联网入口的盘整；四是加速电商和互联网金融领域的步伐，推进易迅、QQ网购整合，甚至实现与微信的对接。此外，有可能对内部资源进行二次优化，通过组织架构的调整和融合，将加快产品线向生态线转换，提高市场预期。

阿里巴巴围绕电子商务平台继续扩大互联网生活服务范围。2014年阿里将全力冲刺上市，以此为核心对资源进行调整，进而能够更好地建设阿里的生态系统，为提高估值做准备。一是尽量保持淘宝系电商平台的流量；二是优化O2O布局，强化在电商和金融领域的优势，完善生活服务链条；三是将更加重视通过物流服务提高用户黏性；四是将其生活服务范围向教育、医疗等领域扩张。

百度将会持续发挥技术创新的优势，未来的战略发展导向将是技术与商业并重。百度的技术壁垒优势持续至今，而未来百度必须要面对的则是扬长补短。一是全面布局移动互联网，移动电商O2O、地图等将成为移动端的重要收入业务；二是社交与电商将有可能率先成为百度补齐的短板，并将从多角度进军互联网金融，产品包括移动支付、货币基金和众筹等，还将发挥搜索优势，布局互联网金融垂直搜索；三是将技术优势向企业级应用转化，深度服务传统产业，如教育、旅游行业；四是凭借在智能语音技术方面的优势，加快在硬件业务领域的布局，抢占家电、车载互联网服务市场先机。

奇虎360将以安全为中心打造集电商、游戏、视频、生活服务等多种服务于一体的服务平台，并逐渐向可穿戴设备、智能家居等智能硬件领域布局。

小米将以智能手机为中心打造集硬件、软件、互联网及服务为一体的全方位生态系统，继续加强对其他新兴智能设备的投入，并利用其互联网思维推动智能家居等领域的创新。

互联网是以用户规模为基础的行业。社交网络最贴近用户，用户使用时间长，迁移成本高，所以社交网络的用户黏性最高。社交网络平台可以凭借用户优势，迅速开拓新领域，将社交网络优势导入新的平台中。因此，就目前来看，腾讯以社交为核心的生态系统的竞争力更强。但社交网络领域的创新不断，用户"尝新"心理难改，腾讯的社交生态能够持续称雄多长时间，还有很多的不确定性。

2. 超级应用将成为构建强势生态的核心

移动用户正在不断向少数几个超级应用集中。移动互联网时代，得入口者得天下，一个强黏性的入口的价值堪比"金矿"。从智能终端、操作系统到浏览器，再到应用商店，移动互联网的入口之争从来就没有停止过。尽管以苹果应用商店（App Store）为代表的应用商店模式开创了移动互联网的新纪元，并被谷歌、微软等广为效仿。但如今的应用商店模式已存在变局，弊端开始隐现。移动分析和广告公司 Adeven 的追踪数据显示，尽管 App Store 的应用数量已接近 90 万个，但其中有 2/3 是名副其实的"僵尸应用"，无人问津。预计当 HTML5 真正兴起时，应用商店将逐渐没落。所谓超级应用，是指那些拥有庞大的用户数（亿级），成为用户手机上的"装机必备"的"杀手级"应用，具有高使用频度、内容丰富、开放架构和底层服务平台等特征。换句话说，移动互联网应用正在变"轻"。应用很重要，但开发维护成本高，而插件或者 Web 等"轻服务"可以替代大部分 NativeApp，且成本极低。未来的移动互联网应用格局将会是"少量超级应用 + 大量基于超级应用的插件和 Web + 大量垂直小众应用"。

3. 超级应用将通过构建开放平台成为移动应用主要入口

超级应用的用户基数越大，产生的马太效应就越明显，在很大程度上可以影响甚至决定用户的选择。当然，超级应用的价值不仅在于马太效应，而是通过构建开放平台将自己打造成用户的移动应用入口。超级应用基于大量用户基数，围绕产品本身特性开放相应的接口，聚合大量开发者和创业团队，提供多样化的第三方应用和服务。因此，超级应用更能符合用户"一站式"应用的需求，让用户尽享丰富、便捷的服务。超级应用通过多点突破、深度布局提升了用户活跃度和驻留时长，让用户忠诚度得到保证。当前已经出现移动 QQ、微信、360 手机卫士、移动淘宝、新浪微博等多个超级应用（见表 3 - 2），其活跃用户数都达到亿级，而且以其平台的开放性聚集了众多开发者。可以说，这些超级应用已经不再只是一款产品，而是一个开放平台、一个入口。

在上述十个超级应用中，社交网络领域的最多，有 4 个，而且位居前四，这说明直接连接人的应用在抢占入口时具有明显优势，其余还涉及移动音乐、移动购物、手机安全、输入法和手机浏览器等领域。十个超级应用中腾讯占了一半，显示了其强大的移动流量汇聚能力。

表 3-2 2014 年 1 月移动端活跃用户数最高的十大超级应用

单位：亿

序号	图标	应用名称	分类	企业名称	月活跃用户数
1		QQ	移动即时通信	腾讯	3.26
2		微信	移动即时通信	腾讯	2.96
3		QQ空间	社交网络	腾讯	1.86
4		新浪微博	社交网络	新浪	1.65
5		QQ音乐	移动音乐	腾讯	1.47
6		淘宝	移动购物	阿里巴巴	1.31
7		360手机卫士	手机安全	奇虎360	1.26
8		酷我音乐	移动音乐	酷我科技	1.07
9		搜狗手机输入法	输入法	搜狐	1.02
10		QQ浏览器	手机浏览器	腾讯	0.88

资料来源：易观智库。

超级应用的发展方向是更"轻"和更"开放"。更"轻"是指超级应用将保留最核心的功能，其他需求则转移出去，变成扩展程序供用户挑选，或用智能的交互方式提示使用，真正做到化"繁"为"简"；更"开放"是指超级应用的价值在于打造一个开放生态，更好地开放自己的能力给开发者和创业者，让互联网和传统企业以更低的成本拥抱移动互联网，从而获得更大的利益。

4. 一场围绕O2O的生态之争蓄势待发

O2O是互联网巨头进军移动互联网后最看重的"大餐"。要将互联网的优势转向O2O，互联网巨头至少要有五个环节的布局，事实上TAB（百度、阿里巴巴和腾讯）近一两年都在通过并购和战略投资等方式加紧这五个环节的布局。一是巩固和加强移动互联网的流量入口，在这方面TAB都是从各自最擅长的领域切入，百度是搜索，腾讯是社交，阿里巴巴是电商。除了巩固传统优势外，TAB还积极弥补自己的短板，保证在信息流、商流、人流等方面的全方位的流量优势，如百度收购91无线和PPS、阿里巴巴投资新浪微博等。二是地图，这是提供精准的本地服务的基础和标配，百度有百度地图，阿里收购了高德，腾讯虽然自己有腾讯地图，又战略投资了搜狗地图，但仍相对较弱。三是支付，阿里的支付宝无疑最为强大的，但腾讯的微信支付也开始发力，尤其是通过送红包活动彻底激活。分别由阿里和腾讯支持的"快的打车"和"嘀嘀打车"的肉搏战，争的就是移动支付的第一把交椅。四是生活服务，也就是线下服务，这个环节的竞争更为激烈，阿里投资了"美团"和"丁丁优惠"，百度投资或并购了"去哪儿""糯米网""爱乐活""安居客"，腾讯投资大众点评网、艺龙网、易迅网。五是物流，阿里率先构建物流系统，联合顺丰速运、"三通一达"（申通、圆通、中通和韵达）建设智能物流骨干网络，并注资了海尔电器旗下"日日顺"物流，而腾讯入股华南城，以弥补物流环节的短板。

根据现有布局可以看出，腾讯、阿里、百度的O2O之战已经拉开架势，战前准备工作已经基本就绪，下一步将继续补充战线上可能存在的短板，如百度的支付、腾讯的地图。此外，互联网巨头也将继续寻找更多的盟友，增加获胜的筹码，如2014年3月10日腾讯2.14亿美元入股京东，而阿里可能加强与奇虎360的合作。可以预见，2014年一场O2O的正面对决是不可避免的。除了O2O之外，随着互联网跨界融合的逐步深入，互联网巨头在产业互联网，也就是垂直行业互联网化过程中的争夺也将更为激烈。

第二部分 热点篇

第四章 集成电路进入产业发展新阶段

2013年以来，集成电路行业受国家政策支持力度加大和市场需求形势趋好推动，整体复苏态势强劲，市场规模继续扩大，产销增长加快，效益大幅提升，国内产业实力进一步增强。产业技术水平不断进步，前端材料和设备的国产化能力得到显著提高，一些设备已经进入国际大厂的生产线进行量产使用。为了进一步增强竞争力，产业链上下游企业的合作加强，国内并购重组掀起一轮小高潮。随着国家新一轮产业扶植政策的逐步推出，地方政府积极推进当地集成电路产业发展，行业正面临快速发展的新局面。

一 产业继续保持快速增长，市场规模再创新高

2013年全球经济处于缓慢的复苏过程中，增长乏力。但受益于移动互联网、物联网、新能源、汽车电子等热点应用的发展，全球半导体市场首次突破3000亿美元大关，销售规模达到3056亿美元，同比增长4.8%。在党中央、国务院"稳中求进"的经济工作总基调的指引下，2013年中

国 GDP 实现增速 7.7%，国民经济整体发展稳健，促消费、扩内需对半导体市场需求拉动作用强劲，2013 年中国集成电路市场规模再创新高，增至 9166.3 亿元，同比增长 7.1%。目前中国已经超过美国，成为全世界最大的消费电子市场。得益于移动智能设备对移动 AP、触摸屏控制芯片、基带、射频等网络通信类集成电路需求量的增加，网络通信领域成为 2013 年引领中国集成电路市场增长的首要细分市场，市场份额达 25.5%。

受市场需求形势趋好推动，加上国家对集成电路政策支持力度加大，国内集成电路产业销售额达 2508.51 亿元，同比增长 16.2%。其中设计业 808.8 亿元，同比增长 30.1%；制造业 600.86 亿元，同比增长 19.9%；封测业 1098.85 亿元，同比增长 6.1%。根据国家统计局统计，2013 年中国集成电路产量 867.1 亿块，同比增长 10.4%。

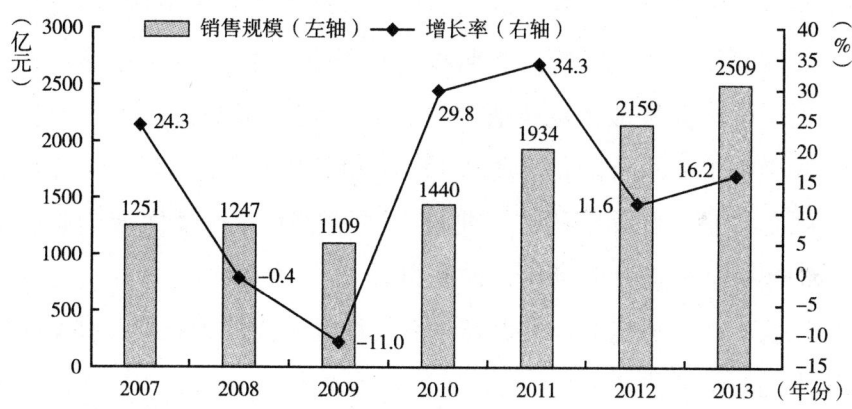

图 4-1　2007~2013 年中国集成电路产业销售收入增长情况

资料来源：中国半导体行业协会。

二　技术水平持续提升，国产化能力不断增强

从世界范围来看，随着尺寸的进一步缩小，集成电路技术进步速度有所放缓。早在 2011 年 5 月，Intel 就已宣布推出 22nm 的 FinFET 技术，并预测到 2012 年第四季度，其出货中有 25% 的产品采用 FinFET 技术，但

实际延迟时间已经超过1年。到目前为止，英特尔已经两次延缓发布其下一代14nm Broadwell产品，另外，三星以20纳米工艺为苹果代工新一代A8处理器，但由于良率问题，被迫暂时搁置生产计划。这些都反映出技术难度地加大。

在这种形势下，国内企业加紧追赶，集成电路产业的整体技术水平进一步提升。截至2013年，设计领域，展讯通信、瑞芯微等已开发出28纳米芯片；制造领域，中芯国际制造工艺达到40nm水平，华力具备55nm制造工艺。预计到2015年，国内芯片制造主流技术将提升到12英寸、28nm水平。尽管如此，我国在集成电路工艺水平上仍落后国际两代左右。

我国集成电路企业加强自主研发，在多项先进和核心技术方面取得突破，为我国在未来占据产业链条中的有利位置打下一定的基础。宁波时代全芯科技发布中国第一款具有自主知识产权的55纳米相变存储技术，为我国半导体存储业在云计算、大数据时代开辟了有"芯"之路；北京思比科微电子推出高性能图像传感器芯片，打破了国外对此技术的长期垄断；大唐微电子在国内首先实现$0.13\mu m$ EEPROM工艺双界面芯片商用；展讯、联芯科技、重邮信科、锐迪科、国民技术等一批优秀企业已实现TD-SCDMA/GSM芯片的商用，彻底扭转2G时代终端芯片几乎全部依赖进口的现状，产业影响力极大提升，一定程度上改变了我国在移动智能终端市场中的被动地位。

半导体材料和设备的国产化能力不断提高，一些重要材料和设备已经进入国外产业化生产工艺线。2013年8月，上海新阳半导体材料股份有限公司的超纯铜电镀液产品切换进中芯国际上海8寸厂中央供液系统，并被认定为该厂超纯铜电镀材料基准产品。这是国内第一款8寸晶圆工艺材料基准产品，打破了国际半导体材料巨头的长期垄断，国产高端半导体材料正式进入90纳米以上技术节点。在设备方面，北方微电子的ELEDE330系列的干法蚀刻机在国内大约占到了60%的市场份额。中微半导体已有多个等离子体刻蚀设备产品的240个反应台，在20多条国内外先进的芯片生产线实现量产；在国内高端介质刻蚀设备市场达到30%以上的市场占有率；在先进封装硅通孔刻蚀超过了50%的市场占有率。在台湾的一流生产线上已超过100台进入量产，包括40纳米到28纳米量产；在韩国先进生产线最关键的20纳米前端接触孔刻蚀上，已实现每月3万片以上晶圆的量产，并在15纳米接触孔刻蚀的研发上，超过美国设备，成为下一代的首选设备。盛美半导体2013年销售海力士三台12寸清洗设备，获得台湾合晶、长电先进等其他客户多台量产订单，全年销售额接近1亿元，较2012年增长接近500%，并且首次实现全年盈利。而睿励科学仪器的光学测量设备也开始了在12寸生产线销售。

三 国内集成电路企业合作加强，并购重组更加活跃

不仅技术水平在逐步提升，国内企业的经营质量也在持续改善。根据半导体行业协会的数据，2013年，我国共有设计企业634家，实现销售总额874.5亿元，其中124家企业的销售额超过1亿元，比2012年的98家增加了26家，同比增加26.53%。这124家企业的销售额达到707.71亿元，占到全行业销售总额的80.93%，比2012年的79.18%，提升了1.75个百分点。销售额5000万元至1亿元的企业数量从2012年的102家增长到134家，增加比例为31.37%。销售额1000万~5000万元的企业数量从2012年的167家增长到177家，增长比例为5.99%。销售额小于1000万元的企业从2012年的203家下降到196家，下降比例为3.57%。企业的盈利能力也有所增强，2013年盈利企业的数量达到409家，较2012年的364家，上升了45家，提升了12.36%；亏损企业的数量则从225家下降到223家，下降了0.9%。制造业也表现出盈利向好态势，龙头中芯国际2013年销售额创新高，达到20.7亿美元，同比增长21.6%，盈利水平更是达到了历史新高，为1.73亿美元，而2012年中芯国际盈利仅为2280万美元，2013年相比2012年增长了6.6倍。

为了进一步增强竞争力，保持优势地位，国内产业链上下游企业间互动加强。2014年国内制造业龙头中芯国际和封测龙头长电科技公司建立

了具有12英寸凸块加工（Bumping）及配套测试能力的合资公司，联手强化集成电路产业链的控制能力。同时，集成电路企业间的并购重组更加活跃，2013年7月，清华紫光以17.8亿美元的价格收购展讯通信，创造了中国集成电路设计业最大的资本并购案。11月，紫光集团再次以9.1亿美元收购国内另一芯片龙头锐迪科。此外，大唐电信投资近25亿元，设立了全资子公司——大唐半导体设计有限公司，将旗下联芯科技、大唐微电子等集成电路设计相关业务进行整合。2014年3月，上海浦东科技投资有限公司发起对在美上市的中国芯片设计公司澜起科技的收购要约。未来随着国家大力扶持集成电路产业发展，国内产业环境的不断优化，行业内企业的合作整合将会越来越多。

四　新政策将开创产业发展新局面

2013年8月，国务院办公厅公布了《关于加快促进信息消费扩大内需的若干意见》。该意见指出，鼓励和支持有条件的地方政府设立集成电路产业投资基金，引导社会资金投资集成电路产业，有效解决集成电路制造企业融资瓶颈。这是国内首次提出通过产业投资基金的方式来推动集成电路产业发展。9月，国务院副总理马凯在深圳、杭州和上海调研时强调"加快推动我国集成电路产业发展是中央作出的战略决策，要坚定信心，抢抓机遇，聚焦重点，强化创新，加大政策支持力度，优化企业发展环境，努力实现集成电路产业跨越式发展"。在2014年3月召开的第十二届全国人民代表大会二次会议上，国务院总理李克强提出，"设立新兴产业创业创新平台，在新一代移动通信、集成电路、大数据、先进制造、新能源、新材料等方面赶超先进，引领未来产业发展"。集成电路产业首次被写入政府工作报告，显示出集成电路产业从国家层面被提升到一个新的高度。

为响应国家号召，多个地方政府出台半导体产业发展规划以及相关招商引资和扶持政策，并且成立相关产业发展基金，共同推进产业发展。

2013年12月，北京市率先发布了《关于北京市集成电路产业发展股权投资基金遴选管理公司的公告》，由国家发展和改革委员会、工业和信息化部与北京市政府共同成立了北京市集成电路产业发展股权投资基金，期望通过资本模式加快资源整合和企业兼并重组，进一步优化产业发展环境，快速提升产业综合竞争力，打造我国集成电路产业的北部增长极。2014年2月，北京市发布《北京市人民政府关于印发北京市进一步促进软件产业和集成电路产业发展若干政策的通知》，国内地方扶持政策开始落地。7月，无锡市发布《无锡市微电子产业发展规划（2013~2020）》，提出"把无锡市微电子产业建设成为具有良好的生态环境与产业链完备配套能力，集成电路设计、晶圆制造、封装测试和支撑业协同发展，各市、区特色发展的格局，把无锡市打造成中国集成电路集聚区（东方硅谷）、世界集成电路制造的高地"。10月，合肥市发布《合肥市集成电路产业发展规划》，根据规划十年内努力将合肥市建设成为我国集成电路产业集聚区、世界集成电路产业转移地、具有较高国际知名度和较大国内影响力的中国硅谷，并决定成立50亿~100亿元规模的产业投资基金，开建2条特定工艺和特色产品的8英寸或12英寸生产线。2014年3月，天津市《滨海新区加快发展集成电路设计产业的意见》和《天津市滨海新区集成电路产业集群化发展战略规划》经审议通过，实施后，天津每年将投入2亿元专项资金支持IC产业发展。此外，未来上海、深圳等多地政府也可能出台相关推动政策，集成电路产业在全国范围内将出现新的发展局面。

在国家政策引导下，集成电路行业投资活跃，2013年集成电路产业完成投资额578亿元，同比增长68.2%，增速比电子信息制造业高出55.3个百分点，成为全行业投资增长最快的领域，扭转了上年下滑10.2%及年初下滑13%的局面。其中一些高端生产线的投资建设，将极大地提升我国集成电路产业的整体制造水平，推动产业升级换代。比如，中芯北方集成正式运营，将投资35亿美元建设45纳米及更先进的集成电路生产线；三星12英寸闪存芯片生产线于2013年底建设完工，开始试生产。

综上，经过国家近些年来的大力扶持，行业内的共同努力，国内集成电路产业取得了快速的发展，在产业规模、发展质量、竞争能力等方面都取得了长足的进步，虽然全行业的经济效益有待提高，技术创新能力还需提升，产品同质化情况严重等一些深层次的问题和挑战依然存在，但整个行业的基本面正在悄然发生变化，未来经过持续努力，我国的集成电路产业完全有可能在新的形势下实现跨越式发展。

第五章　国产操作系统支撑能力有待提高

操作系统是 IT 领域最重要的系统软件，是 IT 产业发展的基础。操作系统寡头垄断格局已经确定，国产操作系统所占市场份额较低。国内厂商与国外厂商相比，其技术与产品差距依旧较大，产业支撑能力有待提高。未来，在大数据、移动互联等新业态的驱动下，操作系统将顺应需求向网络化、服务化、平台化和融合化方向发展。

一　操作系统寡头垄断格局已定，国产操作系统份额较低

操作系统是一个自然垄断的领域，表现为某一款操作系统产品使用规模越大，用户数量越多，产品平均研发成本越低，用户使用黏性越高，留给新进入者的市场空间越小。当前操作系统市场主要特征有：一是领军企业凭借先发优势和技术优势，率先抢占了大部分市场，并为新进入者设置了较高的进入壁垒。例如，微软的 Windows 系统已培养的用户习惯，是其市场份额的用户基础；又如，Android 系统已经构建起强大的软硬件生态系统，谷歌通过 OHA（开放手机联盟）控制了整个生态。国产操作系统要进入这些市场不仅需解决技术问题，还要攻克在专利、用户习惯、品牌推广等多方面的难题。二是作为上游核心软件，以操作系统产品为核心的生态体系均已较为成熟，并形成内部循环演进机制。新进入者与在位者之间的竞争已不简单是两个产品之间的竞争，而是两种生态体系的竞争。国产操作系统要最终产业化，离不开上下游企业的协同互动，共同建设以国

产操作系统为核心的生态体系。例如,微软 Windows 系统、苹果的 iOS 系统、谷歌的 Android 系统等均已形成一套非常成熟的体系,在这个体系中兼容性被最好的解决,并形成了竞争合力。可以看出,操作系统行业的自然垄断属性正逐渐凸显出来,软件巨头充分发挥其先发优势,为后来者设置了较高的进入门槛。

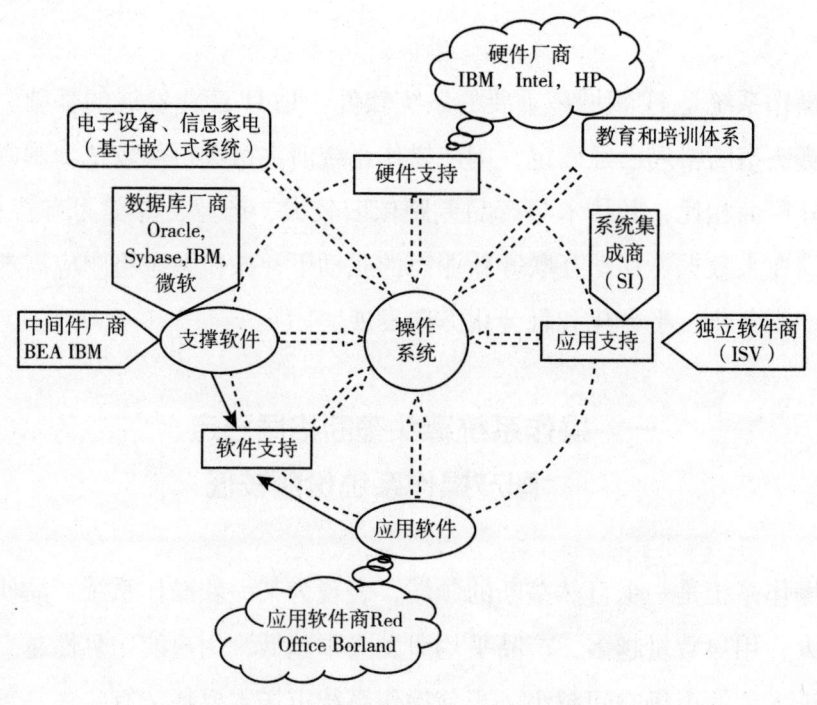

图 5-1 操作系统产业链构成

位于上游的操作系统,控制了软件产品的核心技术、体系结构和标准,控制着整个产业的行业规则,产品复制的边际成本非常低,同样的经济特性也意味着软件产品市场上只有很少的真正成功的上游产品。

不论是服务器端、桌面端,还是移动端,操作系统都呈现出寡头垄断格局。在服务器端,Linux、UNIX 和 Windows 呈现三足鼎立的格局。根据 W3Techs 的数据,截至 2014 年 2 月底,在 Web 服务器领域,基于 Linux 的操作系统市场份额为 34.62%,基于 Unix 的操作系统份额为 32.48%,Windows 服务器操作系统占比为 32.9%。桌面端,微软仍然一家独大,但市场占有率不断下滑。Net Marketshare 的统计数据显示，截至 2014 年 3 月底，台式机操作系统市场上，微软 Windows 的份额为 89.96%，首次跌破 90%；苹果 Mac OS 的市场份额不断增长，从 2000 年 10 月的 2.84% 升至 8.34%；Linux 操作系统的市场份额也在持续增长，至 1.76%。移动端，Android 和 iOS 两强格局确立。根据 Gartner 的统计，2013 年全球售出的智能手机中，Android 占比为 79.0%，iOS 占比为 14.2%，Windows Phone 占比为 3.3%，Blackberry 占比为 0.9%。StatCounter 对全球智能手机市场份额统计显示，截至 2014 年 2 月，Android 占比为 47.57%，iOS 为 22.97%，BlackBerry 为 2.62%，Symbian 为 14.86%，Bada 为 3.86%，Windows 为 2.22%。

国产操作系统相对比较薄弱，市场份额较低。桌面操作系统方面，微软 Windows 系列操作系统仍然占据了国内桌面市场 90% 以上的份额。虽然近几年 Linux 在各方面以及社区方面的大力推动下，有了长足迅速的发展，但是因为各种各样的原因，暂时还很难撼动 Windows 的垄断位置。

表 5-1 中国网民的操作系统使用情况

单位：%

操作系统类型	2014 年 2 月使用率	2014 年 2 月占有率
● Windows	90.1	85.51
• Windows XP	59.56	55.72
• Windows 7	27.34	26.45
• Windows 8	1.75	2.04
• Windows 2003	0.45	0.24
• Windows Vista	0.42	0.40
• Windows 8.1	0.39	0.35
• Windows 其他	0.17	0.28
• Windows 2000	0.02	0.03
● 安卓	7.6	13.49
● 苹果 IOS	1.81	0.63
● 苹果电脑	0.36	0.18
● Linux	0.11	0.14
● 嵌入式手持终端系统	0.03	0.03

资料来源：IT 之家。

服务器操作系统稍有起色。国产操作系统主要瞄准开源的 Linux 来研发商业发行版。2001 年以来，基于 Linux 的服务器操作系统逐步发展壮大。国内中科红旗、中标麒麟、中科方德等主要的 Linux 厂商和科研机构先后推出了 Linux 服务器操作系统产品，并且已经在政府、企业等领域得到了广泛的应用。国产 Linux 服务器操作系统占据国内 Linux 服务器操作系统的 60% 左右，即占中国服务器操作系统市场份额的 21%，其中中标麒麟位居第一，已经在政府、金融、教育、财税、公安、审计、交通、医疗、制造等行业得到深入应用，应用领域涉及信息化和民生各方面，应用地域覆盖北京、上海、山西、陕西、西藏等 30 多个省、市、自治区。

移动操作系统依附于 Android，具有一定的特色。在国内市场，Android 和 iOS 占据 95% 的增量市场，仅 Android 就占近 90% 的增量市场，且市场比重仍在不断提升，从 2010 年的 12.6% 提高到 2011 年的 58.6%，2012 年提升到 86.4%，2013 年进一步提高至 90% 以上，而国产移动端操作系统市场份额不足 1%。目前，播思通讯、联想集团、百度公司、同洲电子、阿里、华为、小米科技等多家企业在开发移动操作系统，但多依附于 Android，以 UI、应用商店等创新为主，在可用性、用户量方面，与谷歌、苹果、微软等公司的智能终端操作系统相比相去甚远。

二 国产操作系统发展面临机遇，也存在巨大的挑战

1. 国产操作系统发展面临机遇

一是国内大市场为国产操作系统发展提供机遇。随着我国经济社会快速发展和信息化效益日益显现，国内 IT 应用和消费规模不断扩大。IDC 数据显示，2013 年，中国的 IT 支出将达到 1730 亿美元，比日本市场多出 4%。随着两化深度融合和国内各行业领域信息化的快速发展，软件投入比重和消费级应用还将不断扩大。这将为国产操作系统提供更大的市场空间。

二是本土特色应用为国产操作系统发展提供创新空间。近年来，五化

并举、四化同步、三网融合、两化融合、行业领域信息化,以及个人信息消费催生出大量具有本土特色的应用需求。国内厂商借助了解需求、熟悉应用的优势加速发展,将民族语言、文化类、北斗导航等具有中国特色的元素融于国产操作系统的研发,并借助电子政务、电子商务、智慧城市,以及特定领域的应用和服务,大力发展国产操作系统。

三是IT转型为国产操作系统发展提供难得的机遇。IT转型主要表现为四个方面:一是技术网络化,IT技术的中心从"机器"转向"网络",为整合新架构、跨平台的操作系统提供新的发展动力;二是购置消费化,个人消费逐渐进入市场中心,促使操作系统在消费市场迅猛发展;二是应用移动化,移动互联技术快速普及,移动智能终端操作系统迅速发展;四是模式云计算化,服务模式向云计算过渡,催生出云计算下的资源管理系统及大数据管理系统等新型操作系统。IT转型将会促使新技术、新模式、新应用不断地出现和融合,为国产操作系统发展提供难得的机遇。

2. 国产操作系统发展也面临着严峻的挑战

一是国产操作系统在技术和产品方面处于劣势。国内操作系统市场已经被先入企业主导,不容易攻破。相比发达国家而言,我国信息化建设开始时,国外操作系统软件已经成熟,而此时我国基本还没有自己的操作系统软件,致使国内操作系统市场在培育过程中主要依赖于国外企业的产品,国外软件大规模进入中国市场。目前在我国市场上,尤其在市场主导因素较强的领域,国外企业基本占领了绝大部分市场,处于垄断地位。

二是无底层芯片支持,软硬件协同适配不足,国产操作系统始终未形成可持续的产业生态。个人消费电子产品被用户认可,很大程度上取决于提供良好的用户体验。良好的用户体验取决于底层芯片、操作系统、应用软件及其协同适配效果。目前,我国移动芯片产业发展较为滞后,技术和工艺水平与国外产品的差距较大,因而造成了国产操作系统无国产底层芯片支持,软硬件协同适配不足。相比而言,Android和iOS都有业界性能最好的芯片支持,同时有持续的软硬协同适配。苹果专门针对iOS系统设计研发基于ARM架构的A系列芯片,并针对iOS和底层芯片进行持续的优化。Android终端巨大的出货量诱导各大移动芯片厂商争相为Android研发芯片，并针对Android系统特性进行优化。

三是对发展国产操作系统的长期性没有达成共识，难以形成长期坚持不懈地投入，缺乏真正有实力的商业公司支持。从国际发展经验来看，基础软件的发展的主要推动力来自于IBM、微软这样的超级公司。这些公司中有一些原来就有非常强的技术和资金实力，如IBM和AT&T，有些则是由于抓住了历史发展的机遇而得以快速成长，如微软和苹果。由此看来，某个产业的快速发展，要么起步早遇到产业变革期，要么就是有大型公司来推动。由于我国操作系统起步晚，当前操作系统处在一个较为稳定的成熟期，历史机遇不如甲骨文、微软诞生的那个时代，因此若没有大型的商业公司长期的支持和推动国产操作系统的研发与应用，提升操作系统的市场竞争力难度较大。

四是有市场影响力的产品缺失。与国外产品相比，国产操作系统在产品的成熟度方面还有很大差距，主要表现在：不符合用户操作习惯，软件易用性较差；运行过程中出现系统锁死、性能降低等现象，软件稳定性较差；不能成体系地为用户提供解决方案，软件兼容性较差；不能承受大规模的并发使用；等等。国产软件产品的种种问题，也是用户选择时主要担心的问题，极大地影响了用户对国产操作系统产品的选择。

此外，国产操作系统的发展还面临着政产学研用一体化的产业体系缺失、知识产权风险、应用推广、高端人才匮乏等诸多方面的挑战。

三　安全技术是根本，低功耗技术是移动端竞争焦点

安全技术仍然是操作系统的根本。随着信息提供的日益复杂，以及硬件平台体量、种类的不断扩大，基于标准化技术的管理、调度功能将在整个操作系统中占据越来越大的比重，操作系统的安全可靠的重要性将逐渐凸显。安全性越来越被重视，认证机制、安全审计到网络传输过程中信息的保密性与完整性控制正逐渐成为信息系统必须要考虑的内容，在国家

信息化建设以及电子商务、政务逐渐普及的大背景下，安全的操作系统环境是信息安全保障的最基础的环节。低功耗技术将是移动终端操作系统竞争的焦点。随着智能手机、平板电脑等移动终端的普及，消费者越来越习惯于大内存、大触摸屏幕、高频率的CPU等，这些对用户体验至关重要。然而，在电池技术没有取得突破的情况下，移动智能终端的待机时间成为移动互联网时代最难解决的问题，因此低功耗技术将成为影响移动智能终端系统的关键技术，操作系统平台的功耗越低越会受到市场的青睐。

四 操作系统顺应新兴业态发展需求，"四化"趋势明显

操作系统作为云计算技术的基础，在安全性、性能、软硬件冗余、分布式存储、高性能计算等方面都有着广阔的发展空间。在我国云计算技术还处于发展阶段，在云计算的市场应用上，谁都没有太大的领先优势。中国的企业可以充分利用这一波浪潮，发展自主可控的服务器操作系统。物联网技术的应用也需要前端设备系统与后端业务处理系统提供有效的支撑，在实时业务处理及响应方面对操作系统提出了更为苛刻的要求，这也为服务器操作系统的发展带来机遇。

虚拟化技术将成为服务器操作系统的关键技术。虚拟化技术是云计算的核心技术，也是服务器操作系统的核心特性，它能够支持动态响应对计算资源的需求，实现云与数据中心（服务器、存储、网络）中硬件资源分割和计算能力的按需调度，从而减少服务器数量或者服务器所占用空间，降低大规模云计算数据中心的建设成本，提高系统的安全性和可靠性。

分布式可扩展的大数据处理。扩展性、高可靠性的分布式文件系统支持高吞吐量的大容量数据访问，适应越来越广泛的大规模数据集群应用，如Veritas CFS、IBM GPFS、Stornext、Google GFS、蓝鲸、龙存等。分布式

可扩展海量数据处理技术需要操作系统提供对分布式文件系统技术的支撑，同时需要在 IO 性能、可靠性、稳定性等方面提供更好地支撑才能满足业务系统的应用要求。

从操作系统发展趋势看，未来操作系统将沿着网络化、服务化、平台化和融合化方向发展。

网络化日益成为全球基础软件最显著的发展趋势。计算技术的重心正在从计算机转向互联网，互联网成为基础软件开发、部署与运行的平台，宽带互联网和移动互联网的广泛普及，大幅度提高了网络的传输能力和伸展范围，软件即服务（SaaS）、平台即服务（PaaS）、基础设施即服务（IaaS）和面向服务的架构（SOA）等不断涌现，无论是泛在网、物联网还是移动计算、云计算，都是基础软件网络化趋势的体现。

服务化已成为基础软件转型的本质特征。网络化的发展为基础软件的服务模式创新提供了坚实的技术基础。云计算是基于互联网共享信息资源的新型计算模式，是实现基础软件服务化的重要方式。它可以按照用户需要动态地提供计算资源、存储资源、软件应用等资源，具有可动态伸缩、使用成本低、可管理性好、节约能耗、安全便捷等优点。在服务化趋势下，向用户提供基础软件服务所带来的体验成为竞争的决定因素。

平台化是基础软件技术和产品发展的重要趋势。操作系统、数据库、中间件、办公软件和嵌入式软件相互渗透，向一体化基础软件平台的新体系演变。基础软件企业通过服务化、虚拟化技术将硬件、操作系统、数据库、中间件、办公软件和嵌入式软件整合集成，可以减少用户的 IT 成本，降低 IT 应用的复杂度，适应用户灵活部署、协同工作和个性应用的需求。基础软件平台化有两个主要方向，一个是基于技术层次的基础软件架构平台，另一个是基于业务模型的基础软件应用平台。在平台化趋势下，基础软件的竞争从单一产品的竞争发展为平台间的竞争，未来基础软件产业将围绕主流 PC 软件平台、智能终端软件平台构造产业链。

融合化是基础软件技术和产业发展的新空间。基础软件技术和产业正步入高度分化基础上的高度融合阶段。一方面，基础软件的技术体系、业务领域越来越专业化；另一方面，软件与硬件、产品与业务、软件产业与其他产业之间相互融合不断深化。融合化趋势催生了大量新技术、新模式、新业态，创造了巨大的市场需求。

第六章　移动互联网孕育世界级企业

2013年，移动互联网加速发展，智能手机成为日益普及的上网终端，数亿计的用户群形成世界级的市场，而世界级的市场正在孕育一批走向国际舞台的世界级企业。同时，国内的平台企业正在不断加强生态系统建设，战略投资和并购力度加强。随着4G牌照的发放，国内企业加紧布局，移动互联网迎来新的发展机遇。

一　中国移动互联网蓬勃发展，进入大众用户阶段

2013年，全球移动用户净增1.3亿，总数达64亿，用户渗透率达91.4%；鉴于一人多机、一人多卡的存在，手机用户为34亿，人口渗透率为48.6%。全球智能手机的销售继续呈快速增长的势头，2013年第一季度的手机销售中，智能手机占50%，第三季度上升至55%，而2012年的比例为40%。爱立信的报告显示，2013年，全球移动电话用户中25%～30%的用户使用智能手机，比2012年的20%～25%提高了近10个百分点，这意味着智能手机仍存在很大的发展空间。

2011年全球移动互联网渗透率突破20%的拐点后，呈现加速发展态势。2012年全球移动互联网用户达20.96亿，移动互联网渗透率为29.6%，比2011年提高近8个百分点（见图6-2）。2013年，全球移动互联网用户将超过26亿，首次超过PC互联网用户（25亿）。移动互联网流量在整体互联网流量中的占比也在不断提高，2012年已达12%，而2009年初只有1%。

2012年，全球智能手机用户同比增长42%，达到12亿；2013年底超过16亿（iOS、Android和Windows Phone等）。

第六章 移动互联网孕育世界级企业

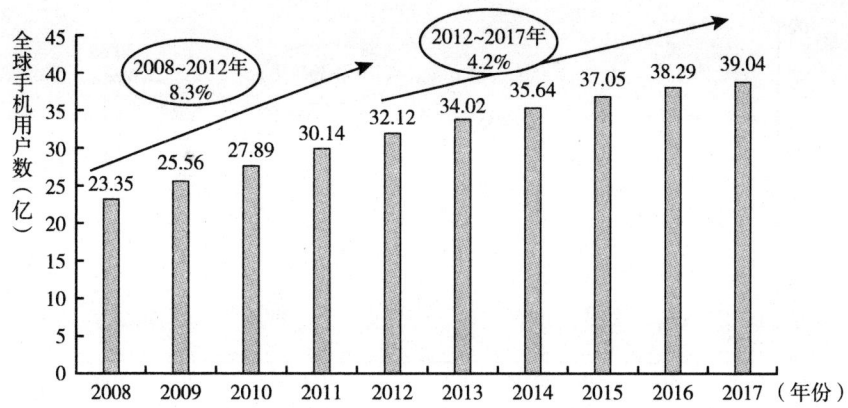

图 6-1　2008~2017 年全球手机用户增长趋势

资料来源：GSMA Wireless Intelligence。

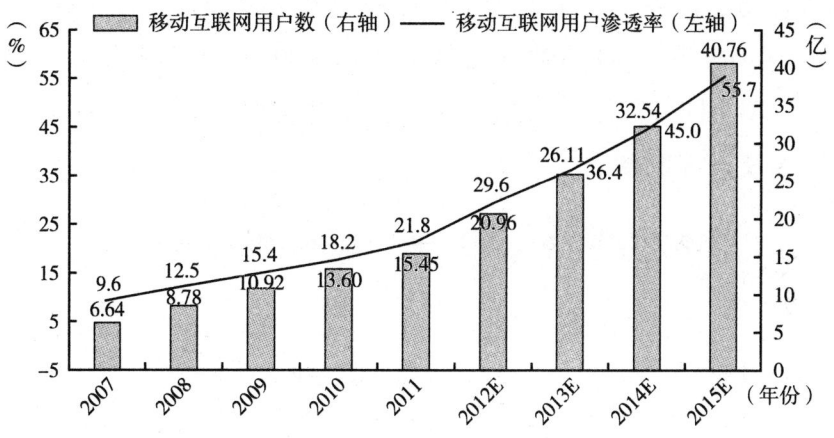

图 6-2　全球的移动互联网用户增长趋势

资料来源：informa。

2013 年，全球移动宽带（CDMA2000 EV-DO, Rev. A, Rev. B, WCDMA HSPA, TD SCDMA, AXGP, WiMAX, LTE/4G 等）连接用户约达 22 亿，2008~2013 年期间增长接近 20 亿（见图 6-3）。

手机成中国网民的主要上网方式。中国互联网络信息中心数据显示，截至 2013 年底，中国网民数量达到 6.18 亿，互联网普及率达到

091

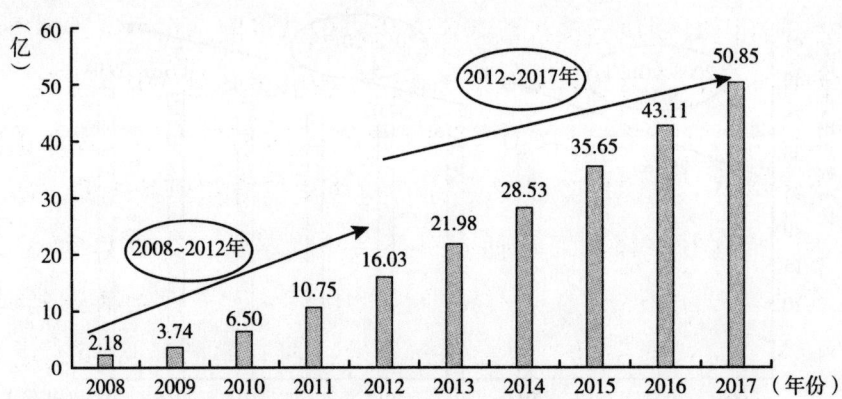

图 6-3 2008~2017 年全球的移动宽带用户增长趋势

资料来源：GSMA Wireless Intelligence，A. T. Kearney Analysis。

45.8%，超过世界平均水平。中国手机网民达到 5 亿，占网民比例由上年的 74.5% 升至 81.0%（见图 6-4），其中智能手机用户数达到 3.3 亿，3G 用户超过 2.2 亿，3G 用户渗透率高达 20%，移动互联网用户规模超过互联网。

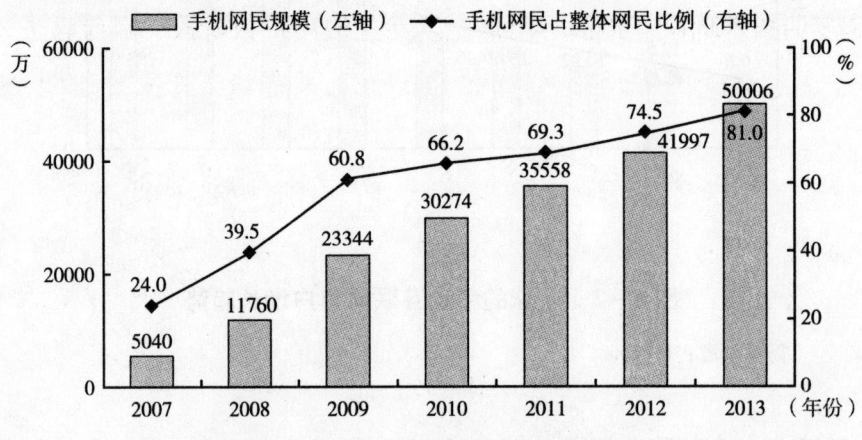

图 6-4 中国手机网民规模及占比

资料来源：CNNIC。

爱立信发布的《中国城市消费者通信行为研究报告》显示，移动宽带正在成为城市生活的重要组成部分，消费者正在形成对数据业务的依赖性,而随时随地连接将重新定义用户的满意度。在中国,城市用户平均使用2.3个终端接入互联网。无论在中国还是在英国、美国,上网的首要终端仍是台式电脑,中国城市比例高达89%,不过智能手机的比重也超过了一半,达到64%,而且这个比例有望继续上升。研究表明,中国城市各种移动终端拥有率都在持续增长,从2011年至2013年,笔记本电脑的拥有率从27%增长到了34%,平板电脑从4%增加到了12%,而智能手机的增长尤其迅速,拥有率已经从15%增长到了46%。

移动互联网用户规模超过5亿,进入大众用户阶段。根据CNNIC的统计,截至2013年12月,中国网民规模为6.18亿,占世界的比例为23%;互联网普及率为45.8%,超过全球平均水平;手机网民规模为5亿,占比为81%。农村用户和打工族逐渐成为移动互联网的主要用户。百度发布的2013年第三季度《移动互联网发展趋势报告》显示,该季度新增的3700万安卓用户中,农村用户和城市打工族占比接近六成,成为最主要的来源。创新工场的报告显示,中国移动互联网用户经历了从2009年的技术玩家,到核心用户,再到主流用户数阶段,目前已进入大众用户阶段(见图6-5)。以国际上通用的3G渗透率来衡量,中国移动

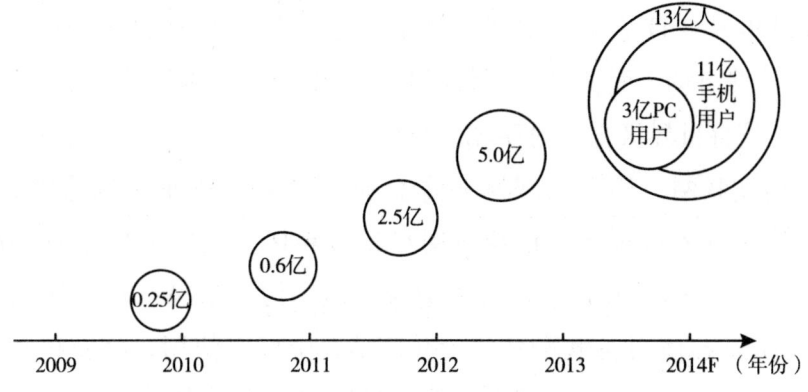

图6-5 2009~2014年中国移动互联网用户发展趋势

资料来源:工业和信息化部电子科学技术情报研究所。

互联网用户也呈现爆发式增长态势。2013年，中国3G用户达4亿，普及率超过30%（见图6-6）。

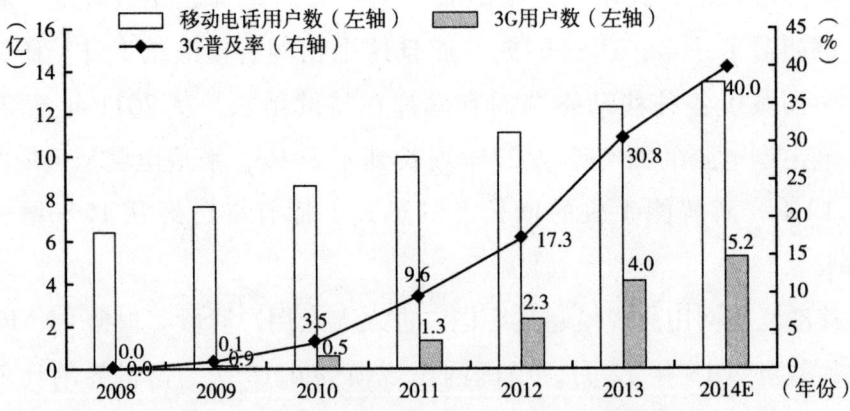

图6-6　2008~2014年中国3G用户增长趋势

资料来源：工业和信息化部。

二　中国已经形成世界级市场，正在孕育世界级企业

IT产业发展的历史经验表明，世界级市场造就世界级企业。PC时代，全球世界级IT企业基本都出现在美国，其重要原因是美国具有世界级的IT消费市场。而在移动互联网时代，中国已成为用户规模最大的消费市场，培育世界级企业的环境已经具备。

国内互联网、移动互联网领军企业已经开始进军全球市场，世界级企业雏形开始显现。微信注册用户超过6亿，其中1亿是海外用户；2014年1月，腾讯开始在美国大力推广微信海外版WeChat，只要2014年1月31日前使用谷歌账号登录并邀请5个好友使用，将获得25美元的餐馆优惠券。投资国外创新企业，是腾讯国际化战略重要的一部分。腾讯已在海外市场投入20亿美元。在2011年之前，腾讯早在2007年进入游戏市场时就在韩国设立分公司，陆续通过韩国风险投资公司

Capstone 对一些韩国游戏开发商进行投资。2012 年腾讯斥资 2.31 亿美元收购 Riot Games 及花费 3.3 亿美元收购 Epic Games 40% 的股权，2013 年又以 14 亿美元的巨额投资获得动视暴雪 6% 的股份。除此之外，腾讯在美国、俄罗斯、韩国、印度、越南等地区市场的移动社交领域开始了战略性投资，不断对 KaKao（韩国）、ibibo（印度）、VinaGame（越南）等进行投资。这些收购都显示出腾讯国际化进程的加快（见表 6-1）。

表 6-1　2013 年中国互联网企业海外并购情况

单位：百万美元

时间	并购企业	被并购企业	并购企业地区	金额	所属行业
2013 年 2 月	百度	Trustgo	美国	30	移动安全
2013 年 6 月	阿里巴巴	Fanatics	美国	170	体育商品垂直电商
2013 年 6 月	腾讯	Fab	美国	150	闪购网站
2013 年 7 月	腾讯	动视暴雪	美国	1400	游戏软件开发商
2013 年 8 月	阿里巴巴	Shoprunner	美国	75	网购配送
2013 年 8 月	腾讯	Kamcord	美国	1	移动游戏录制
2013 年 10 月	阿里巴巴	Quixey	美国	50	移动应用内搜索
2013 年 10 月	腾讯	Anapchat	美国	200	社交图片分享
2013 年 10 月	腾讯	Quizup	美国	22	移动游戏开发
2013 年 12 月	奇虎 360	Klab	日本	5.7	手机游戏
2013 年 12 月	奇虎 360	Psaf	巴西	25	手机杀毒软件
2013 年 12 月	腾讯	Cyanogenmod	美国	23	安卓第三方 ROM 开发

资料来源：工业和信息化部电子科学技术情报研究所整理。

国内互联网、移动互联网企业在世界舞台上也占有一席之地。根据 2013 年 11 月 25 日当天的市值计算，全球 IT 企业市值 Top 15 中腾讯、百度上榜（见表 6-2）。阿里巴巴估值也在千亿美元左右。

表 6-2 2013 年 IT 上市企业市值 Top 15

单位：亿美元，%，人

序号	企业	市值	业务收入	研发投入	研发投入占比	员工数
1	苹果	4677	1565.08	33.80	2.16	72800
2	谷歌	3447	501.75	67.94	13.54	53861
3	微软	3136	737.28	98.13	13.31	94000
4	IBM	1969	1045.07	63.02	6.03	466995
5	亚马逊	1704	610.93	—	—	88400
6	甲骨文	1587	371.21	45.21	12.18	115000
7	高通	1233	248.66	—	—	31000
8	英特尔	1187	533.41	101.00	18.93	105000
9	Facebook	1135	50.89	14.00	27.51	4169
10	腾讯	1050	72.03	—	—	24160
11	eBay	635	140.72	—	—	31500
12	埃森哲	518	297.77	5.60	1.88	257000
13	EMC	496	217.13	25.60	11.79	60000
14	惠普	485	1235.37	33.97	2.75	331800
15	百度	548	36.60	3.77	10.31	20877

注：市值数据截至 2013 年 11 月 25 日，其余数据截至 2012 年底。
资料来源：各企业财报。

全球移动智能终端消费和生产基地造就了一批世界级终端企业。IDC的数据显示，2013 年中国智能手机出货量将达到 3.6 亿部，占全球 10 亿台出货量的三分之一强。一批企业在庞大的市场需求下成长起来。华为和联想进入全球智能手机出货量前五位，2013 年累积出货量分别达到 4880 万部和 4550 万部，同比增长 67.5% 和 91.7%（见表 6-3）。随着 4G 牌照的发放，预计 2014 年中国智能手机出货量会超过 4.5 亿部，其中支持 4G 功能的智能手机为 1.2 亿部。

表6-3　2012年和2013年全球智能手机出货量

单位：百万部，%

企业	2013年	2013年市场份额	2012年	2012年市场份额	同比增长
三星	313.9	31.3	219.7	30.3	42.9
苹果	153.4	15.3	135.9	18.7	12.9
华为	48.8	4.9	29.1	4.0	67.5
LG	47.7	4.8	26.3	3.6	81.1
联想	45.5	4.5	23.7	3.3	91.7
其他	394.9	39.3	290.5	40.1	35.9
合计	1004.2	100.0	725.2	100.0	38.4

资料来源：Gartner。

中国市场国产品牌智能终端市场份额接近80%，小米成为最耀眼的黑马。2013中国市场智能手机出货量达3.7亿部，增长43.4%（见图6-7）。国产品牌市场占有率接近80%，其中"中华酷联"四家份额接近40%（见图6-8）。小米科技名列"中华酷联"和三星之后，挤下苹果，成为进步最快的企业。成立仅三年的小米科技在2013年销售1870万台小米手机，比2012年增长160%；营业收入达316亿元，同比增长151%（见图6-9）。国产品牌在全球智能手机品牌Top10中占有4席，分别是华为、中兴、联想和酷派。

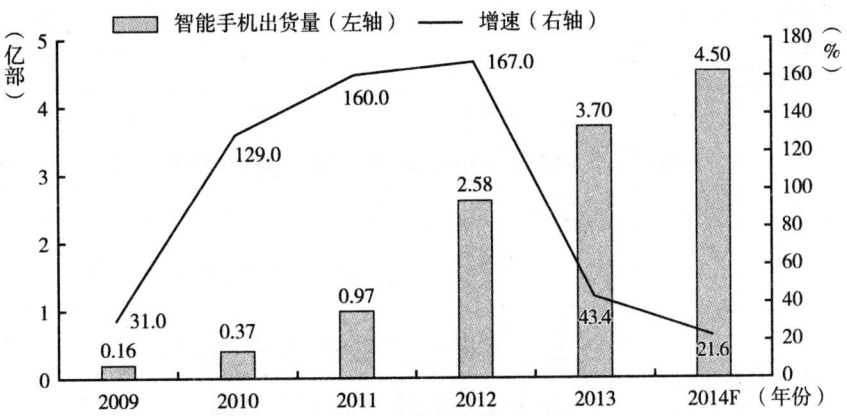

图6-7　2009~2014年中国智能手机出货量增长趋势

资料来源：IDC。

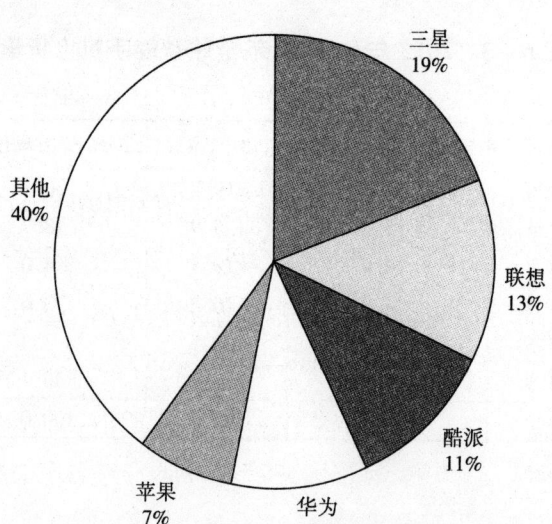

图6-8　2013年第四季度中国智能手机品牌市场份额

资料来源：IDC。

图6-9　2011~2016年小米科技增速预测

资料来源：工业和信息化部电子科学技术情报研究所。

三　平台企业不断加强生态系统建设，战略投资和并购力度加强

IT的竞争已从单一技术、产品和服务的竞争演化为集合产业链上下

游生态系统的竞争。平台终端数量的多少、用户的多寡、应用数量和开发者的多少决定了一个平台的生死前途。

操作系统格局已定。在国内市场，安卓和 iOS 占据 95% 的增量市场，仅安卓就占近 90% 的增量市场，而且市场比重仍在不断提升，从 2010 年的 12.6% 提高到 2011 年的 58.6%，进而在 2012 年提升至 86.4%（见图 6-10）。估计 2013 年安卓地位进一步加强，占比超过 90%。

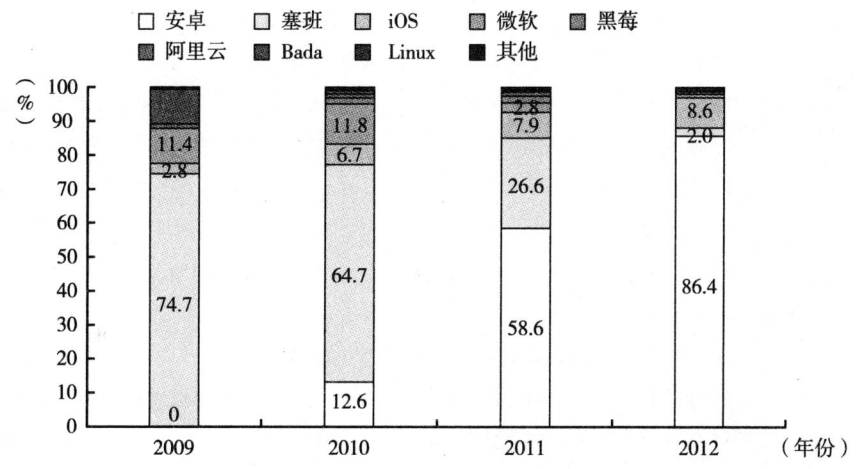

图 6-10　2009~2012 年中国移动智能终端操作系统市场份额

资料来源：工业和信息化部电信研究院。

在安卓几乎"大一统"的情况下，应用生态成为国内企业角力的重点。2013 年，"并购"成为互联网企业构建生态的主题词，尤其是腾讯、阿里、百度三家，进行了数百亿元规模的并购（见表 6-4）。百度主要围绕移动互联网、线上线下交易（O2O）和基于位置的服务（LBS）的生活服务、中间页战略进行并购；阿里巴巴围绕移动互联网、电子商务生态链、金融展开并购；腾讯围绕微信生态链、国际化进行全面并购；奇虎 360 继续在移动互联、安全、游戏方面加强布局；小米则围绕"硬件+软件+服务"进行深化投资。

表6-4 腾讯等五家中国互联网公司近期主要投资并购情况

投资并购方	披露时间	被投资并购方	所属行业	涉及金额
腾讯	2013年1月	欢乐淘	电子商务	—
	2013年1月	高朋网	电子商务	4000万美元
	2013年2月	加网	网络服务	—
	2013年3月	KakaoTalk 13.84%股权	互联网软件与服务	4.01亿元
	2013年3月	Epic Games 48.4%股权	家庭娱乐软件	20.9亿元
	2013年4月	嘀嘀打车	软件服务	1500万美元
	2013年4月	优信拍	行业网站	—
	2013年4月	泰捷软件	软件服务	—
	2013年6月	Fab.com	电子商务	—
	2013年6月	金山网络	网络安全	4698万美元
	2013年8月	瓶子公司100%股权	应用软件	0.6亿元
	2013年9月	搜狗	搜索引擎	4.48亿美元
	2013年9月	e家洁	软件服务	400万元
	2013年9月	搜狗36.5%股权	互联网软件与服务	4.48亿美元
	2013年12月	嘀嘀打车	软件服务	1亿美元
	2013年12月	CyanogenMod	软件服务	2300万美元
	2014年2月	大众点评20%的股权	互联网软件与服务	9亿美元
	2014年3月	京东15%的股权	电子商务	2.14亿美元
阿里巴巴	2013年1月	虾米网100%股权	应用软件	0.2亿美元
	2013年4月	快的打车	软件服务	—
	2013年4月	丁丁优惠	软件服务	—
	2013年4月	Ucweb	网络服务	—
	2013年4月	新浪微博18%的股份	社交网络	5.86亿美元
	2013年4月	在路上	网络社区	—
	2013年5月	高德软件28%股份	互联网软件与服务	2.94亿美元
	2013年6月	穷游网	在线旅游	—
	2013年9月	酷盘100%股权	数据处理与外包服务	—
	2013年11月	拍拍贷	网络服务	3500万美元
	2013年11月	友盟100%股权	互联网软件与服务	0.8亿美元
	2013年12月	永杨安风	网络安全	—
	2013年12月	LBE安全大师	网络安全	—
	2013年12月	天天动听	网络音乐	—

续表

投资并购方	披露时间	被投资并购方	所属行业	涉及金额
百度	2013年2月	TrustGo	安全	0.3亿美元
	2013年5月	PPS.TV	家庭娱乐软件	3.7亿美元
	2013年7月	91无线	移动互联网	18.5亿美元
	2013年8月	糯米网59%股权	电子商务	1.6亿美元
	2013年8月	悠悠村100%股权	移动互联网	0.6亿美元
	2013年9月	加速乐100%股权	安全	—
	2013年11月	百分之百数码	电子商务	—
	2013年12月	YOKA时尚网	电子商务	—
	2013年12月	纵横中文网100%股权	网络文学	1.9亿元
奇虎360	2013年1月	轻笔记/行客诺	工具软件	—
	2013年1月	掌联美视	移动互联网	—
	2013年1月	生日管家	移动互联网	—
	2013年1月	OpenXKive	移动互联网	—
	2013年1月	快用苹果助手	移动互联网	—
	2013年1月	DoDorid道卓科技	移动互联网	—
	2013年1月	安奇智联	移动互联网	—
	2013年1月	51MyPC	工具软件	—
	2013年2月	安赛科技AIScanner	企业安全	—
	2013年2月	日志宝	工具软件	—
	2013年3月	途游游戏	游戏	—
	2013年6月	秒拍/咔咔	移动互联网	—
	2013年8月	安卓壁纸	移动互联网	—
	2013年10月	上海小葱网络	多媒体娱乐	—
	2013年11月	3G门户	移动互联网	2000万美元
	2013年12月	Psafe	安全服务	3000万美元
	2013年12月	Klab	游戏	3530万元
小米	2013年3月	智骨睿拓	专利授权	—
	2013年5月	雷锋网	媒体	—
	2013年6月	跃联互动	移动互联网	—
	2013年8月	Pebbles	手势识别	1100万美元
	2013年9月	WiWide迈外迪	WiFi	—
	2013年9月	加一联创lmore	硬件	—

资料来源：工业和信息化部电子科学技术情报所整理。

四 4G 牌照发放,国内企业加紧布局

随着智能手机用户及移动宽带需求的大幅增长,对移动互联网业务的需求不断提升,3G 网络显得捉襟见肘。与 3G 相比,4G 技术有了诸多突破。在数据传输方面,4G 网络的数据传输速率最高可达 100Mbit/s,远高于 3G 网络 10Mbit/s 的峰值传输速率。4G 网络支持更加丰富的移动业务,包括高清晰度视频及虚拟现实业务等。2012 年底,全球有 66 个国家和地区的 152 家运营商推出了商用 LTE 服务,LTE 用户总量超过 6000 万。2013 年底,全球已有 263 张 LTE 商用网络遍布于 97 个国家和地区,用户数量超过 1.6 亿(见图 6-11)。

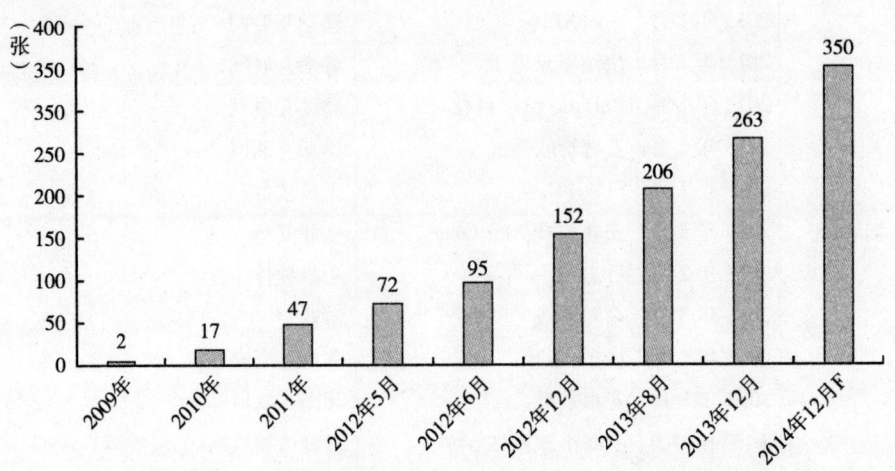

图 6-11 2009 年至 2014 年 12 月全球 LTE 网络数量

资料来源:GSA。

2013 年 12 月 4 日,工业和信息化部正式向中国移动、中国电信、中国联通颁发了 LTE/第四代数字蜂窝移动通信业务(TD-LTE)经营许可,拉开了我国 4G 时代的序幕。实际上,中国三大运营商早就开始进行 4G 应用的研发和部署。2012 年 7 月,中国移动启动了 TD-LTE 扩大规模试验,参照商用网络建设运营模式开展,全面启动 4G 网络建设。在经过

数个城市的规模测试后,中移动组织的相关设备商、芯片商已完成互通测试,2013年试验城市数量超过100个。2013年1月,TD-LTE率先在中国香港商用,成为中国移动第一个正式商用的TD-LTE网络。中国联通、中国电信也都在积极推动FDD-LTE的试验网络建设。

TD-LTE已融入全球LTE生态系统,正在逐步成为国际主流。TD-LTE从一开始就定位为国际主流LTE标准,用开放的心态欢迎全球范围的芯片、终端、系统设备和电信运营商地加入,正在全面融入全球LTE生态系统。目前已经形成TD-SCDMA产业所不具备的全球生态优势,系统设备、终端芯片、仪器仪表、网管计费、运营优化等各个环节都有国际企业广泛参与,不乏高通、爱立信等一流国际企业,从而降低了TD-LTE运营成本和风险。全球已经部署的263张LTE商用网络中,有28张LTE TDD商用网络,其中13家运营商的网络为FDD/TDD兼容模式。此外,300多家海外运营商表示会选择向TD-LTE演进。TD-LTE已摆脱TD-SCDMA国际标准、国内一家运营局面,成为国际多方参与、国际多家运营的真正国际标准。

根据测算,4G网络建设将拉动5000亿元的产业投资,并带动5000亿元应用产业发展。4G发展初期,芯片厂商、设备厂商、手机终端、分销渠道及网络建设企业是首批受益者,中期是内容提供商、服务提供商、应用开发商、虚拟运营商及网络测试和测量等服务商受益,后期随着4G网络地不断扩大和深度覆盖,网络测试、网络优化、网络运维及数据中心服务等企业也将受益。

4G还将带动移动互联网渗透到更多传统领域,产业链也将得到进一步拓展和延伸,形成全新的产业集群。移动互联网纵向一体化产业发展平台和生态体系正在建立,并且向生产、生活领域深度渗透。在移动互联网平台上,会出现越来越多新的业务模式,而且始终有新的参与者为产业带来创新和活力,这将极大地激发移动互联网的潜能。不仅各种新型的网络应用不断涌现,而且将强有力地向各种传统产业渗透,推动传统产业升级,打造出更具活力的移动互联网新经济。

第七章 云计算市场已迎来战国时代

经历了初期的概念炒作、市场培育后，2013年中国云计算产业进入成长阶段。我国云计算市场规模不断扩大，增速超过国际同期水平，但总体规模仍然偏小。在个人云服务方面，本土云服务商为争夺用户展开了激烈的竞争，如年中的"云盘大战"，预示着消费云时代的到来；在公有云市场，创业型企业和大型企业的云服务需求稳步扩大，云计算逐渐向传统行业渗透，倒逼传统IT服务供应商向提供云服务转型，同时，国际云服务巨头微软、IBM、亚马逊等相继涌入中国市场，国内云计算格局生变。对比国内外云服务品牌、产商的研发投入和云计算订单，我国云计算厂商与国外厂商的差距依然明显，云产业的统筹规划和应用落地应进一步加强。

一 云计算市场规模偏小，但增速较快

全球范围内，随着云计算的普及和用户对云计算认识的加深，越来越多的个人、企业和政府逐渐接受云服务，全球云服务市场规模不断扩大。据Gartner预测，由于云计算认可度的持续增加，云计算市场高速增长的态势至少持续到2014年，2013年全球云计算市场收入突破1300亿美元，2015年将突破1800亿美元。

市场结构上，云广告、业务流程即服务（BPaaS）和软件即服务（SaaS）占据市场绝大份额，分别为46.7%、26.8%和15.3%，处在主导地位；基础设施即服务（IaaS）的市场规模增长速度最快，2010～2016年的年均复合增长率达到41.3%，预计2016年的市场规模将是2010年的8倍，这主要是因为IaaS处于云基础架构的底层，具有基础性

第七章 云计算市场已迎来战国时代

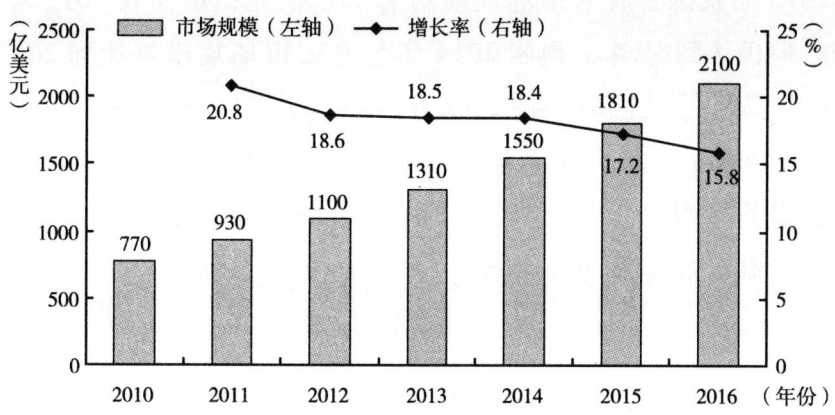

图 7-1　2010~2016 年全球公有云市场规模

资料来源：Gartner。

作用，IaaS 市场的发展将为其他细分市场的发展带来更多的机遇；SaaS 将从 2010 年的 110 亿美元增长到 2016 年的 330 亿美元，年均复合增长率达到 19.5%；平台即服务（PaaS）、云管理和安全服务增长速度基本一致，规模虽小但增长速度较快，年均复合增长率分别为 27.7% 和 26.7%（见图 7-2）。

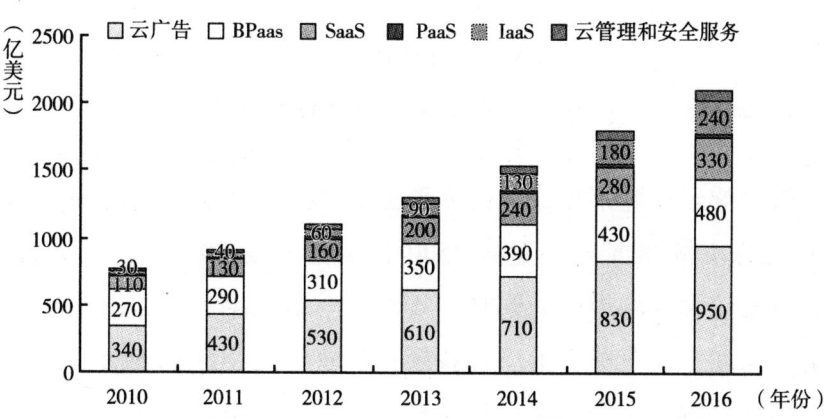

图 7-2　2010~2016 年全球公有云市场结构

资料来源：Gartner。

2013年我国公有云市场规模约为110亿元,增速较2012年有所放缓,但仍达到59%,预测2014年公有云市场规模将达到200亿元(见图7-3)。另据IDC的数据显示,中国公有云市场规模将在2016年达到246.7亿元,年复合增长率为38.6%。其中,在企业最需要的云计算服务类型中,平台即服务(PaaS)的需求占比最高,达43%;其次是基础设施即服务(IaaS),占比为36%,可见,PaaS市场潜力巨大。

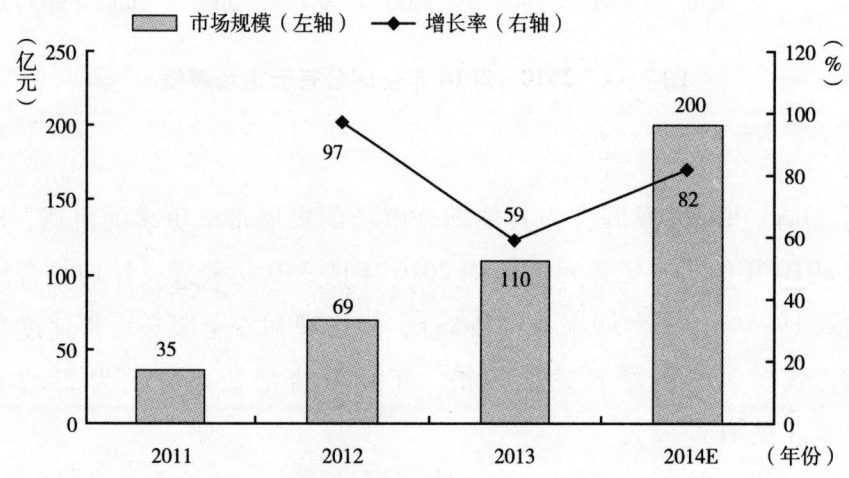

图7-3 2011~2014年中国公有云市场规模

资料来源:工业和信息化部电子科学技术情报研究所。

放眼全球云计算市场,美国和西欧占据了最大的市场份额,2012~2016年的总市场规模分别达到2500亿美元和1120亿美元。特别是美国,在占据较大市场规模的同时,年均复合增长率超过20%,保持着较快的增长速度,在全球云市场具有领先优势。大中华和亚太(新兴)地区的市场规模占比最少,总市场规模相加仅为100亿美元,还不及美国的十分之一,但增长速度最快,年均复合增长率均达到31%以上(见图7-4)。

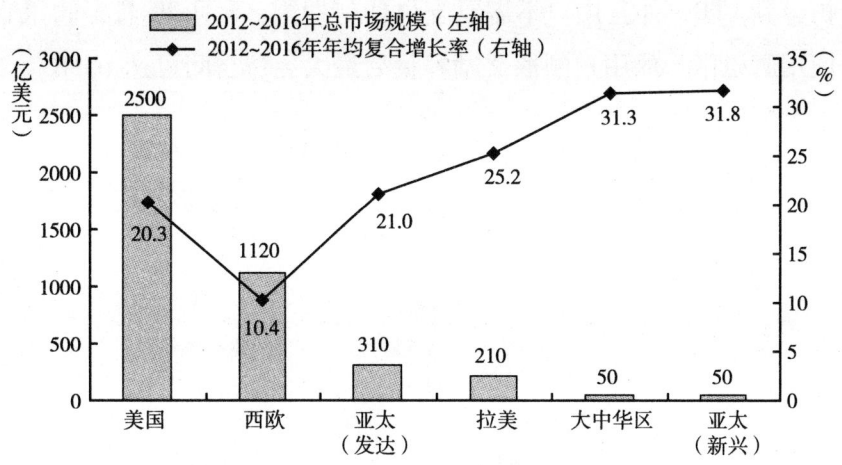

图 7-4　全球分地区市场情况

资料来源：Gartner。

二　云盘大战掀起个人云服务高潮，消费云时代到来

作为云计算的重要应用，以云存储为代表的个人云服务逐渐走进人们的生活，受到广泛关注。无论是网盘类云存储还是笔记类云存储，其内涵都远远超出存储的边界，用户可以对个人的各种信息进行组织、分发和再加工。随着越来越多的软件和数据加速迁移到"云端"，特别是移动互联网"Cloud + APP"应用模式的普及，个人云取代本地存储的趋势日渐明朗。根据艾瑞咨询统计，2013 年中国个人云存储用户规模将达到 2.23 亿，网民渗透率达到 36.7%。Gartner 的报告也显示，预计到 2016 年将有 36% 的数字内容存储至云端，而 2011 年这一比例仅为 7%。

庞大的用户群吸引了越来越多的国内厂商加入到争夺用户的"云盘大战"中，2013 年 8 月战火持续升级。8 月 12 日，金山快盘针对个人版用户推出 100GB 免费空间领取活动，拉开了云盘大战的序幕。8 月 22 日，在百度大会中，百度发起了"率先进入云空间 T 时代"的活动，活动期间只需支付 1 元即可领取最高 1TB 的百度云空间。随后，360 宣布将免费空间扩容到1TB，并且用户不需要支付任何费用。8月29日，腾讯宣布，长期使用腾讯微云的用户领取奖励容量后最大免费空间可达10TB。

图7-5　2013年8月云盘大战持续升级

资料来源：工业和信息化部电子科学技术情报研究所。

对于云盘厂商来说，免费提供云盘服务可以培养用户忠诚度。云存储的使用越广泛，存储在云盘中的重要文件就会越多，用户在不知不觉中成为云盘厂商的忠诚用户，云盘厂商再通过云盘将忠诚用户的需求转移到移动智能平台上，最终可以在移动互联网上提升平台的用户忠诚度。然而，免费不过是企业抢占用户的市场策略，免费手段在挤压对手的同时也扼杀了产品的创新力。笔者认为，免费并不符合市场的运作规律，不利于互联网的良性发展。如果不能找到有效的盈利模式，这种市场策略能够走多远还有待观察。另外，从个人云存储市场的长远健康发展来看，存储产品功能与服务的优化和完善才是最关键的，单靠不断扩大免费空间容量的营销手段，难免会走向恶性竞争和一团混战。

三 云计算逐渐渗透传统行业，企业开始向云计算转型

云计算渗透传统行业和企业向云计算转型是相辅相成的。一方面，云计算由 IT 行业向传统行业渗透越来越多，制造、医疗、政务、金融等领域都已不同程度地使用云计算。在制造业方面，已经建立起以云制造为核心理念的公共服务平台，如中国航天二院的云制造平台、天津卓朗科技的数字化工程仿真云平台和宁波市云制造服务平台等，将云端制造资源虚拟化提供给资源需求方，大大提高了制造资源利用率，促进了工业化和信息化的融合。在医疗卫生方面，由"3521 工程"（我国卫生信息化建设路线图）和电子健康档案及电子病历建设的需求驱动，以云计算为核心的区域医疗卫生平台正在逐步推广和应用，2013 年 6 月全国第一个健康云在上海市的闸北区正式投入运营。电子政务方面，以私有云建设为主的地方政务平台已有眉目，浪潮承接济南市人民政府整体服务外包"政务云"平台，杭州市政府牵手阿里云建设政务云，覆盖交通、公安、科技等领域。在金融业方面，国内一些 IT 企业也尝试进行云应用探索，如神州数码抓住银监会鼓励开设农村金融机构的机会，打造农村金融信息平台，通过整合农村金融机构公用的功能模块再向农村金融机构提供租用服务，按需收费。

另一方面，从市场角度看，以云计算为基础架构的 IT 服务将逐渐成为市场交易标的，随着 IT 服务需求方逐渐采纳并接受云服务，越来越多的 IT 服务提供方将被倒逼向云计算转型，国际老牌 IT 企业 IBM、甲骨文等近几年都积极向云计算服务商转型。2014 年初，东软集团同阿里云签署合作协议，将逐步把传统 IT 服务迁移到云计算平台中，SaCa、UniEAP 等系列产品将支持基于阿里云平台的部署与运维。用友软件依靠私有云 UAP 和公有云 CSP 两大平台，开始逐渐由软件产品型企业转变为平台型企业，随着对 CSP 云平台地不断投入，这种转变正在加速。为了帮助金

融行业用户更好地向云计算转型,浪潮和中科软合作开发金融大数据一体机和金融行业大数据解决方案。2014年3月,浪潮集团联合南天信息正式推出国内首款面向金融行业的大数据定制机。国内IT企业向云计算转型,不仅有利于企业自身的发展,也为云计算等新技术应用到关键行业提供了国产化保证,为国家信息安全保驾护航。

四 国内外厂商同台博弈,市场竞争激烈

2013年,随着亚马逊公有云服务落地中国,国外的云计算巨头基本上完成了在中国的落地。与此同时,国内的互联网公司、集成商、运营商也都推出了自家的公有云计算平台,并着力打造生态体系。云计算市场格局扑朔迷离,迎来战国时代。

国际巨头纷纷进军中国市场,加快战略布局。面对中国云计算市场的巨大潜力,2013年国外云计算厂商继续发力,加快在中国的云计算战略布局。受中国相关政策限制,微软、IBM、SAP等企业不约而同地选择与国内厂商或地方政府合作的方式推进云计算在中国的发展(见表7-1)。

表7-1 国外云服务厂商与国内政企合作一览

时间	厂商	国内合作单位	提供主要服务
2012年11月	微软	上海市政府、世纪互联	Office 365和Windows Azure
2013年7月	IBM	无锡、宁波智慧物流、国民技术、甘肃移动、杭州世导、软通动力、首都在线等	Smart Cloud
2013年11月	SAP	华为、中国电信	SuccessFactors、CRM软件、小微企业典型应用
2013年7月	甲骨文	安富利、亚信联创、中软、大唐软件、神州数码、佳杰科技、富通、华为、金蝶、东软集团、中科软、华胜天成和用友等	Exadata和Exalogic集成系统、Oracle CX云
2013年12月	亚马逊	网宿科技、光环新网、宁夏的西部云基地、北京中关村科技产业园	AWS

资料来源:工业和信息化部电子科学技术情报研究所。

通过与世纪互联的合作，继 2012 年微软公有云落户上海后，2013 年 2 月，Office 365 和 Windows Azure 正式进入中国。Office 365 为国内客户提供在线办公、电子邮件、门户协作、统一通信等服务，Windows Azure 为国内客户提供公有云计算平台服务，包括计算、存储、数据库、整合及网络化服务。微软为此投资将近 1 亿美元，三年后计划营收超过 10 亿美元。

IBM 在公有云和私有云领域同时发力，分别与首都在线和世纪互联签署协议。2013 年 7 月，IBM 与首都在线签署公有云长期战略合作协议，完成 IBM 企业级公有云平台在中国的落地。IBM 承接该平台的设计、研发、构建，并且全面参与该平台建成后的管理工作。一期的机房建设的硬件规模达到 80T 内存，用户于 2014 年初可通过首都在线网站获取 IBM 公有云服务，包括 IaaS、PaaS 和 SaaS 云计算服务。12 月，IBM 与世纪互联达成协议，将 IBM 云计算基础架构服务 SCE +（Smart Cloud Enterprise +）正式引入中国。IBM 将提供物理基础设施资源池 POD（Point of Delivery）和服务，世纪互联公司将托管该 POD 设施。

2013 年 12 月 18 日，亚马逊通过"前店后厂"模式，将公有云服务 AWS（Amazon Web Services）正式引入中国。一方面，亚马逊 AWS 与北京市政府、宁夏回族自治区政府和宽带资本旗下的云基地签署合作谅解备忘录，通过位于北京和宁夏的云计算基础设施为中国各地客户提供云服务；另一方面，光环新网和网宿科技将为亚马逊提供必要的互联网数据中心服务和互联网接入服务，包括基础架构、带宽和网络功能。

国内企业集体发力，抵抗国际云服务商"入侵"。面对着巨大的市场潜力和国外厂商的竞争，国内 IT 企业包括数据中心服务商、运营商、传统 IT 设备厂商、互联网企业和初创企业等有集体发力之势，积极部署云计算业务并推出相关产品及服务（见图 7-6）。

数据中心服务商依靠自身的优势，主动向云服务转型，推出云主机业务，其中不乏通过与国际巨头合作以谋取更大的竞争优势者，如世纪互联、首都在线等；三大运营商集合自身的数据资源、网络资源和庞大用户数，打造云品牌，如中国移动的"大云"、中国联通的"沃云"和

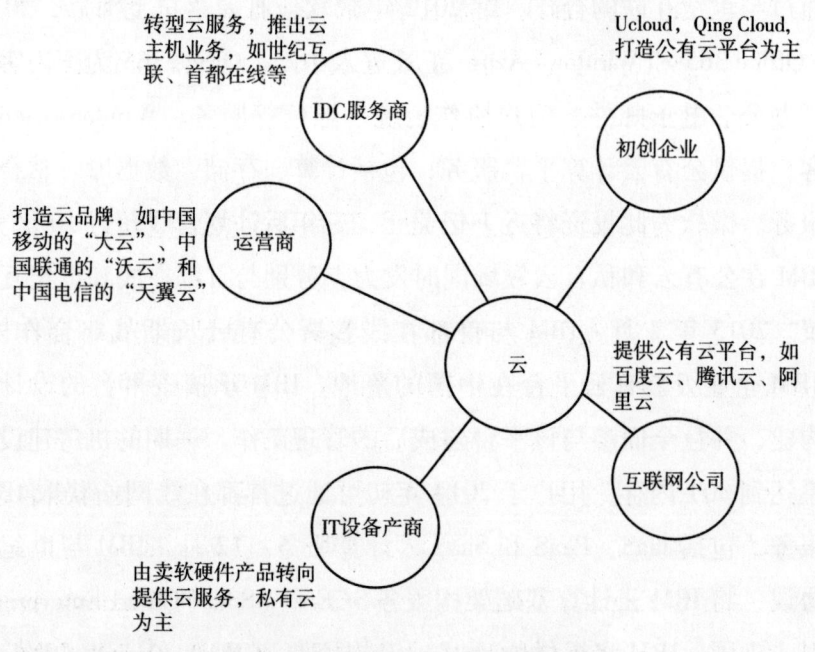

图 7-6 国内云计算市场格局

资料来源：工业和信息化部电子科学技术情报研究所。

中国电信的"天翼云"；传统的IT设备和系统集成商，如华为、浪潮积极寻求云转型，由卖软硬件产品转向提供云服务；互联网企业具有先天提供公有云服务的优势，弹性可扩展的云平台首先可以用来支撑自由业务，其次可以卖给生态系统内的开发者，最后做成公有云平台，为全社会提供服务。2013年初，百度正式开放应用引擎BAE，面向所有开发者推出公有网络应用开发和部署平台。2013年9月，腾讯正式宣布全面开放腾讯云生态系统，覆盖了计算云、数据云、个人云三个层面，包括云服务器、云数据库、NoSQL高速存储、罗盘、CDN、云监控和云安全等产品。阿里云已在移动互联网、游戏、开发者服务及金融创新、电子商务等多个领域开展应用，并于2013年12月获得全球首张云安全国际认证金牌。初创企业如Ucloud和青云（Qing Cloud）发展迅速，已分别拥有数千家的注册单位，2014年初分别获得了1000万美元和2000万美元的融资。其中，Ucloud成立于2011年底，主要从事IaaS产品的研发与运营服务，目前产品线覆盖云存储、云加速、云数据库等。Qing Cloud 能以"秒"为单位来计算服务费用，主要瞄准中国的 DevOps（Development&Operations）开发市场。

五　国内外云计算厂商差距依然明显

虽然经过几年的大力推广和部署云计算，但是目前国内厂商在云品牌和产品、企业规模和研发投入、云计算订单等方面与国外的云计算巨头相比仍有不少的差距，主要表现在以下三个方面。

一是云计算产品较少，云战略缺乏相应的产品支撑。国外知名企业提出了具体的产品和服务品牌，如亚马逊 AWS 的 Elastic Compute Cloud，谷歌的 Google App Engine、Gmail、Google Docs，微软的 Windows Azure 等。而国内企业的云计算发展战略缺乏产品支持，不少 IT 企业提出的云计算战略多停留在概念层面，除了几家大型互联网企业外，其他企业推出的具体云计算的产品较少。究其原因，一方面我国不少 IT 企业的目标市场定位不明确，没有找到自己的细分市场；另一方面我国 IT 企业研发能力不足，没有掌握关键技术，一时难以推出主打产品。

二是企业规模较小，研发投入不足。Google、Microsoft、Amazon 等公司不仅企业规模远远超过国内的 IT 企业，而且研发投入也是国内企业无法比拟的，而进入云计算领域需要较高的技术和资金门槛。2013 年 SAP 的研发创新费用接近 25 亿欧元。2014 年 1 月 IBM 宣布投资 12 亿美元用于数据中心和云存储建设。微软每年有 95 亿美元的研发投入，而其中有 90% 的费用投向云计算相关领域。亚马逊在研发投入上更是不遗余力，而且敢于冒险。它给硬件研发部提供无上限的资金支持，而研发上的巨大投入往往会影响其当期业绩。尤其是在总体利润较低时，亚马逊也敢于漠视指责，继续进行大量投入。云计算作为战略性新兴产业，技术尚不成熟，需要大量研发。研发投入不足，则难以形成技术优势，从而难以跻身价值链高端。

三是云计算订单量小，获利能力不足。图7-7是典型企业2010~2013年的净利润对比。由图7-7可知，我国企业净利润与外企相差较大，主要原因：一方面受企业规模的影响；另一方面我国企业主要在国内发展，在全球市场中所占市场份额较小。由于企业对外公布的数据没有将云计算的获利情况剥离，暂时没有大量的云计算统计数据来做对比。但毋庸置疑，国外领先企业的云计算获利能力要远高于我国企业。从有关云计算收入的数据来看，2013财年Salesforce在云计算的累计收入已超过30亿美元，亚马逊2013年在云计算上的收入为24亿美元。从云计算订单看，亚马逊2013年获得了美国中央情报局的云计算订单，仅这一笔订单的价值就高达6亿美元。此外，IBM对外公布，2015年云计算收入将达70亿美元，我国企业的云计算收入与其相比甚至不在一个数量级。我国企业虽然也推出了不少云计算产品，但是整体上还处于投入阶段，产出微薄，获利能力较差。

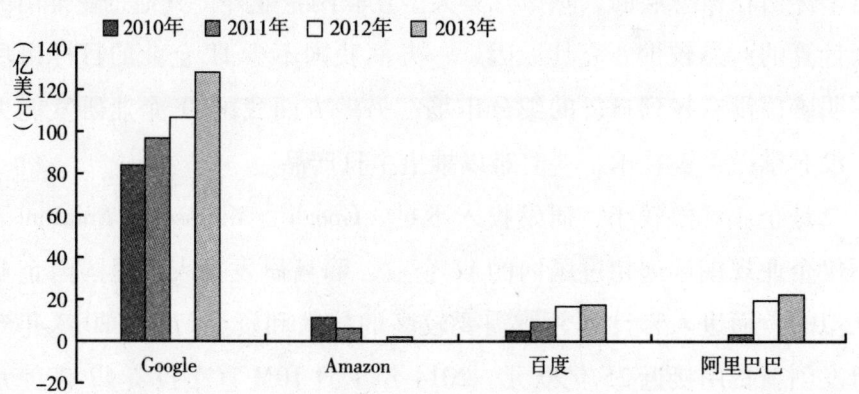

图7-7　2010~2013年国内外企业的净利润对比

资料来源：工业和信息化部电子科学技术情报研究所整理。

六　统筹规划云产业发展，应用落地应进一步加强

国家部委继续鼓励和支持云计算的发展，并开始注重规范发展指导。

继 2011 年工业和信息化部与国家发改委开展云计算服务创新发展试点示范工作及 2012 年科技部发布《中国云科技发展"十二五"专项规划》之后，2013 年初国家发改委、工业和信息化部、能源局、国土部、电监会共同发布《关于数据中心建设布局的指导意见》，旨在通过加强顶层设计和规划，推动数据中心节能减排。2013 年 5 月，国家信息技术服务标准工作组（ITSS）发布《中国云服务白皮书》，通过大量成功案例、系统化的内容和应用实践解析了云服务的优势和特征，展示了云服务的模型以及交付和使用的过程，明确了云服务标准化工作的重点和对产业发展的推动作用，展望了云服务的发展前景。

地方政府通过规划、政策、项目等方面的优惠条件吸引云计算中心和云计算企业的进驻，努力培育云计算市场和产业发展环境，构建云计算产业的创新激励机制，调动企业积极性，具体表现为：利用财政政策加大对企业研发的支持比例；引导金融机构向云产业倾斜，帮助融资；在税收上给予一定程度的减免或补贴；在电子政务、"智慧城市"建设、行业技术沟通交流等方面做出努力。目前，云计算项目在地方呈放射状扩散开来，北京有"祥云计划"、上海有"云海计划"、广州有"天云计划"、重庆有"云端计划"、宁波有"星云计划"（见表 7 - 2）。2013 年 7 月，苏州科技城正式推出发展云计算与移动互联网应用产业的"彩云计划"，计划用 5 年时间在"云计算和移动互联网"领域形成 100 亿元的产业规模，带动产业链形成 500 亿元的产值。

表 7 - 2　部分城市的云计算发展规划

城　市	云规划	提出时间	预计截止时间	目　标
上　海	云海计划	2010 年 8 月	2012 年	致力于打造"亚太云计算中心"
北　京	祥云计划	2010 年 10 月	2015 年	成为世界级的云计算产业基地
重　庆	云端计划	2011 年 4 月	2015 年	成为中国乃至亚洲最大的离岸数据处理实验中心和"云计算"产业实验基地
深　圳	鲲云计划	2011 年 8 月	2015 年	加快云计算产业发展、打造"智慧深圳"

续表

城 市	云规划	提出时间	预计截止时间	目 标
武 汉	黄鹤白云计划	2011年12月	2015年	抓住"三网融合",以"智慧武汉"建设为契机,深入推广云计算技术应用,促进全市云计算产业发展
广 州	天云计划	2012年1月	2015年	建设国家创新型城市和智慧广州,提升国家中心城市科学发展实力
苏 州	彩云计划	2013年7月	2018年	打造华东"云计算与移动互联网应用"产业基地

资料来源:工业和信息化部电子科学技术情报研究所整理。

据初步统计,国内已有30多个城市推出了云计算规划,而提出要大力发展云计算的城市更多,其中首批的云计算试点城市已取得了一定的成绩(见表7-3),但问题依然存在,各地蜂拥推出"云计划",一哄而上建云计算中心,争相提高优惠条件来招商引资,难免会出现重复建设、巨资购买硬件、不顾本地实际求政绩等现象,不利于云计算的健康、有序发展。2011年美国公有云市场硬件投入只占12.5%,而中国的硬件投入却高达70%。另外,云计算的发展要靠应用和市场驱动,目前各地重招商引资和建设数据中心、轻应用和服务,对云计算的理解和认识可能还存在偏差。因此,我国云计算发展需要进一步加强顶层设计和统筹规划,加大应用示范和服务推广,重点提升企业的云服务实力和水平。

表7-3 首批云计算试点城市云产业发展阶段性情况

城 市	计划名称	阶段效果
北 京	祥云工程	基本完成云计算产业链布局;云计算领域的创业创新氛围较浓;已形成南部亦庄、北部中关村两大聚集区,参与云计算产业的企业已达150多家
上 海	云海计划	宝信软件、万达信息、上海华为、盛大网络、华东电脑等软件和信息服务业龙头企业成功地向云计算转型;银联数据、中远资讯等云服务龙头企业实现销售额过亿元;新增云计算技术研发与公共服务企业过百家;云计算产业新增产值及带动软件和信息服务业增收值超过500亿元

续表

城市	计划名称	阶段效果
深圳	鲲云计划	形成了相对完整、市场自发的产业链,云服务层面有腾讯、迅雷等,云计算软件层面有金蝶等,在云设备制造层面有华为、中兴等
杭州	杭州云计算产业园	引进华通云数据中心,产生税收收入近500万元;与阿里云合作,共建阿里云创新基地;力争5年内实现产值50亿元、税收收入2亿元
无锡	云谷计划	与IBM合作建立了云计算软件服务平台和全球首个商用云计算中心;结合物联网推进云计算

资料来源:工业和信息化部电子科学技术情报研究所。

第八章　大数据带来新的机遇窗口期

　　2013年，全球大数据技术继续演进，技术成熟度不断提升，如开源框架Hadoop全新升级，Hadoop、NoSQL和SQL不断融合。业界对大数据技术的理解逐步深入，大数据生态系统逐步构建，一批新兴企业如Splunk、Hortonworks、DataStax和Couchbase等陆续崛起。但在应用层面，实际的部署行动尚未大规模展开。在我国，业界对大数据的概念、发展方向仍然有许多争议，但社会已逐渐接受大数据的理念和技术。在政府、学界和企业的共同推动下，我国大数据产业生态系统开始构建，有部分互联网企业、行业厂商已率先开展大数据实践，甚至获得经济收益，越来越多的相关创新企业发展起来。

一　大数据产业雏形显现，产业链覆盖广泛

　　2013年，我国大数据市场规模为15亿元，雏形开始显现。未来几年我国大数据市场将迎来迅猛增长，年增长率有望超过80%，到2016年市场规模将超过60亿元。

　　从产业概念出发，大数据产业是指一切与支撑大数据组织管理和价值发现相关的企业经济活动的集合。大数据产业相关经济活动包括：用以实现大数据存储、检索、处理、分析、展示的相关IT硬件与软件的生产、销售和租赁活动，以及相关信息服务。这些经济活动具体可分为三个方面：一是用以搭建大数据平台、实现大数据组织与管理、分析与发现的相关IT硬件与软件的生产、销售和租赁活动；二是大数据平台的运维与管理服务，以及系统集成、数据安全、云存储等解决方案与相关咨询服务；三是与大数据应用相关的数据租售业务、分析预测服务、决策支持服务、

数据分享平台、数据分析平台等。按照数据价值实现流程，大数据产业可分为数据生产与集聚层、数据组织与管理层、数据分析与发现层、数据应用与服务层（见图 8-1）。

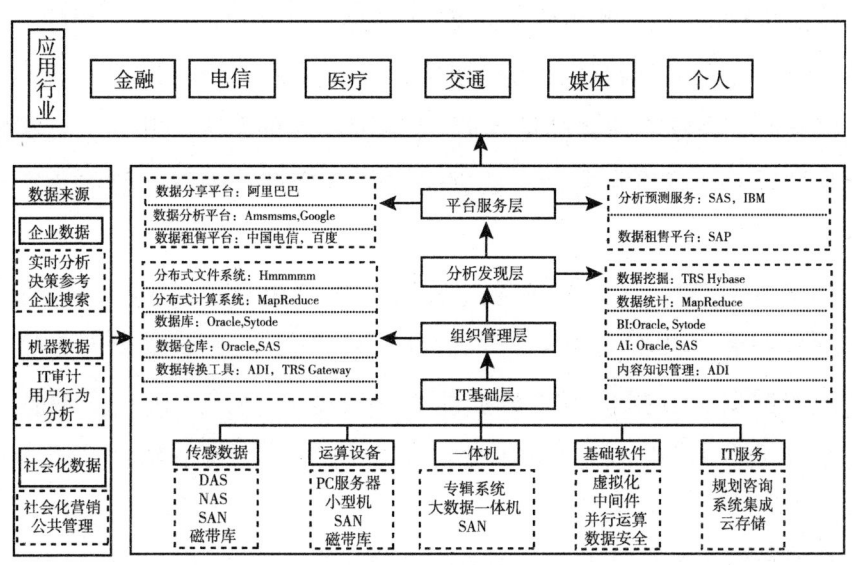

图 8-1 大数据产业的价值链

资料来源：中国计算机学会。

数据的产生与集聚层包括社会管理信息系统、企业 ERP 系统、在线交易系统、视频监控设备、传感设备、GPS 设备、移动智能终端、光传输、移动通信、网络传输等数据生成、采集、传输的系统与设备。涉及政府机构、互联网、金融、电信、交通、能源、零售、制造等行业龙头，它们处于大数据产业链的上游，凭借对数据的掌控能对市场进行支配和影响，并获得巨大的经济回报。

数据组织与管理层是指能支撑大数据的组织与管理的所有活动集合，是对大数据进行处理分析并发现价值的必备基础。主要包含：分布式文件系统、数据库、数据仓库、数据转换工具等软件销售与租赁；支撑数据组织与管理的服务器、存储设备、网络设备、数据中心附属设备等 IT 基础设施硬件销售与租赁；支撑数据组织与管理的平台规划咨询、系统集成、数据中心运营管理、云存储等服务。

数据分析与发现层是指能支撑大数据的处理分析并挖掘数据价值的所有活动集合，是大数据从量变到质变，完成价值飞跃的关键环节，主要包含：数据统计、内容/知识管理、数据挖掘、商务智能、人工智能、语义分析、数据可视化等软件销售与租赁；支撑数据分析与发现的嵌入式芯片、服务器、高性能计算设备等 IT 基础设施硬件销售与租赁；支撑数据分析与发现的计算平台集成、数据中心运营管理、弹性运算能力租赁等服务。

数据应用与服务层是指通过数据出售与租赁、分析与预测服务、决策支持服务、数据共享平台、数据分析平台等商业模式为最终用户提供原始数据、数据价值、数据能力的产业集合，还包括支撑数据分析与共享平台的 IT 基础设施等硬件销售与租赁、系统集成、运营管理服务。

个人与行业用户是大数据产业价值链的最后环节。行业用户通过商业智能、数据挖掘与可视化、预测性分析、行业应用、内容分析等大数据应用，对现有业务的发展方向与目标进行决策。同时，企业结合新的技术与需求，规划未来的数据体系，重构 IT 架构。在新的数据体系下，会有新的大数据源形成。个人通过数据服务商提供的服务开启智慧生活。大数据的行业应用会促使大数据产业链形成一个循环过程，包括对大数据的组织与管理、分析与发现、应用服务，产业链的最终用户也可以是产业链的上游大数据资源拥有者。随着每次数据产生到数据价值实现的循环过程，数据规模不断扩大、数据复杂度不断加深、数据创造的价值不断加大，同时，也加速大数据技术创新与产业升级。

从产业链看，国内已经有一大批从事大数据相关业务的公司，如数据获取领域的恒生电子、远望谷，数据处理与分析领域的拓尔思、科大讯飞、久其软件，数据应用领域的榕基软件，服务领域的华胜天成、太极股份、启明星辰等（见表 8-1）。

表8-1 大数据产业链相关国内企业

产业链环节	细分行业	国内企业
数据获取	业务软件	恒生电子、卫宁软件、四维图新、石基信息
	采集设备	远望谷、汉威电子、航天信息、新北洋
数据处理与分析	非结构化信息综合处理	拓尔思、美亚柏科
	语音智能识别	科大讯飞、云知声
	视频智能识别	海康威视、大华股份、华平股份、中威电子、国腾电子
	商业智能软件	久其软件、用友软件
数据应用	显示设备	威创股份
	协同管理软件	榕基软件
服务	数据中心建设与维护	天玑科技、银信科技、荣之联、太极股份、华胜天成、东华软件
	IT咨询与方案实施	华为、联想、汉得信息
	信息安全	卫士通、启明星辰、奇虎360
	互联网金融	阿里、百度、腾讯、网易
	搜索	百度、搜狐

资料来源：工业和信息化部电子科学技术情报研究所。

二 互联网企业引领大数据发展，创新企业不断涌现

互联网企业是大数据技术创新和应用的先锋，不但通过数据优化搜索、电商、社交网络等已有业务，还不断加速数据驱动的业务创新，衍生出可穿戴设备、互联网金融等诸多跨界应用。我国的主要互联网企业在数据存储和利用方面已形成了良好的技术积累，与国际知名企业基本处于同一竞争水平，为我国发展大数据产业提供了良好的基础。阿里巴巴将自己的未来定位成数据公司，并相继设立了首席数据官（CDO）和数据委员会，2013年进行了多笔战略投资和收购，以增强数据积累和数据能力，如新浪微博、陌陌带来的社交数据，高德带来的地理数据，UC浏览器带来的移动浏览数据，虾米带来的音乐数据，以及墨迹天气、友盟、美团等这些几乎涵盖了人们互联网生活方方面面的数据。阿里金融也是大数据衍

生产品开发的一个范例。利用云计算和大数据的技术和思想,阿里金融实现了高效和创新。百度拥有中国最大的网民行为数据库,覆盖95%的中国网民,日均响应50亿次搜索请求,搜索市场占比达80%,日处理数据量达100TB,具有大数据处理的天然需求和优势。2013年初,百度成立了深度学习研究院,力图借助搜索基础,发力深度学习等技术,布局大数据。2014年1月,百度与央视合作,启用百度地图定位可视化大数据播报春节人口迁徙情况,取得了较好的效果。

除了互联网巨头,部分中小企业也不断基于互联网、大数据进行应用创新。如2011年上线运营的"数据堂"与国内外著名科研机构、高等院校、研发企业合作,积累了丰富的科研数据资源,通过统一平台提供研发数据采集、制作与标注服务,使得科研机构、企业、高校和个人之间实现了充分的数据共享。垂直行业的大数据创新应用也不断涌现。以招聘类应用为例,智拓通达公司整合各大社交平台的用户数据、行为数据和UGC内容,为企业和个人用户提供定制化服务;数联寻英公司通过分析社交网络数据,分别从职业背景、专业能力、好友匹配、性格匹配、职业倾向、工作地点、求职意愿、信任关系和行为模式这9个维度对潜在求职者进行全方位刻画,通过众包模式,以游戏的方式更好地帮助人力资源管理者组织员工参与到职位招聘、晋升过程中。

创新型的大数据企业也得到了投资机构的青睐,北京云基地研究显示,2012年1月至2013年7月,中国有35家大数据创新企业获得融资(见表8-2)。

表8-2 国内部分大数据融资案例

名　称	分类1	分类2	分类3
比酷科技	应用产品	行业垂直	广告
巨鹿移动	应用产品	行业垂直	广告
力美广告	应用产品	行业垂直	广告
秒针系统	应用产品	行业垂直	广告
品友互动	应用产品	行业垂直	广告

续表

名　称	分类1	分类2	分类3
新数网络	应用产品	行业垂直	广告
出门儿	应用产品	行业垂直	旅游
蚂蜂窝	应用产品	行业垂直	旅游
千夜旅游网	应用产品	行业垂直	旅游
穷游网	应用产品	行业垂直	旅游
大姨吗	应用产品	行业垂直	医疗
若邻网	应用产品	行业垂直	招聘
数联寻英	应用产品	行业垂直	招聘
天际网	应用产品	行业垂直	招聘
智拓通达	应用产品	行业垂直	招聘
cmcc.in/沙时网络	应用产品	应用分析	决策咨询
杭州数云/华院数云	应用产品	应用分析	决策咨询
晶赞科技	应用产品	应用分析	决策咨询
精硕科技	应用产品	应用分析	决策咨询
森哲若	应用产品	应用分析	决策咨询
知微	应用产品	应用分析	决策咨询
DeepGlint 格灵深瞳	应用产品	应用分析	图像识别
百分点科技	应用产品	应用分析	推荐搜索预测
今日头条	应用产品	应用分析	推荐搜索预测
融360	应用产品	应用分析	推荐搜索预测
淘淘搜	应用产品	应用分析	推荐搜索预测

资料来源：北京云基地大数据实验室。

三　大数据的行业应用实践不断涌现，传统IT企业加快大数据技术和产品开发

国内越来越多的垂直企业利用大数据拓展业务，甚至用来构建核心竞

争能力。华大基因利用大数据构建基因检测与诊断技术体系，建立了大规模基因测序、克隆、农作物基因组等技术平台，将个人基因图谱测定成本降至 1000 美元以下。农夫山泉与第三方厂商合作，共同开发基于"饮用水"的运输环境数据场景分析，用大数据增强营销、管理能力。有了强大的数据分析能力作支持，农夫山泉近年来销量增速达到了 30%～40%，在饮用水方面快速超越了原先的三甲：娃哈哈、乐百氏和可口可乐。在汽车行业，一些汽车生产企业开始利用大数据了解公众对车型的喜好。比如，2013 年之前，网民对紧凑型车的需求远远高于 SUV，但是从 2013 年起，网民对 SUV 的关注度增长得非常快，基本关注度跟紧凑型车达到一致。基于这样的数据分析，一汽在 2013 年推出了新的车型。凭借大数据分析，传统汽车厂商再也不需要花费很长的时间和很多的精力就可以获得实时的数据来作决策。

　　大数据的潜在市场前景和行业应用实践吸引了传统 IT 企业的关注，越来越多的传统 IT 企业开始布局大数据，基于自身已有的技术积累不断推出大数据产品和解决方案。南大通用、武汉达梦、浪潮等软件企业加强数据存储和管理技术的研发，开发数据仓库、数据库一体机等大数据管理产品。华为在大数据开源技术方面积极投入，为 Hadoop 开源社区贡献代码，在统一存储领域推出了面向企业级应用的四款 T 系列的 OceanStor 产品。联想通过与 EMC 合作、并购 IBM 服务器业务，正式进入大数据的企业级应用领域。曙光于 2013 年 5 月发布了大数据战略——"平台一体，智汇应用"，同时还推出了"XData"大数据一体机。曙光针对不同的行业客户提供定制式的大数据解决方案，在银行、电信、交通、医疗等领域已有不少成功案例。拓尔思、亿赞普等企业针对生物医药等特定领域研发专门的数据分析产品，已经取得重要进展。电信运营企业也在积极跟进，中国电信探索在"全球眼"视频监控系统中应用大数据技术；中国联通利用大数据技术分析用户 3G 流量使用情况，并提供查询服务；中国移动开发"大云"平台，瞄准大数据分析应用。

四 政府高度重视大数据发展，政策环境不断完善

在我国，大数据应用和产业的发展主要有两股推动力量：政府和市场（见图8-2）。政府通过政策法规来鼓励和引导大数据发展，并主导社会公共管理和服务的大数据应用，涉及医疗、交通、环保、科技服务等领域。以互联网为代表的自由消费数据市场是大数据发展的重要驱动力量，涉及金融、证券、电力、电子商务、互联网等行业。

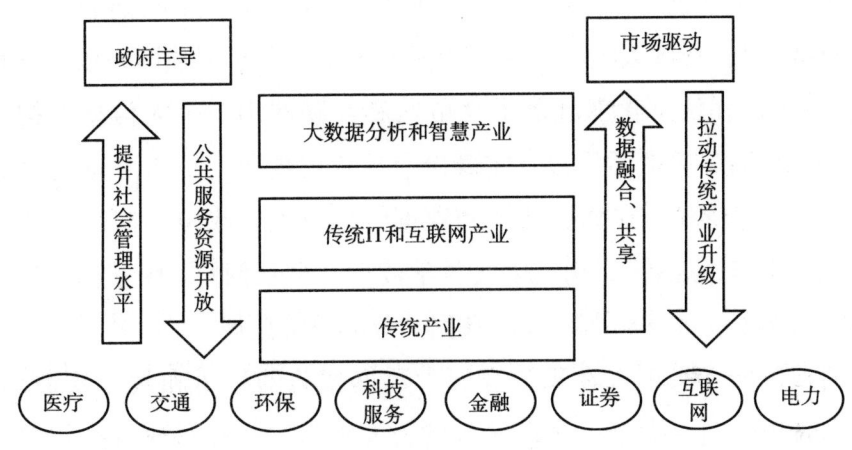

图8-2 我国大数据产业发展的推进力量

资料来源：中国计算机学会。

我国政府高度关注大数据，积极营造出良好的发展环境。在物联网、云计算等"十二五"发展规划中，我国对大数据发展进行了一定程度的规划布局。各部委还通过科技计划、重大专项等，支持开展大数据技术相关的研究工作。比如，2013年科学技术部将大数据列入"973基础研究计划"；2013年国家自然基金指南中，管理学部、信息学部和数理学部将大数据列入其中；工业和信息化部利用"核高基"科技重大专项、电子发展基金、物联网专项资金等安排了非结构化数据管理研究类课题，对非结构化数据管理的核心技术进行集中攻关，研制了非结构化管理系统，并在

航空、医疗、教育、出版等领域进行了试点应用。行业主管部门还积极推动大数据标准体系工作。

政府部门还加快了大数据相关的标准、规范和法律法规的研究制定工作。在工业和信息化部的推动下，全国信息技术标准化技术委员会开展了大数据标准化的需求分析、标准体系框架研究、非结构化数据标准等工作，对数据采集、数据表示、数据存储、数据安全、数据管理等方面的国内外标准进行了全面地梳理，并结合当前大数据发展的迫切需求，及时启动了一些关键标准的研制计划，在相关国际标准化组织也提交了大数据研究提案。近年来我国制定和出台了一些保护网络信息和个人信息的文件。2012年12月，全国人大发布《全国人大常委会关于加强网络信息保护的决定》。工业和信息化部起草了《电信和互联网用户个人信息保护规定（征求意见稿）》《电话用户真实身份信息登记规定（征求意见稿）》，以加强个人信息保护。在数据共享和数据管理方面，我国编制了"科学数据共享工程建设规划"，制定了《科学数据共享条例》《国家科技计划项目科学数据汇交办法》等一系列数据共享的政策法规。

科研院所和高校也在积极开展大数据相关的科研和教育培训工作。中国科学院、复旦大学、北京航空航天大学等院校和科研机构相继成立了近十个从事数据科学研究的专门机构。我国在2003年开始设立"项目数据分析师"考试，2010年中国商业联合会数据分析专业委员会正式确认个人会员作为中国数据分析行业的从业人才资质，加快了工作进展。截至2013年底，全国多个省市组建了近百家专业的项目数据分析事务所。

地方政府积极推进大数据发展。广东、上海、北京、陕西、重庆、贵州等地方政府陆续出台了大数据相关的战略、行动计划、路线图等，以推动地方大数据产业的发展（见表8-3）。同时，数据产业园区建设也在逐步展开。上海智慧岛数据产业园、秦皇岛开发区数据产业基地、北京国家地理信息科技产业园、中国国际电子商务中心重庆数据产业园等一批数据产业园区已展开基础建设和招商工作。

表8-3 国内部分地方政府的大数据发展政策

时间	省市	政策举措	主要内容
2012年12月	北京市	成立中关村大数据产业联盟	推动建立大数据实验室创业孵化平台,在研发关键技术的同时,引入大数据产业投资基金
2012年12月	广东省	《广东省实施大数据战略工作方案》	以开放共享推动大数据应用,以大数据发展促进社会创新,建成智慧广东。成立实施大数据战略专家委员会
2013年7月	上海市	《上海市推进大数据研究和发展三年行动计划》	研究大数据基础理论,攻克关键技术,研制大数据核心装备,形成大数据领域的核心竞争力,加速大数据资源的开发利用,推进行业应用,培育数据技术链、产业链、价值链,支撑智慧城市建设
2013年7月	重庆市	《重庆市大数据行动计划》	加快建设下一代网络通信基础设施,打造特色鲜明的大数据产业基地、完善大数据生态产业链,到2017年,推动500家软件和信息服务企业向大数据应用和服务转型,培养和引进1000名大数据产业高端人才
2014年2月	贵州省	《贵州省人民政府关于加快大数据产业发展若干政策的意见》《贵州省大数据产业发展规划》	中关村将与贵州省和贵阳市在四个方面进一步密切合作,促进大数据产业发展:一是加强规划对接、顶层设计;二是积极支持中关村大数据企业参与贵州大数据产业工程;三是共同推动利用大数据促进传统产业转型升级;四是加强产业交流合作
—	陕西省	制定大数据产业发展路线图	力争到2017年,建成以西咸新区为核心的国家级大数据处理与服务产业集群,成为国家政务信息资源的汇集地、社会信息资源的集散地

资料来源:工业和信息化部电子科学技术情报研究所整理。

五 大数据应用引发"去IOE"趋势,国内IT企业迎来发展新机遇

大数据对传统信息技术带来革命性挑战,所引发的"去IOE"趋势将

给我国IT产业发展带来新的机遇。大数据要求信息系统具备大规模、低成本、高效率以及实时获取、存储和处理多样化复杂数据的能力，对现有信息系统及其核心技术带来巨大挑战，需要运用新理念、新技术、新方法对其进行全生命周期的创新管理和深度应用。根据IT168的调查，2012年每月新增数据规模在500G以上的企业占到16.67%；2013年企业每月新增数据规模在10G以下的占到26.79%，11G～100G的占到41.89%，101G～500G的占到13.21%，500G以上的达到18.11%。惠普的研究认为，有85%的企业数据架构无法适应数据量和复杂性增长的要求，98%的企业无法及时、准确地为业务提供信息。

随着以电子商务、搜索、社交为代表的互联网应用快速发展，中国企业已经开始面对全世界增长最快、最复杂的业务系统，旧有的技术架构已经不足以支撑。面对大数据带来的技术架构挑战，企业或自力更生，采用开源的替代方案构建业务系统；或以云计算为依托，聚焦核心业务和逻辑，不再关心底层架构，包括硬件、网络、安全、数据中心等问题，尤其是中小企业，可以利用云技术很好地设计解决方案并能更快更好地付诸实施。但不管哪种方式，都是IOE[①]企业不太擅长的，客户需求已经发生了很大变化，这也导致国内企业的"去IOE"趋势。去"IOE"本身包含三层意思：第一层意思是指传统的IOE组合已经无法支撑企业的大规模应用，需要转向其他更合适的架构；第二层意思是指政府、军事等事关国家信息安全的领域，主动替换IOE，以达到安全可靠的要求；第三层意思则是部分企业或部门认为部署IOE架构成本过高，希望以成本更低的解决方案或开源架构来替代。

大数据、云计算发展所引发的"去IOE"趋势对IOE企业的发展带来了影响，IOE企业营收增长缓慢，甚至出现下滑。2013年第四季度IBM销售额为277亿美元，同比下滑5.5%，这是IBM连续第七个季度营业收

---

① IOE是指以IBM、甲骨文、EMC为代表的小型机、集中式数据库和高端存储的技术架构，几乎是传统中高端IT应用必需的。

入出现下滑，虽然利润为61.9亿美元，增长了6%，但主要是因为税收负担减轻，业务表现最差的区域是亚太区，营业收入下降了16%（见图8-3）。2013财年，甲骨文营收为372亿美元，略高于2012财年的371亿美元，增长率仅为0.08%，远低于2012财年4.09%的增长率。EMC 2013财年净收益为29亿美元，较2012年增长6%，但利润率为12.5%，低于2012财年的12.6%。

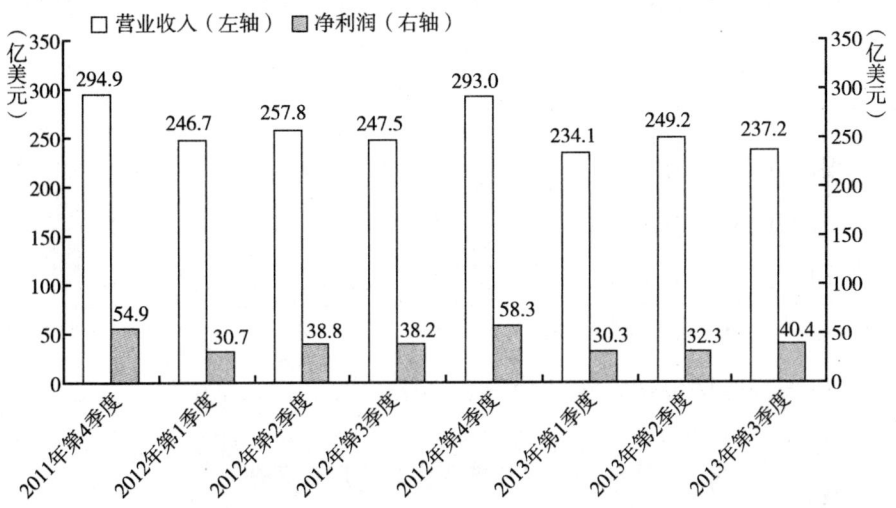

图8-3　2011年第4季度至2013年第3季度IBM营业收入和净利润

资料来源：IBM、工业和信息化部电子科学技术情报研究所。

如果IOE企业不主动变革，原有的很多业务及利润都会被压缩，进而面临很大的危机，但主动变革又要面对左右互搏的难题。以IBM为例，近年来其客户开始转向云计算和大数据公司。通用电气推行工业互联网，选择的合作伙伴是亚马逊和大数据公司Pivotal，以构建自己的大数据分析平台。尽管报价更低，但IBM在2013年丢掉了美国中央情报局（CIA）的6亿美元大单，输给了亚马逊。

以上事实无疑表明在大数据的影响下，IT产业已经出现新的变局。同时，大数据正在加速信息技术与各行业的融合，孕育形成大数据服务、互联网金融等新型业态，进一步拓展IT产业发展空间。根据IT168的调查，国内企业部署大数据解决方案时，优先选择的前六位厂商分别是 IBM（18.7%）、甲骨文（18.3%）、SAP（11.4%）、微软（9.7%）、SAS（7.5%）和 NetApp（7.5%）。与 2012 年的调查数据相比，甲骨文从 27.9% 下降到 18.3%，一家独大的状况终止，取而代之的是遍地开花，各个厂商所占份额相对平均（见图 8-4）。

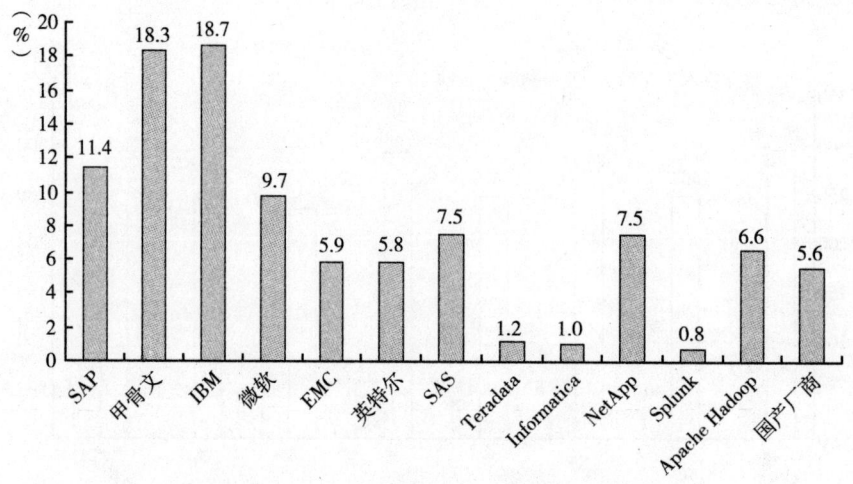

图 8-4 企业选用大数据厂商调查

资料来源：IT168。

虽然相比国外的 IT 巨头，国产 IT 厂商在数据市场的占有率还比较低，但随着"棱镜门"事件的持续影响，以及大数据发展引起的"去 IOE"趋势愈加深入，国内 IT 企业迎来机遇窗口期。国内 IT 企业如果能在 IOE 企业转型成功之前，迅速找准定位，占领国内市场，将收获大数据时代潜藏的巨大商业价值。根据 IDC 的数据，2012 年中国的数据量为 364EB，占全球的 13%。未来随着工业化、信息化、城镇化、农业现代化不断发展，金融、交通、电信等重点行业和医保、社保、海关等重要领域的业务数据不断集中，我国数据存量将持续快速增长。预计到 2020 年我国将产生全球 21% 的数据，数据量超过 8ZB，年均增长接近 50%。计世资讯数据显示，2012 年中国大数据市场规模为 4.7 亿元，2013 年增长到

11.2亿元，此后将保持每年超过100%的增长率，到2016年将达到93.9亿元（见图8-5）。

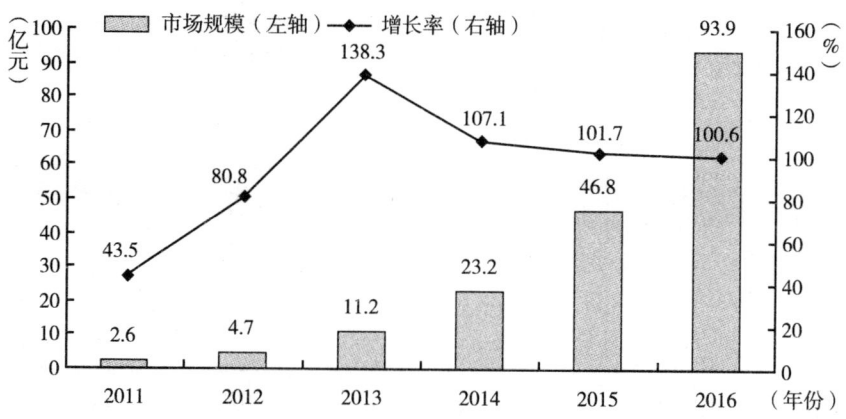

图8-5　2011~2016年中国大数据市场规模

资料来源：计世资讯。

六　大数据仍处于早期发展阶段，数据的开放和利用是重点

大数据发展是全社会、多层面、长期性、渐进性的演进过程，从大数据概念认识到产生价值，再到利用大数据的价值是一个不断发展的过程。总体来看，全球大数据发展正处于起步阶段，尽管大数据技术演进有诸多进展，新兴企业不断涌现，但是在实际应用层面，大数据仍然处在早期实践阶段。Gartner的技术成熟度曲线显示，现阶段大数据正在向"期望膨胀期"顶峰攀爬，未来5~10年将到达成熟期（见图8-6）。预计2014年大数据市场将更加火热，其后将可能走入低谷。随着数据容量、数据复杂性以及数据应用需求的急剧增加，大数据技术与能力的发展水平越来越无法满足实际需求。

无论是从量还是质的角度看，当前人们对信息资源的开发利用都只是

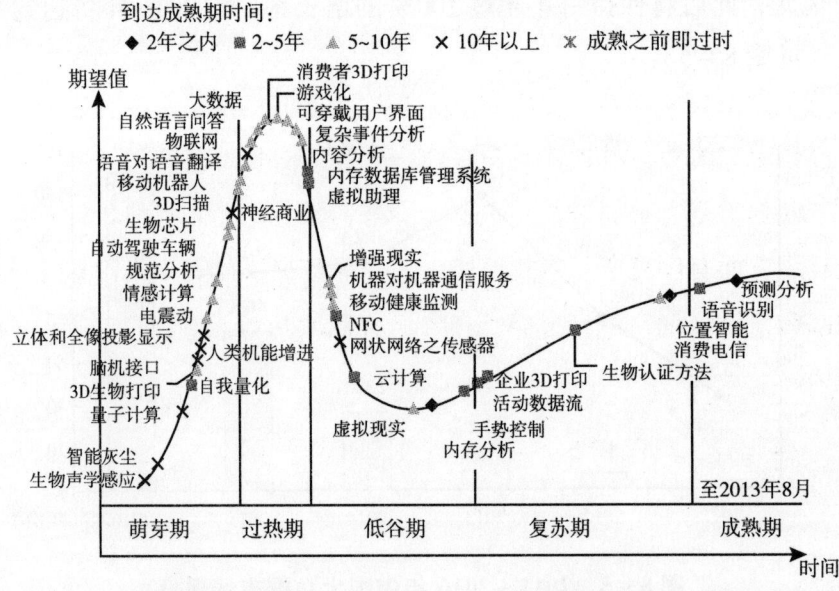

图8-6 2013年版Garnter新技术成熟度周期曲线

资料来源：Gartner。

刚刚开始，即使ZB级别的数据也不过相当于在信息资源的大山上挖到零星沙粒。目前，我们记录下的数据，具备信息处理能力的不到1%，这一方面说明大数据的潜力不可限量，另一方面也意味着大数据的真正落地还有很长的路要走，还有很多问题有待解决。我国部分地方政府和传统企业等对大数据的资源基础、关键能力、核心价值认识不足，发展着眼点仍在数据中心等基础设施建设和传统业务的包装粉饰上，不仅没能推动大数据发展，甚至阻碍了大数据的健康发展。此外，我国政府、行业的数据流通渠道狭窄，应用广度、深度远远不够。大数据的价值在于寻找到数据与数据之间的关联，这就必然要在不同领域、不同集合、不同组织机构间流通，而数据的资源属性又决定了很多有价值的数据是无法被免费共享的。因此，如何在保障信息安全、个人隐私、组织权益和实现数据价值的前提下促进数据流通是迫切要解决的问题。首先，政府需要对数据保持更开放的态度，大力推动公共数据开放共享。随着大数据在行业的逐渐应用，企业对政府所掌握的原始数据的渴求会越来越大，希望平等地分享数据权，打破数据垄断，降低数据收集和使用成本。美、英等国在数据开放方面已经出台了多个政策法规，先后建立了开放数据门户网站，并在应用方面取得了许多实际效果。其次，政府需要出台有针对性的法律法规，界定数据权益、数据类型、数据等级、数据边界等，引导企业、科研机构等在数据开发利用方面有序竞争、有效合作，在保障数据安全、个人隐私、机构权益的同时，通过建立数据交易平台等推动数据流通。

第九章　社交网络借助支付加速变现

2013年，社交网络发展进一步深化，用户规模、社交应用、商业化和融合跨界能力不断提升，加速向移动化、平台化方向发展。互联网巨头加快发展社交网络与电子商务、金融等领域的融合业务，社交网络对相关产业的支撑带动作用也进一步凸显。在社交网络市场格局中，平台企业、垂直应用企业居于重要位置。社交网络与中国本土的民族和文化特色结合更加紧密，简单地模仿、跟随国外社交网络的发展模式已无法延续。

一　社交网络用户规模整体增速放缓，用户活跃度攀升

社交网络成为一种生活方式和商业手段，成为笼络用户、增加流量的重要手段。社交网络用户可分享图片、视频、兴趣爱好、商品、商家、机构等方面的信息，也可开展网上支付、购物、话费充值、投融资等商业活动。据此，社交网络主要包括：即时通信类工具（如腾讯的微信、阿里巴巴的来往）；微博（如新浪微博、腾讯微博、网易微博）；社交网站，视频类社交网站（如针对校园推出的酷C网、娱乐主导的乐道网），O2O平台（如大众点评），导购类社交网站（如蘑菇街、美丽说）等。

社交网络用户规模保持持续增长，但增速有所放缓，用户活跃度攀升。据eMarketer的数据，2013年，全球社交网络用户规模达17.3亿，占全球网民规模的比重超过60%。其中，亚太地区的社交网络用户数最多，超过7.8亿，占比达45.1%。据Business Insider的数据，全球社交网络活跃度Top 16中，中国社交网络占7个，约接近一半。据中国互联网络信息中心（CNNIC）的数据，2013年，中国社交网络用户规模达10.9亿，同比增长

3.7%，远低于2012年的增速（见图9-2）。据腾讯2013年第三季度财报，QQ空间月活跃用户数为6.2亿，同比增长5.1%；"微信和WeChat"的月活跃用户数为2.7亿，同比增长124.3%。这归因于基于社交的综合平台服务和功能多样化，社交网络加速通信、社交应用、支付和互联网金融等服务融合，用户体验和用户黏性显著提升。

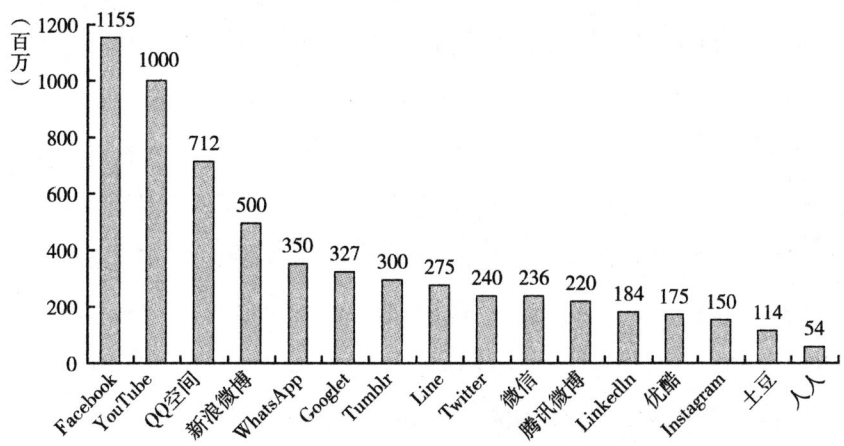

图9-1　全球社交网络用户活跃度排名

注：用户活跃度时间截至2013年10月30日。
资料来源：Business Insider。

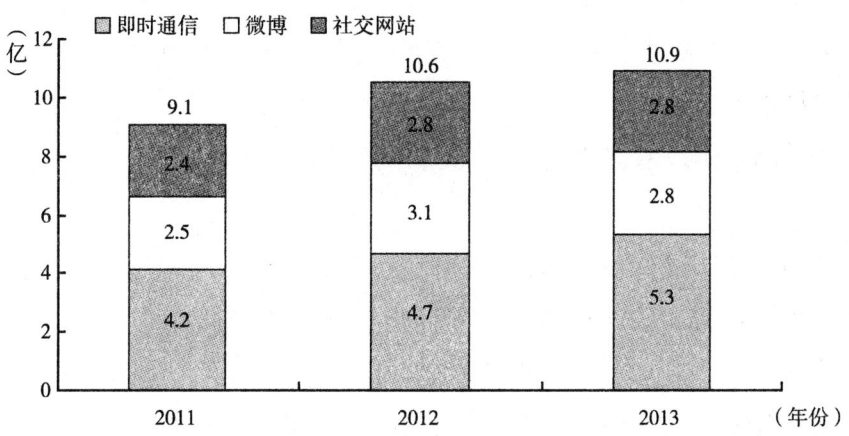

图9-2　2011~2013年中国社交网络用户规模及其结构变化情况

资料来源：中国互联网络信息中心（CNNIC）。

二 即时通信类工具引领社交网络发展，移动社交成争抢焦点

移动即时通信类工具成为社交网络发展的新向标，移动社交领域的竞争加剧。Facebook 于 2014 年 2 月以 190 亿美元收购 Whatsapp、微信成为社交领域难以撼动的一极等有力印证了这种发展势头。从用户规模来看，即时通信类工具用户覆盖率最高，社交网站次之，微博覆盖率有所下降，用户在各社交网络中的分布结构不断地发生变化。据 CNNIC 的数据，2013 年，网民在即时通信中的覆盖率达 86.9%，其中，微信的网民覆盖率达 61.9；社交网站的覆盖率达 60.7%；微博的覆盖率达 55.4%。中国微博用户规模达 2.8 亿，同比下降 9%，主要归因于社交网络与智能手机应用竞争加剧。中国社交类应用使用率有所下降，社交用户内部发生流转。据中国互联网中心（CNNIC）的数据，减少使用社交网络的用户中，转向微信的比例达 32.6%，高于转向微博的比例（20.3%），而减少使用微博的用户中，转向微信的比例达 37.4%。即时通信类工具之所以能够引领社交网络发展归因于：相比社交网站和微博，社交网络用户倾向于强关系社交，用户分享信息的质量、可信度、关系紧密度都很高。这些优势在社会化营销中的价值越来越大，有助于形成口碑和提升品牌效应，提高营销的精准性。从中国社交网络结构看，即时通信类工具用户覆盖率最高，社交网站用户覆盖率次之，微博用户覆盖率最低，且有所下降（见图 9-3）。

移动互联网的普及化和无缝化以及移动智能终端的广泛渗透成为加速社交移动化发展的催化剂。移动社交契合用户便捷化、个性化和即时性的社交需求，成为用户追捧的社交方式。PC 端和移动端社交网络服务流量渐行渐近。从全球来看，移动社交加速增长。据移动数据分析 Flurry 的数据，2013 年，移动应用中，社交和照片分享应用增长率高达 203%，远超过其他移动应用增长率，居第一位，成为主导移动应用增长

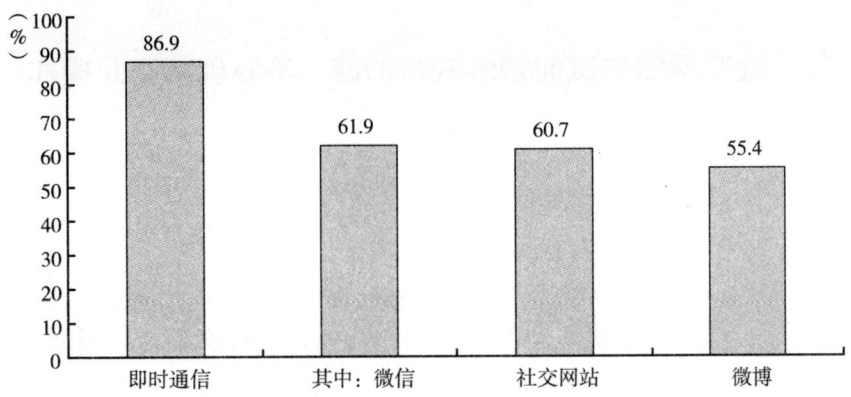

图 9-3　中国社交类应用网民覆盖率

资料来源：中国互联网络信息中心（CNNIC）。

的核心要素。4G牌照的发放为中国移动社交的发展提供了更好的网络条件，加速移动社交的发展。紧跟微信的发布，中国互联网巨头已经开始转向移动领域，不断调整发展战略，以快速推出应用抢占移动互联网发展先机。比如，腾讯推出微信、手机QQ、广点通等，布局微信休闲游戏、移动支付等应用，发展互联网金融、电子商务等服务；新浪推出新浪微博客户端、微米等移动社交产品；豆瓣加快移动应用布局，推出豆瓣说、豆瓣电影、豆瓣FM、豆瓣阅读、豆瓣音乐人、豆瓣购书单、豆瓣笔记、豆瓣小组等多款移动应用；开心网推出移动应用"开心宝宝"iPhone客户端。

　　从用户使用率来看，传统社交网站及博客、微博等应用使用率有所下降，而移动社交应用快速发展。从竞争焦点来看，移动入口成为竞争的焦点。腾讯推微信、手机QQ，阿里巴巴推来往，新浪推微友、微米、秒拍、新浪视野等社交产品，小米推米聊等都是为了抢占移动用户。除推出社交产品外，加剧争夺平台资源。微信依托支付，大力布局本地生活服务，战略投资大众点评，多轮投资嘀嘀打车，同时还推理财通，扩展金融服务领域。阿里巴巴推支付宝钱包，着力打造余额宝，收购高德，投资快的打车。

三 社交网络与其他领域融合加速，不断创新商业模式

社交网络已不再仅限于社交功能，而是不断与视频、语音、电信服务、电视、音乐、位置服务、电子商务、游戏、广告等领域融合，创新商业模式，带动产业发展。触及社交领域的巨头企业，一方面，大力发展短板业务领域，强化自身优势；另一方面，加速推进社交平台化发展，加剧社交网络向相关产业跨界融合。阿里巴巴入股高德地图、本地服务电商，布局金融服务领域，力求涉足互联网生态中的核心领域、制高点，赢取塑造新生态的权利。同时，凭借电子商务平台优势和强大的开拓能力，通过完善支付、金融服务能力以及整合构成交易闭环的各种资源。腾讯基于支付工具财付通，推进微信与支付融合，加速布局各种商业化服务。跨界融合一方面颠覆了传统的行业分类，另一方面辟新商业模式，致使企业角色多重化。

垂直领域与社交网络的融合是社交网络跨界融合发展的重要方向之一。为满足用户个性化、多样化和专业化的需求，基于社交网络之上的垂直领域应用成争抢焦点，商业形态百花齐放、竞相争荣。投资、购物、旅游等行业领域的垂直领域应用和垂直社区成为社交网络吸引用户的重要砝码。新浪针对社交电视推出新社交产品——"看点"。该社交产品与新浪微博相连通，可上传视频、整合编辑节目视频，可实现发布、分享、评论同步。电视发展成社交窗口，真正的流量入口不在电视本身，而是社交相关软件，其重点是基于社交电视，形成流量，获取用户行为，提供增值服务。这就会导致社交电视本身的盈利模式发生改变，电视本身以成本价或更低价出售，只要争取到用户，后续市场空间将令人无限遐想。多米和酷狗将音乐与社交功能融合升级版本。多米根据音乐内容和用户个性需求推出音乐圈功能，以增强用户间的互动、培育黏性用户。酷狗 Android 6.0 版本进行功能整合和框架重建，还增加了"附近"功能，以便附近用户进行交流、分享。音乐社交化一方面改善和拓宽了音乐的营销渠道，延伸

出更多的盈利模式，另一方面使消费者音乐需求更精准化和服务更个性化。在跨界融合之下，垂直领域商业化被加速，交易场景更丰富。

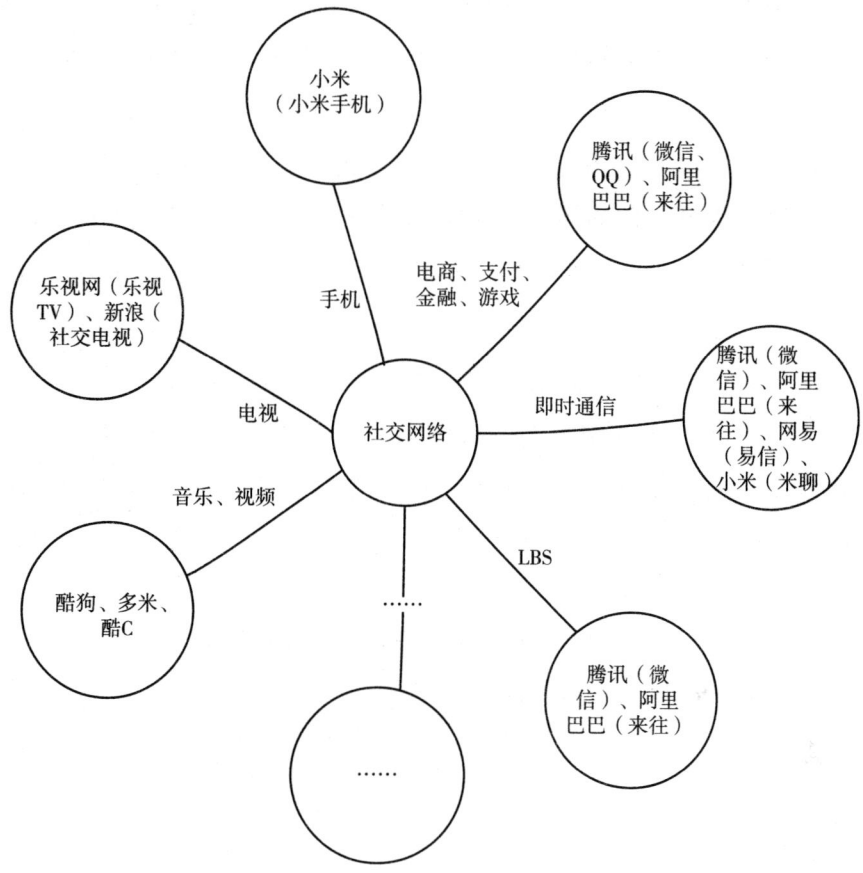

图9-4　垂直领域与社交融合典型企业和产品

资料来源：工业和信息化部电子科学技术情报研究所。

垂直社区以提供专业的共享交流平台、提升专业能力和服务水平、增强社区用户互动和黏性为核心，不断优化社交平台环境和改善社交应用。垂直社区发展充分利用微博等社交平台，扩容用户，用户之间既可以开放形式问答，也可以跟相关专家、好友发私信，以满足个性化的需求。随着互联网和终端产品创新发展，垂直社区不断推出可在多终端运行的移动社交App端，以适应应用运行环境的变化。垂直社区能够满足专业化需求，有助于为特定行业发展提供支撑和扩展用户学习与解决问题的方法。反过来，社区用户也会对其产生依赖性，拓宽关注领域和专业知识水平。比如，百度知乎作为一个真实地向全社会开放的问答社区，聚集了各行业精英，提供一个专业化知识、经验、判断、认知的共享交流平台，以更好地解决用户遇到的问题。社区用户既能够提出疑难问题，也可以关注热门话题和专家，还可以对感兴趣的问题展开讨论、收藏一些经典问题和讨论等。社区用户就感兴趣的问题组成一个讨论组，开展网络上虚拟的圆桌讨论。豆瓣网基于基本的社交功能，不断拓展社交领域，创新社交模式。豆瓣提供读书、电影、音乐等社区交流主题，深化交流内容，开辟新的交流领域。用户可在豆瓣网上充值，购买图书，也可根据购书单，到京东、亚马逊、当当等电子商务网站上购买图书。豆瓣不再仅限于兴趣、爱好分享，而是不断创新商业模式，充当购物导购、电商、社区平台等多重角色（见表9-1）。

表9-1 社交网络与垂直领域融合情况

融合领域	典型企业	重要事件
电子商务	腾讯	2014年2月，腾讯战略投资大众点评，持股20% 微信打通易迅网，在"我的银行卡"中设"精选商品"
支付	腾讯、阿里巴巴	微信5.0推微信支付 支付宝钱包可添加"来往"
金融	腾讯、阿里巴巴	微信推出"理财通" 支付宝钱包设置"余额宝"
游戏	腾讯	微信设置"游戏"，推多款交互游戏
即时通信	腾讯、阿里巴巴、新浪	腾讯于2011年推微信 阿里巴巴于2013年推来往 新浪于2013年推微米
LBS	阿里巴巴	2014年2月，阿里巴巴全资收购高德地图
音乐	酷狗	—
视频	多米、酷C	—
电视	小米、乐视	—
手机	小米	小米将米聊等社交应用集成

资料来源：工业和信息化部电子科学技术情报研究所。

四 支付功能扩展和盘活社交网络
   应用，加速流量变现

社交网络正处于加速人与物关联的阶段，基于社交的交易应用场景不断丰富。社交网络一旦植入支付功能，便能形成"社交—购物—支付"闭环，流量变现能力将会不断提升。比如，微信增加支付功能以后，根据用户具有个性化、本土化的需求，提供VIP会员、头像、虚拟货币、个人空间和社区、在线音乐等增值服务。此外，加强与电商合作，扩展电子商务功能，发展本地生活服务，加速布局O2O。阿里巴巴利用互补优势，加强与新浪合作，推出微博支付平台，以实现新浪微博的"社交—购物—支付"闭环。

如果无法形成交易闭环，商业模式和变现能力均会受到制约。比如，丁丁网在没有支付工具之前，购买电子优惠券服务不能在线上形成交易闭环，"消费者下载优惠券—消费者展示优惠券二维码享受折扣"，然后商户再进行验证，这才形成交易闭环。丁丁网有了支付宝这一支付接口之后，这种问题得到解决，同时，转型经营模式，搭建商户自主发布优惠券的开放平台。由此可见，如果社交网络上的O2O应用或电商功能不能形成线上交易闭环，将会限制其发展。社交网络上的支付功能，一方面引导社交用户使用支付，形成移动支付的习惯；另一方面不断培育和壮大社交网络之外的用户，增加社交网络平台上的用户量。支付功能成为培育和扩展社交平台应用的核心环节。利用支付，深化布局人与物连接的各种服务。同时，随着物联网的快速发展，物与物之间的连接也可以通过社交网络，并实现各种交易，如智能楼宇通过数据处理和分析，在社交网络上发布一些信息。

五 微信成为新一代社交网络的代表，加速
   模式创新以构建商业化的生态体系

美国KPCB风险投资公司合伙人约翰·杜尔于2011年2月提出的

SoLoMo 概念被业界认为是未来互联网的一个发展趋势。腾讯早于该概念推出即时通信工具——微信。从微信的第一个版本功能可知，微信作为一个与运营商竞争流量的产品出现，是一个免费的通信软件。而从微信版本升级逻辑与思维来看，微信以通信功能抢占移动互联网入口，快速笼络用户。最终的目的是打破电子商务、支付、金融服务等领域原有生态，基于社交平台构建一个富有跨界性、融合性、颠覆性的新生态。

微信的用户规模及其增长速度、国际地位和商业化能力在中国社交网络领域占有绝对优势。2013 年，中国移动互联网网民规模达 6.52 亿，微信注册用户数突破 6 亿，在移动领域的渗透率近 80%。微信用户从 0 到 1 亿用了 14 个月的时间，从 1 亿到 2 亿用了 6 个月的时间，从 2 亿到 3 亿用了 4 个月的时间，在 5～8 月微信注册用户数实现翻倍，现以每 5 个月增长 1 亿的速度稳定增长。据 Global Web Index 的数据，2013 年第一季度至第三季度，全球（中国除外）WeChat（微信海外品牌）在移动社交平台上青少年活跃用户增长最快，达 1021%，远远高于 Facebook（69%）和 Twitter（69%）。微信对青少年用户具有极强的吸引力，有助于其长期谋划布局，从这些客户身上挖掘潜在的商业价值。2013 年第三季度末，微信及 WeChat 的合并月活跃用户数达 2.7 亿，同比增长 124.3%。从 2013 年 1～9 月月度活跃用户数变化情况来看，活跃用户数仍处于高速增长阶段。据易观智库的数据，按用户活跃度排名，腾讯 QQ、微信和 QQ 空间三个社交产品在移动端 App 中稳居前三位，其中，微信稳居第二位，且其月度活跃用户数呈上升趋势。从表 9－2 可以看出，一方面社交 App 在整个移动 App 领域占有举足轻重的地位，另一方面移动安全问题受到高度关注。微信海外注册用户超过 1 亿，增长速度也很惊人。在国际上，微信已成为能与美国的 WhatsApp、日本的 Line 和韩国的 Kakao Talk 同台竞舞的社交工具。微信不断升级社交功能，扩展应用场景，以确保用户活跃度和提升用户体验，加快向商业化领域延伸。微信的成功主要归结于两点：一是准确判断移动互联网将成为互联网发展的主旋律；二是开创

"去中心化"的信息获取平台,满足精准化的信息需求,提升了用户的话语自主权。

从微信发展逻辑来看,微信以通信功能抢占移动互联网入口,快速笼络用户,然后不断丰富功能,创新模式,并加速向电商、本地生活服务、金融、网游等领域扩展,以基于社交平台构建一个富有跨界性、融合性、颠覆性的新生态。微信推出支付功能,向百货商店、电影票、打车等生活服务领域布局,实现"社交—购买—支付"交易闭环。在支付领域,支付由财付通提供。通过表情商店等功能实现增值服务,微信给开通微信支付的用户提供获取2个100人群聊的机会,飞机大战中的复活机会须通过微信进行支付,增设"抢红包"、腾讯公益等功能,这些举措均是为支付创造应用场景。此外,微信向百货商店、电影票、餐饮预订、打车等领域布局,扩展微信支付场景。未来,微信支付合作伙伴和服务领域都将是其拓展支付能力的重要选择。微信对支付的定位将会对其移动战略价值的实现产生重要影响。电子商务领域,微信充分利用与易迅网打通,同时开设"精选商品"功能,通过"朋友圈"提供微商平台,迅速在微信平台上集成电商功能。通过"扫一扫"功能连接线上线下、投资"嘀嘀打车"等,加速布局O2O模式。微信支付作为实现O2O模式从线上信息供给转向线下商品或服务进行线上交易的核心环节,为O2O模式的推广应用提供了催化剂。在互联网金融领域,微信平台提供理财等金融服务功能。依托腾讯理财平台——腾讯基金超市,微信推理财通,快速吸纳闲散资金,互联网金融功能快速提升。游戏领域,腾讯游戏开放平台为微信发展游戏提供天然优势,同时,微信成为拓宽游戏应用、开发的新平台(见表9-2)。微信的商业化尝试是从游戏平台开始的,如天天连萌游戏中购买游戏代币"钻石"且仅在该游戏中使用,表情商店也要收费。移动游戏收费模式不断成熟、基于游戏的客户关系更加密切将有助于微信的商业化进程。

表9-2 微信生态系统

已布局领域	大事件
社交	不断升级版本至5.2,提升用户的社交体验
支付	微信5.0版本,推出支付
游戏	基于微信平台,推交互游戏,如天天连萌、天天爱消除等
金融服务	微信5.0版本,增加"理财通",提供现金投资服务
电子商务	与易迅网打通,微信增加"精选商品"
本地生活服务	2014年1月,微信接入由"嘀嘀打车"提供的打车功能;2014年2月,战略投资大众点评,在"我的银行卡"中增设"今日美食"
LBS	"摇一摇"、实时位置分享

资料来源:工业和信息化部电子科学技术情报研究所整理。

微信生态环境粗具雏形,平台承载能力日益凸显。微信在包含移动电子商务在内的移动互联网生态加速布局,生态粗具雏形。微信将成为一个超级APP,掌握大量用户数据、场景数据和交易数据,以积蓄精准营销的能力,掌控未来的价值变现渠道。从平台化和生态布局可以看出,微信已初步彰显了承载电子商务、支付、游戏、社交、营销、购物等领域产品、应用和服务提供商的开放平台的能力。微信提供互联网应用和服务运营相关基础设施,第三方创新具体应用、产品和服务。微信的社交特征将被弱化,平台化和产业化特征凸显。如果微信能够成功朝着移动互联网生态方向转型和发展,其对相关产业的吸纳和承载能力将不可估量。

第十章 3D打印推动我国智能制造升级

3D打印技术源于美国，以3D Systems和DTM公司为代表的一批中小科技公司在20世纪80年代末至90年代初相继研发出立体光固成型（SLA）、选择性激光烧结（SLS）和熔丝沉积造型（FDM）等主流技术路线，经过20多年的不断完善，这些技术已经日臻成熟。根据咨询公司Wohlers Associates的统计，2013年全球3D打印产品（设备+服务）的销售总额达27.1亿美元，近十年时间里以年均27%的速度高速增长。有机构预测，到2025年，3D打印技术潜在的经济影响将达到2300亿~2500亿美元。

3D打印在中国还处于初级阶段，从整个产业角度来看，由于缺少龙头企业的带动作用，政府暂时缺少有针对性的扶植措施，整体产业体量还较小；另一方面中国制造业还处于粗放形式，各个环节对3D打印技术带来的冲击认识还不足，接受度较低。从发展情况来看，截至2013年3D打印仍停留在"高级玩具"阶段，并没有实现成熟的产业化。但是，各个区域都非常认可3D打印技术可能带来的改变，这些改变将如何影响现有生产、经济、社会模式是值得关注的问题。有机构认为，2016年，中国3D打印的产值将达100亿元，成为全球最大的3D打印市场。全球生产和销售用于工业制造3D打印设备的专业公司中，欧洲有16家，中国有7家，美国仅5家。然而，中国3D打印设备在物品的打印精度、设备的可靠性方面与国际水平相比仍然有相当差距，制约发展的是3D打印设备的核心零部件仍需依赖进口。

一 智能化成为全球制造业发展的必然趋势

当前，智能化、绿色化已成为制造业的必然发展趋势，智能制造装备的发展已成为世界各国竞争的焦点。智能制造装备是具有感知、分析、推理、控制功能的制造装备，是先进制造技术、智能技术的集成和深度融合。智能制造装备具有生产效率高、产品质量好等优点。传统机械通常采用恒定控制系统，主要由人力开关控制机械运行。智能制造装备的机械结构与传统机械有很多相似之处，而差别在于智能制造装备配备了智能控制系统。控制系统与传统机械结构结合后，机械设备可以脱离人力实时监控，真正实现自动化。此外，由于控制系统具有高速、高精度等特征，使机器在效能方面大幅提高。

智能制造技术的产业化及广泛应用正催生智能制造业。概括起来，当今世界制造业智能化发展呈现以下两大趋势。

第一，世界主要发达国家都在智能制造领域提早布局，并将其作为重振制造业的重要抓手。日本于1989年提出智能制造系统，且于1994年启动了先进制造国际合作研究项目，提出通过加快发展协同式机器人、无人化工厂来提升其制造业的国际竞争力。美国于1992年执行新技术政策，大力支持包括信息技术和新的制造工艺、智能制造技术在内的关键重大技术。2011年6月，美国正式启动包括工业机器人在内的"先进制造伙伴计划"，2012年2月又出台"先进制造业国家战略计划"，提出通过加强研究和试验税收减免、扩大和优化政府投资、建设"智能"制造技术平台，以加快智能制造的技术创新。欧盟于1994年启动新的研发项目，突出了智能制造技术的地位。德国通过政府、弗劳恩霍夫研究所和各州政府合作投资于数控机床、制造和工程自动化行业的应用制造研究。

第二，智能制造技术创新及应用贯穿于制造业全过程，主要体现在以下四个方面：一是建模与仿真使产品设计日趋智能化。建模与仿真通过减少测试和建模支出降低风险，通过简化设计部门和制造部门之间的切换压缩新产品进入市场的时间。二是以工业机器人为代表的智能制造装备在生产过程中应用日趋广泛。汽车、电子电器、工程机械等行业已大量使用工业机器人自动化生产线。三是全球供应链管理创新加速。信息技术的应用缩短了满足客户订单的时间，提升了生产效率，使得全球范围的供应链管理更具效率。四是智能服务业模式加速形成。企业通过嵌入式软件、无线连接和在线服务的启用整合成新的"智能"服务业模式，制造业与服务业之间的界限日益模糊，融合越来越深入。例如，在德国，"工业4.0"项目由德国联邦教研部与联邦经济技术部联手资助，联盟政府投入达2亿欧元。未来该项目主要分为两大主题：一是"智能工厂"，重点研究智能化生产系统及过程，以及网络化分布式生产设施的实现；二是"智能生产"，主要涉及整个企业的生产物流管理、人机互动及3D技术在工业生产过程中的应用等。

与这一趋势相呼应，在现代制造和信息技术领域，语言识别与理解、图像识别与处理、计算机视觉、机器人规划、多信息传感与控制、知识表达获取与处理、推理与决策、专家系统、智能优化控制等智能技术的应用越来越广泛。比如，依靠传感器数据与专家模型的融合，全面了解环境和发动机的状态，实现自适应、自我诊断和自我预测，对发动机的性能和状态进行主动的自我管理决策，并采取物理动作执行的智能发动机。又如，最近热门的3D打印制造技术，可以基于离散材料逐层堆积成形的原理，依据产品三维CAD模型，快速"打印"出产品原型或零部件。

二 发展智能制造是我国制造业升级的必由之路

自2010年《国务院关于加快培育和发展战略性新兴产业的决定》中首次明确提出"智能制造装备"这一概念，近两年其在制造业内外都得到了广泛的关注，尤其是以3D打印技术为代表的新领域涌现，使智能制造装备跃升为媒体热炒的未来产业之星。目前，国内的智能制造装备主要分布在工业基础发达的东北和长三角地区。以数控机床为核心的智能制造装备产业的研发和生产企业主要分布在北京、辽宁、江苏、山东、浙江、上海、云南和陕西等地区。近年来，辽宁与陕西的发展令人瞩目。同时，工业机器人将是未来智能制造装备发展的一个新热点，北京、上海、广东、江苏将是国内工业机器人应用的主要市场。此外，关键基础零部件及通用部件、智能专用装备产业在河南、湖北、广东等地区也都呈现较快的发展态势。2012年我国智能制造装备发展态势主要表现在以下几个方面。

第一，2012年全国装备制造业进入转型调整的攻坚时期，面临着从市场结构变化到新一轮技术革命冲击等众多挑战。根据国家统计局的数据分析，受国内经济减速和下游需求大幅放缓的影响，2012年1~11月，我国装备制造业增加值同比增长8.2%，明显低于全部规模以上工业，增速较上年同期大幅回落7.2个百分点。从机械联合会重点联系企业订单情况看，2011年装备制造业累计新签订订单同比增长6%，而2012年累计已呈现负增长局面，其中工程机械、船舶、机床、载重汽车、发电设备的订单下滑最为明显。

第二，智能制造装备产业增速仍然保持在装备全行业的前列，需求量总体保持稳步上升态势。作为我国高端装备制造领域重点发展的五大行业之一，智能制造装备产业是目前唯一未被国内资本市场所充分挖掘的"金矿"，其前景被一致看好。"十二五"期间，我国智能装备年均增长率有望超过25%，未来5~10年是智能装备行业的高速发展时期，到2015年智能装备市场规模将超过1万亿元，占高端装备制造业的比重将达到20%。

尽管受到国内下游制造业新增固定资产投资、技术改造投资增速同比放缓的影响，全国智能制造装备行业半数以上重点企业的收入增速较2011年同期有所下降，但是在国内工业深化转型升级，尤其是中西部地区加快高端装备制造业发展的带动下，全行业仍将能实现20%以上的增长，产值规模由2011年的4233亿元增长到2012年的5000亿元以上，代表性领域态势总体良好。3D打印成为智能制造装备领域的新亮点，工业机器人、智能仪器仪表等领域发展态势总体良好。

——机床行业形势严峻，结构调整尚需时日。统计数据显示，全国机床工具行业仍保持平稳增长，工业总产值和销售产值均同比增长12%以上，但不少产品的产量和出口交货值均出现了近年来少有的同比下降情况。例如，数控金属切削机床、机床数控装置等产量出现了较大幅度的下滑，其他金属加工机械、木材加工机械等产品的出口降幅超过了20个百分点。中高端数控加工设备和数控系统的进口需求仍保持较高水平，这也反映出目前全国机床工具行业低端同质产品的竞争日趋白热化的同时，中高端智能产品依赖进口的局面仍在持续，结构调整之路漫漫。

——工业机器人保持较快发展，呈现出口与内销两旺的局面。2012年国内工业机器人产量在26000台左右，较上年增长约30%，保有量已接近10万台。进出口增速同比有所放缓，1~11月多功能工业机器人进口数量同比上升8.1%，进口额抵消汇率影响后增速持平；出口量同比增长66.1%，出口额同比增速也达到18.1%。行业龙头沈阳新松机器人全年营收和利润增速分别达到38.2%和27.2%。

——仪器仪表行业发展势头良好，民生领域成为热点。1~11月，全国仪器仪表行业完成工业总产值6190.2亿元，同比增长17.7%，其中，地质勘探和地震专用仪器制造、农林牧渔专用仪器仪表制造产销增速超过30%；出口累计同比增长13.1%，其中，导航、气象及海洋专用仪器同比增速最高，达到29.0%。从统计数据可以看出，往年增长较快的自动化仪表行业由于与钢、电、煤、化、油等"三高"上游产业关联度大，同比增速由30%以上下降到10%左右，气象、海洋、地质勘探、农林牧渔、文教、医疗等民生领域专用仪器则增长较快，这与我国近两年来基础建设投资的放缓导致的工业领域需求不足、城镇化和信息化拓展深化带来较大民生需求有较大关系。

第三，国家大力推动智能制造装备发展，政策支持力度在逐步加码。2012年1月，工信部公布智能制造装备产业"十二五"发展路线图；3月，科技部发布《智能制造科技发展"十二五"专项规划》；4月，国家发改委、财政部、工信部三部委下发《关于组织实施2012年智能制造装备发展专项的通知》；5月，工信部组织制定并实施的《智能制造装备产业"十二五"发展规划》发布。

国家明确智能制造装备将为高端装备制造业的发展重点领域，路线图明确了"以实现制造过程智能化为目标，以突破九大关键智能基础共性技术为支撑，以推进八项智能测控装置与部件的研发和产业化为核心，以提升八类重大智能制造装备集成创新能力为重点，促进在国民经济六大重点领域的示范应用推广"的思路，对各地方推进智能制造系统集成及示范应用、核心智能测控装置的研发与创新，培育发展智能制造装备产业集群和专业园区，提供了较强的支持。

三 3D打印成为促进全球制造业智能化发展的重要因子

3D打印已成为现代模型、模具和零件制造的有效手段。它简化产品的制造程序，缩短产品的研制周期，提高效率并降低成本，其发展将会深刻的影响先进制造业、工业设计业、生产性服务业、文化创意业、电子商务业及制造业信息化工程。英国《经济学人》杂志在《第三次工业革命》一文中，将3D打印技术作为第三次工业革命的重要标志之一。此外，连续两年美国总统奥巴马在国情咨文中都提及3D打印技术，并在2013年强调了3D打印技术在增加就业、提振经济方面的重要性，高度赞誉这种新技术"革新了关于制造业的一切"。

作为一项在制造业领域迅速发展的一项新兴技术，3D打印又被称为"具有工业革命意义的制造技术"。与传统技术相比，3D打印技术最突出的优点是无须机械加工或任何模具，就能直接从计算机图形数据中生成任何形状的零件，从而极大地缩短产品的研制周期，提高生产率和降低生产成本。同时，该技术的使用可以通过摒弃生产线而降低成本；可以突破原材料的限制，以最优化的方式来实现功能，与机器制造出的零件相比，打印出来的产品的重量要轻60%，大幅减少了材料浪费；可以制造出传统生产技术无法制造出的外形，让人们可以更有效地设计出飞机机翼或热交换器。另外，在具有良好设计概念和设计过程的情况下，3D打印还可以简化生产制造过程，快速、有效且廉价地生产出单个物品。

3D打印在很多行业都有广泛的应用，各国政府都在大力投入。从行业分布来看，用于消费电子领域的打印技术仍然占主导地位，占20.3%的市场份额，其他主要领域依次是汽车（19.5%）、医疗（15.1%）、工业及商用机器（10.8%）；从区域分布来看，北美（40.2%）、欧洲（29.1%）、亚洲（26.3%）三大区域占主导地位，其中亚洲地区主要集中于日本（38.7%）及中国（32.9%）。

世界首款"打印汽车"于2011年正式亮相，这款被命名为"Urbee"的打印汽车是由一个特制3D打印机层叠建造的车身，使用超薄合成材料缓慢融合成为固体。

在医疗行业，3D打印技术不仅可以打印人体的骨骼或者关节，甚至可以打印细胞。2013年，英国研究人员首次用3D打印机打印出人体胚胎干细胞。这种技术或可制造人体组织以测试药物、制造器官乃至直接在人体内打印细胞。美国一患者通过扫描技术得到自己颅骨的3D数据，同时通过3D打印得到了其复制品，并接受外科手术从而替换掉了其75%的颅骨。根据最新消息称，一位左半边脸有网球大的肿瘤的患者，在切除肿瘤后脸上就留下了一个大洞。而通过3D打印技术，扫描病人的脸部并构建其脸部电子模型，外科医生可以在电脑上将其脸部缺失的部分补上，重现原来的面貌。这项技术如果成熟并普及，对人类将是一个极大的利好，如烧伤的病人、残疾的病人，都可以通过这个技术让自己的皮肤或肢体健全。

在航空航天领域，因为对产品精度的要求比较高，结构复杂，且大多是定制产品不需要大规模开发，3D打印技术的发展空间也非常广阔。2012年NASA资助了10万美元给Tethers Unlimited以研究SpiderFab太空3D概念打印机，这种设想中的太空蜘蛛可利用太空回收垃圾或者小行星材料从零开始制造轨道飞行器。此外，欧洲航天局计划使用3D打印技术建造一座月球基地。这种想法的思路是：先把3D打印机送上月球，平安着陆后，3D打印机就会自行开始工作，制造出未来人们需要的月球基地建筑。

此外，3D打印在食品、服装等领域也取得了一些进展。2013年，来自荷兰的研发团队打印出的汉堡包，可精确地控制肉的厚度和形状，唯一的缺点是：一个3D打印的汉堡会花掉30万美元。荷兰的建筑学家希望利用3D打印技术打印出6×9个由沙和无机结合料组成的房屋骨架，然后利用纤维混凝土材料填充出一所房屋，并预计在2014年完成一座拥有流线型设计的两层建筑。美国NASA已选中位于得克萨斯州的一家公司，并向其投资12.5万美元，研发能为宇航员制造"营养可口"食品的3D打印机。此外，美国的研究人员还用3D打印技术生产鲜肉。打印出的人造肉，鲜肉组织可在糖类物质构成的框架上生长，口感与真肉十分相近。

2012年，美国的Continuum Fashion使用MakerBot公司的Replicator打印机创造了第一款3D打印版比基尼和眼镜，成为时装周上的佳话。有时尚界的人士预测，在未来10年左右，人们还能够在家中"打印"出令自己百分百满意的鞋子。人们只需登录提供3D打印产品的网站，选中自己中意的样式，并将其下载下来，然后可立即"打印"出这款产品。

不过，在一些敏感领域中，3D打印技术也带来了一些争议。2013年5月，一个名为"Defense Distributed"的枪支组织的创始人、德州大学学生科迪·威尔森制造出全球首款利用3D打印技术制造的手枪，其原型产品的全部16个部件都采用ABS塑料来制造。它将可以使用标准的手枪弹匣，并支持不同口径的子弹。此枪一经问世立即引起各界有关禁枪与安全的忧虑。

全球许多企业都看到了3D打印的潜在价值，积极布局。

3D打印企业Stratasys表示，将推出价格在5000美元以下的3D打印机，以拓展普通消费者的市场。Stratasys将打造一套硬件和软件结合的系统，在网上设立在线平台，用户可以下载3D打印方案，在家里就可以打印各种有意思的东西。

达索系统是一家世界领先的3D软件设计、3D数字化实体模型和产品生命周期管理（PLM）解决方案供应商。达索系统目前是法国最大的软件公司，也是全球软件十强公司之一，自20世纪80年代创建以来，一直致力于帮助产客户优化产品设计和开发。1990年，达索系统又掀起了一场新革命，数字化样机成为其新的发展方向。最著名的案例就是它协助波音公司推出了世界上第一架无图纸（设计）飞机。波音777的零件总数达300万件以上，其中132500个专用零件是由分布在美洲、欧洲、亚洲和大洋洲的13个国家和地区的545个工厂生产的。设计高峰期，需要7000余名各类专业人员组成的238个产品综合研制小组同时工作。依靠达索系统的三维设计技术，波音777的设计错误修改量较过去同类机型减少了90%，设计更改和返工率减少50%以上，不合格品减少50%~80%。2011年达索推出了"3D Experience"的概念，"它可以让一件产品在被生产出来之前就能让人获得真实的体验"。2012年，达索系统推出了3D体验平台，通过这个平台，从设计师、工程师、市场推广人员到终端消费者都可以参与到企业的产品设计中来，打破了地域限制，使公司内外部人员能在一个平台上分享体验、实时创新、创造价值。

总部位于英国的全球第三大零售商Tesco连锁超市宣布，计划在英国门店内推出3D打印体验服务。Tesco的创新专家认为，"许多大商店都在提供打印照片和海报的服务，为什么不把我们想要的礼物和个性化的商品也打印出来呢？我们又如何让孩子们设计自己喜欢的并能够真正得到的玩具？Tesco可以为顾客提供一个数字列表，提供一系列打印的备用配件。3D打印机能够根据需求打印商品，并且能够让顾客在结束购物的时候就拿到打印好的商品。此外，顾客还可以把损坏的物品带到店里来，利用3D技术扫描并完成修复"。3D打印技术将给商店带来巨大的变革。不过，零售商店对3D打印技术的探索尚处于理论和实验的阶段，未来还需要投入大量的时间来研究如何在门店使用3D打印机。英国的阿特金斯项目（Atkins Project）就在研究使用3D打印机制造传统方式无法生产的轻型飞机航空零部件的技术。这种技术能充分利用钛等废旧原材料和一些在传统制造方法中废弃的材料。

日本松下电器正计划将3D打印应用于家用电器的制造和生产，其中名为"金属积层造型机"的3D打印机可直接融化金属粉末，然后加固成模型。该公司还计划将3D打印机应用于制作家电模具，使传统制作模具时间有望缩短一半以上。

四 3D打印成为推动我国制造业产业升级的新锐力量

有观点认为，3D打印将"引领第三次工业革命"。尽管不少科学家和经济学家对此并不完全认同，但仍对这项新技术寄予厚望，期待3D打印技术能与其他数字化生产模式一起推动制造业升级。

在3D打印技术研究层面，我国已在某些领域处于世界先进水平。其中，激光直接加工金属技术发展较快，已基本满足特种零部件的机械性能要求，率先应用于航天、航空装备制造；生物细胞3D打印技术取得显著进展，已可以制造立体的模拟生物组织，为我国生物、医学领域尖端科学研究提供关键的技术支撑。

技术应用层面，我国3D打印技术应用初见成效。目前，3D打印技术主要应用于产品设计、快速模具制造、铸造、医学等领域。在产品设计领域，3D打印技术使CAD产生的概念模型实物化；利用3D打印技术产生的实物模型做设计评价，可以将产品的设计缺陷消灭在设计阶段，最终提高产品的整体设计质量；此外，还可以利用3D打印模型做性能和功能测试，如机构运动分析、流动分析、应力分析、流体和空气动力学分析等。3D打印技术在快速模具制造领域的应用，可以分为直接和间接两大类：直接制造模具的快速成型工艺主要有SLS、LOM、FDM等；间接制造模具的方法主要是用快速成型模型作为母模，翻制快速经济模具，如硅橡胶模具、聚氨酯模具、金属喷涂模具、环氧树脂模具等。在铸造领域，3D打印技术的应用主要包括直接浇注铸件、用原型翻制母模后再浇注铸件、选用适当的树脂制造原型等。在医学领域，3D打印技术设计制造具有相当准确度和适配度的可植入的假体,能够提高美观度、缩短手术时间、减少术后并发症等。

以航天、航空装备制造为例,在我国3D打印技术已经用于新机研制。作为我国自行设计研制的首款舰载多用途战斗机歼-15项目率先采用了数字化协同设计理念:三维数字化设计改变了设计流程,提高了试制效率;五级成熟度管理模式,冲破设计和制造的组织壁垒,而这与3D打印技术关系紧密。钛合金和M100钢的3D打印技术已应用于新机试制过程,主要是主承力部分。在传统的战斗机制造流程中,飞机的3D模型设计好后,需要进行长期的投入来制造水压成型设备,而使用3D打印这种增材制造技术后,零件的成型速度、应用速度得以大幅度提高。如果不是采用3D打印的增材制造技术,歼-15战斗机至今能否首飞尚难预料。

五 3D打印推动我国智能制造面临的机遇与挑战

发展3D打印产业,可以在提升我国工业领域的产品开发水平的同时有助于攻克技术难关,并且易形成新的经济增长点,促进就业。

当前,全球正在兴起新一轮数字化制造浪潮。发达国家面对近年来制造业竞争力的下降,大力倡导"再工业化、再制造化"战略,提出智能机器人、人工智能、3D打印是实现智能制造的关键技术,并希望通过这三大智能制造技术的突破,巩固和提升制造业的主导权。因此,加快3D打印产业发展,是推动我国由"工业大国"向"工业强国"转变的必由之路。

首先,发展3D打印产业,可以提升我国工业领域的产品开发水平,提高工业设计能力。传统的工业产品开发方法,往往是先开磨具,然后再做出样品,而运用3D打印技术,无须开磨具,可以把制造时间降低为以前的1/10到1/5,费用降低到1/3以下。一些先进的设计理念,无论其结构和工艺多么复杂,均可利用3D打印技术,短时间内制造出来,从而极大地促进了产品的创新设计，有效地克服我国工业设计能力薄弱的问题。

其次，发展3D打印产业，可以生产出复杂、特殊、个性化产品，有助于攻克技术难关。3D打印可以为基础科学技术的研究提供重要的技术支持。在航天、航空、大型武器等装备制造业，零部件种类多、性能要求高，需要进行反复测试。运用3D打印，除了在研制速度上具有优势外，还可以直接加工出特殊、复杂的形状，简化装备的结构设计，化解技术难题，实现关键性能的赶超。

最后，发展3D打印产业，可以形成新的经济增长点，促进就业。随着3D打印的普及，"大批量的个性化定制"将成为重要的生产模式。3D打印与现代服务业的紧密结合，将衍生出新的细分产业、新的商业模式，创造出新的经济增长点。

同时，3D打印技术在蓬勃发展的过程中也面临诸多问题，影响和制约其快速大规模产业化的因素主要是以下三点。

一是材料的限制对3D打印技术应用范围形成掣肘。目前3D打印耗材有限，多为石膏、塑料、可黏结的粉末颗粒、树脂等，制造精度、复杂性、强度等难以达到较高要求，一般只能应用于模型、玩具等产品领域。对金属材料来说，如果液化打印则难以成形；采用粉末冶金方式，除高温还需高压，这些技术恐怕短期内很难成熟。

二是价格成本的制约导致设备需求量难有爆发性增长。当前3D打印机价格高企，即使3D打印机成本能够降下来，但单个商品的制造成本依然得不到解决。使用3D打印机制造商品，其成本要远高于大型企业规模化生产的成本，而后者批量生产也比3D打印产品的制造速度要快得多。

三是3D打印产品的性能缺陷暂时无法弥补。3D打印不适合直接制造高精度零件，后期仍需经过人工处理。由于3D打印是材质一层一层堆积成形，每一层都有厚度，这决定了它的精度难以企及传统制造方法。提高制造精度需不断降低每一层的厚度，难度提高的同时，制造时间也大幅延长。即便层和层之间黏结得更紧密,其产品性能也无法和传统模具整体浇铸的零件相媲美。

总的来看,3D 打印技术擅长于解决个性化、复杂化、高难度的生产技术,而传统制造业则擅长于批量化和规模化,彼此之间正好形成互补关系,而不是谁替代谁的问题。因此,3D 打印技术本身不是要取代传统制造业,也不能取代传统制造业,而是促进制造业智能化发展的重要因子。

第十一章 物联网步入规模发展阶段

物联网是我国战略性新兴产业的重要组成部分，引领了继计算机、互联网和移动通信之后的新一轮信息技术革命，是未来科技竞争的制高点和产业升级的重要驱动力，是加速推进工业化、信息化融合的催化剂。物联网不仅和国民经济建设、社会发展息息相关，对提高人民生活质量和水平也密不可分，是我国创新驱动发展战略的重要体现。党的十八大绘制了全面建成小康社会和建设美丽中国的宏伟蓝图，特别是随着国家工业化、信息化、城镇化和农业现代化建设步伐的加快，物联网面临着难得的发展机遇。2013年，国务院发布了《关于推进物联网有序健康发展的指导意见》，为我国物联网发展指明了方向。经过几年的技术和市场培育，加之我国在物联网领域的自主创新能力不断增强，物联网逐渐步入规模发展阶段。只要紧紧抓住机遇，聚焦产业应用、以市场为导向、以企业为主体、大力推动自主创新与新时期的国际合作，坚持技术标准制定、产业与应用发展并举、逐步掌握核心技术、形成大的产业集聚，我国的物联网发展将加速腾飞，向物联网应用大国和创新型强国迈进。

一 物联网发展环境不断优化，持续发展动力强劲

国际经济复苏基础趋稳，物联网成为各国战略布局的热点领域。2013年，世界经济仍延续低速增长态势，但对刺激政策的依赖程度降低，复苏基础趋于稳固。从近年来世界主要国家出台的战略来看，物联网成为各国摆脱金融危机、实现经济复苏和占领全球竞争制高点的重要手段。发达国家积极谋划布局，美、欧、日、韩等发达国家和地区都将物联网作为未来发展的重要领域，一方面加大力度发展传感器节点核心芯片、嵌入式操作

系统、智能计算等核心技术,并积极推广其在各领域的应用;另一方面加快标准制定和产业化进程,谋求在未来物联网的大规模发展及国际竞争中占据有利位置。美国已将物联网上升为国家创新战略的重点之一,在智能电网、医疗卫生信息技术、大数据、云计算、车联网等方面加大了投资规模;欧盟在物联网及相关技术发展方面进行了大量研究应用,发布了物联网行动计划、物联网研究战略路线图等;亚洲的日本、韩国和新加坡等国家已开始加快部署本国的物联网发展,日本将物联网作为四项重点战略领域之一,韩国发布了"智慧首尔 2015 计划",并将物联网作为三大基础建设重点之一。

我国经济保持平稳较快发展,为物联网发展奠定了基础。近两年,我国 GDP 增速趋于平稳,2012 年为 7.8%,2013 年第一季度增速为 7.7%,第二季度为 7.6%,第三季度为 7.8%。据国际货币基金组织预测,2013 年中国全年 GDP 增速将为 7.8%。物联网属于战略性新兴产业,也属于高新技术产业,因此它也具有市场化初期投入高、风险大、企业应用投入大等特点,更由于物联网产业链复杂,涉及的相关技术环节较多,如无雄厚资金作为基础,物联网很可能只停留在实验室阶段,很难形成商业化规模。2012 年,我国 GDP 为 51.9 万亿元,为全球第二大经济实体。虽然 GDP 不能全面反映国家经济发展水平,但足以说明我国经济实力的增长,我国经济平稳较快发展的大环境为物联网的快速发展创造了条件。近几年,国家和地方政府不断增加对物联网研发和应用的投入,以及银行、风险投资的介入,为物联网的发展奠定了物质基础。

政策环境逐步完善,助力物联网持续健康发展。中央政府在"扩内需、保增长、调结构、惠民生"的经济方针引领下,出台了一系列推动我国物联网发展的规划、政策及相关专项扶持资金,这些政策的出台和逐步落实,为我国物联网持续发展营造了良好的政策环境。2013 年 2 月国务院颁布了《关于推进物联网有序健康发展的指导意见》,从全局层面加强统筹协调,为我国物联网发展指明了方向。与此同时,地方政府也对物联网发展给予了极大的支持,全国大部分省市均将物联网作为发展重点。

截至2012年底，已有20余个省、市出台了物联网专项规划、行动方案和发展意见，从土地使用、基础设施配套、资金融通、税收优惠、核心技术和应用领域等多个方面为物联网发展提供政策支持。除制定产业规划、出台扶持政策措施外，各地积极推动物联网产业联盟和产业园区发展，以形成地方物联网产业发展的凝聚力，提升产业核心竞争力。

通信基础设施等配套产业快速发展，为物联网发展提供硬件支持。我国网络通信产业具有较强的国际竞争力，目前已建成全球最大、技术先进的公共通信网和互联网，M2M网络服务保持高速增长势头，在LTE建设方面，4G牌照的发放使得各大运营商纷纷积极布局，进一步加大对LTE的投资，加速了我国网络建设进程。我国从材料、器件、系统到网络也已形成较为完整的传感器产业链，传感器及敏感器件年产量突破24亿只，批量生产的产品达3000多种。云计算、软件开发与应用集成也呈加速发展态势。这些配套产业的快速发展，为我国物联网产业的发展提供了有力的硬件支撑。

国家科技创新和结构调整的大环境，为物联网发展提供了重要机遇。科技创新是提高社会生产力和综合国力的战略支撑，能深刻地影响经济发展和社会进步，我国大力支持技术创新，实施创新驱动发展战略为物联网发展提供了重要机遇。物联网技术涵盖面广、关联度高、辐射力强，加快推进物联网研发与应用，能显著促进各技术领域不断深化创新，增强我国自主创新和集成创新能力。当前，我国正处于结构调整和经济发展方式转变的攻坚时期，物联网深度融合到传统产业中，在改造提升传统产业、促进资源能源节约和可持续发展、转变发展方式等方面能够起到显著作用，推动我国经济发展方式由生产驱动向创新驱动的转变。

日益广泛的需求和巨大的市场空间，为物联网发展提供持续驱动力。物联网被广泛地应用到各行各业的服务中，驱使各行各业走向信息数字化和商业流程的自动化。工业化、城镇化、农业现代化，以及社会管理、民生服务等各方面的需求推动物联网不断发展。在农业领域，物联网能够帮助种植业、养殖业、畜牧业和林业管理等实现集约化生产；在工业领域，物联网在生产过程控制、生产环境监测、制造供应链跟踪、产品全生命周期监测，安全生产、环境保护和节能减排等领域得到应用；在服务业领域，物联网能够在金融服务、旅游服务、信息服务等多个方面提供便利；在公共服务领域，物联网技术能够在城市交通管理、城市医疗保障、城市卫生处理等多个领域发挥作用。我国拥有健全的农业、工业和服务业体系，物联网发展市场空间广泛。物联网的良好发展前景和巨大的应用价值也引起社会各界的关注。除了政府层面的推动外，运营商、科研院所、民间机构也广泛地参与进来。社会用户的需求将对产业发展形成准确的市场导向，推动物联网发展。

优良的人才培养环境，为物联网发展提供智力支撑。物联网作为战略性新兴产业在信息收集、改进、芯片推广、程序算法设计等方面都面临着巨大的人才需求。2009 年提出"感知中国"战略之后，为了满足物联网发展对人才的需求，2009 年 7 月北京理工大学、哈尔滨工业大学等 30 所高校首批获教育部批准设立物联网工程专业，部分高校已经于 2011 年开始招生。2011 年和 2012 年教育部又分别下发批准了重庆邮电大学、北京交通大学、暨南大学等 105 所高校开设物联网工程专业，我国从事物联网教育的高等院校已达到 135 家，为物联网产业的发展提供了源源不断的人才储备。与此同时，物联网相关的职业教育也在不断发展，广东、福建、浙江、北京、重庆等地区的物联网职业培训教育也在逐渐增多。

二 产业规模快速增长，细分领域协调发展

产业规模快速增长。据统计，2013 年，我国 RFID 产业规模将超过 320 亿元；传感器市场规模将超过 1100 亿元，其中 MEMS 传感器市场规模超过 300 亿元；M2M 应用终端超过 3000 万台；网络通信已建成全球最大、技术先进的公共通信网和互联网；嵌入式系统、软件与集成服务等产业已形成较大规模。据不完全统计，2013 年我国物联网产业市场规模将达到 6300 亿元。

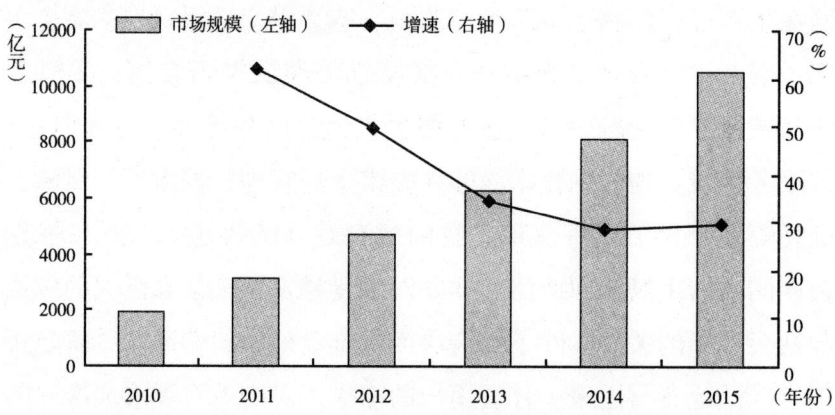

图 11-1 2010~2015 年我国物联网产业总体规模

资料来源：根据产业联盟、行业协会数据整理。

产业链基本完善。我国物联网产业已经形成了包含芯片和元器件厂商、设备商、软件商、系统集成商、电信运营商、物联网服务商等环节的产业链。芯片和元器件厂商为中下游设备商和系统集成商提供技术标准、规范，并提供芯片级或元器件级的技术解决方案与产品；设备商提供电子标签、读写器、智能卡等设备；软件商开发面向物联网应用的中间件和软件系统，实现现实世界与计算机界面的信息交互与数据处理；系统集成商选取相应的芯片和技术解决方案、选择适合的设备产品，将硬件、软件集成为面对某个或多个应用领域、应用需求的整套解决方案，提供给用户；电信运营商主要包括中国移动、中国联通和中国电信三大运营商，为物联网提供数据传输服务。在各个产业链环节的子领域，当前我国已经拥有一定的竞争力，成长起来一批企业，如新大陆、远望谷、大唐电信、西安优势、佳信捷等。

细分领域协调发展。物联网产业可以划分为物联网感知制造业、物联网通信业和物联网服务业。当前我国已经形成基本健全的物联网产业体系，部分细分领域也已经形成了一定的市场规模。我国物联网感知制造业发展迅速，特别是传感器产业和RFID产业已经形成了一定的发展规模，虽然在仪器仪表制造、二维码和卫星导航等方面尚处于起步阶段，但有着

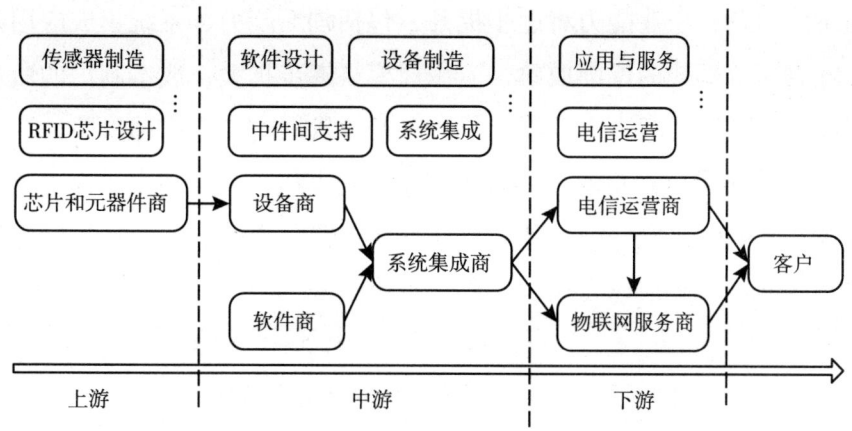

图 11－2　物联网产业链结构

资料来源：工业和信息化部电子科学技术情报研究所物联网研究与促进中心整理。

很大的发展潜力。我国物联网通信业保持了较快的发展势头，特别是 M2M 网络服务方面已经达到了很大的市场规模，在通信网、有线电视网和互联网融合的大趋势下，网络通信设备业也快速发展。嵌入式系统、软件与集成服务等产业虽已有较大规模，但真正与物联网相关的设备和服务尚处于起步阶段。

三　重点企业快速发展，规模和能力不断壮大

企业规模和能力逐步壮大提升。我国物联网企业主要有两大来源，一类是由 IT 企业转型而来，另一类为从事物联网研发类的企业。在当前我国物联网的发展中，中小企业发挥的作用很大，目前我国中小企业创造的最终产品和服务，占 GDP 比重超过 50%，实现利税占 40%。同时，中小企业提供了大约 75% 的城镇就业机会，完成了我国 65% 的发明专利和 80% 以上的新产品。具体到物联网的发展也不例外，中小企业在物联网发展中发挥着重大作用，也蕴藏着巨大的潜力。未来，企业规模将逐渐发展壮大，大型的龙头骨干企业会随着产业的逐渐发展而慢慢形成，成为产业

链的主导力量；企业能力将逐步提升，包括创新能力、系统集成应用能力等。随着商业模式的逐渐成熟，应用规模将逐步扩大，成本制约的瓶颈取得突破，物联网将迎来大发展时期。在产业发展的先导应用阶段，主要靠政府等外力推动产业发展，待商业模式逐渐成熟，内生动力成为主要动力的时候，企业将走向一个自然的良性发展道路，大企业的不断发展壮大将促进物联网进一步快速发展。

表11-1 我国物联网主要企业发展情况

RFID 芯片企业	主要业务领域
大唐微电子、上海华虹、同方微电子、国民技术	移动支付
复旦微电子	城市公共事业卡
同方微电子、中电华大、复旦微电子、国民技术、上海华虹	居民健康卡
上海华虹	电子证照
上海坤锐、中电华大、四川凯路威	商品防伪
传感器企业	主要业务领域
高德红外	红外热成像仪
科陆电子	电力传感器
瑞声声学	MEMS 麦克风
华工科技	汽车、家电用温湿度、雨量传感器
中航电测	板式传感器、不锈钢传感器、合金钢传感器、铝传感器、微型传感器
大立科技	红外热成像仪
航天机电	汽车用传感器
歌尔声学	MEMS 麦克风
汉威电子	气体传感器
广陆数测	激光位移传感器
美新半导体	加速度传感器
格科微电子	CMOS 图像传感器
昆仑海岸	压力传感器、液位传感器、温湿度传感器
青鸟元芯	MEMS 压力传感器、加速度传感器、温湿度传感器
华润半导体	光敏传感器

续表

主要系统集成企业	相关应用进展情况
深圳远望谷、中兴通讯、重庆城投金卡、上海秀派、航天信息、金溢科技、同方锐安、南京三宝等	智能交通在船联网、电子车牌管理、ETC不停车收费、轨道交通等方面的应用持续深入
国信通、艾伯资讯等	智能电网的各项应用逐步深入、电网资产管理、巡检等RFID应用项目逐步增多
成都九洲、福建新大陆等	商务部相继启动了三批肉菜流通追溯体系建设试点城市，覆盖面进一步扩大
成都普什、天臣防伪、烟台东方瑞创达等	继五粮液应用RFID进行防伪管理后，茅台、张裕等酒厂均纷纷开始应用RFID技术建设酒类防伪追溯系统
北京爱创、南京三宝、航天信息等	在药品追溯、医疗服务等方面的项目有所增加
海康威视、深圳佳信捷等	社会治安、楼宇及小区安全、道路安全等领域应用广泛开展

资料来源：工业和信息化部电子科学技术情报研究所物联网研究与促进中心整理。

物联网运营和服务企业巨头将逐渐形成。随着物联网市场规模的持续扩大，一批以物联网业务为主的大型企业也将浮出水面。首先，在物联网领域形成庞大规模的企业将出现在M2M领域。借助于良好的基础设施和运营经验，电信运营商可以将人与人的移动通信以非常低的成本扩展至M2M通信领域，并且可以保证良好的服务。目前，主要的移动运营商已经开始积极布局，正呈现出高速发展的势头。中国移动、中国电信等都推出了M2M业务，中国移动组建了中国移动物联网有限公司，专门负责全国的物联网业务。其次，在物联网领域形成的企业巨头将出现在系统集成领域。随着物联网系统规模越来越大，系统集成的难度和要求将越来越高，对从事这一行业企业的要求将进行更加严格的资质管理，这将为原先在信息系统集成和服务以及解决方案提供领域具有丰富经验的企业提供前所未有的机会，类似大唐、华为这样的企业将可能成长为新领域的产业巨头。

四 技术研发水平提升，关键技术有所突破

我国在芯片、通信协议、网络管理、协同处理、智能计算等领域已取

得许多科研成果。超高频和微波RFID、嵌入式芯片、无线传感器网络等技术和产品具有自主研发的能力。研制出全球首颗二维码解码芯片,研发了具有国际先进水平的光纤传感器。

1. 感知技术领域

近年来,我国物联网感知技术领域取得多项技术突破。在超高频RFID芯片领域,研发出符合中国自主标准的超高频与微波RFID芯片;在读写机具领域,研发出基于军用标准的2.45Ghz有源RFID读写器、基于0.13微米标准CMOS工艺的超低功耗新型超高频RFID标签芯片、ETC5.8GHz全集成射频芯片等。在传感器技术方面,我国企业基本掌握了中低端传感器研发的技术,并逐渐向高端领域发展,研发出了应用于物联网的智能MEMS传感器,研制成功智能传感器及节点的技术、面向物联网重大机械装备与工程结构健康监测应用的光纤传感技术等。在北斗导航芯片和终端领域,和芯星通、华力创通、东方联星、北斗天汇、合众思壮、西安华讯微电子等一批企业的产品已经进入市场。

2. 传输技术领域

近距离无线通信方面,蓝牙(Bluetooth)、红外数据传输(IrDA)、无线局域网802.11(WiFi)IEEE802.15.4等技术几乎都由国外提出,芯片也以国外产品为主。近年来,我国的近距离无线通信芯片技术也有一定的进展,研制成功了低功耗感知节点核心芯片及系统,以及基于软件无线电技术的超低功耗、多模传感网网络节点芯片。在无线传感器网络方面,我国与发达国家几乎同时起步,目前已形成一批在传感器网络和节点技术领域具有一定水平的科研院所和企业。在无线传感器网络领域,研制成功了面向医疗物联网应用的RFID与传感器节点及其组网共性关键技术、基于电力物联网的智能传感器及网络传输技术等。在传感器节点领域,研制成功了自供电的水环境监测物联网无线传感节点关键技术、基于Zigbee的数字一体化压力传感器节点技术等。

3. 处理技术领域

在海量数据存储方面,国内研究和发展起步虽然较晚,但近年来进步迅速，研制成功了面向物联网的海量智能存储系统、物联网海量数据存储服务平台、高性能云存储物理单元设计技术等。在海量数据处理领域，我国的相关技术产业化步伐不断加快，研制成功了高效的物联网数据基础处理算法、基于云环境的海量物联网数据存储与处理系统等。在应用中间件和网关领域，研制成功了物联网应用中间件开放架构、基于IPV6的传感网关设备等。

4. 共性支撑技术领域

在MEMS方面，我国已在微型惯性器件和惯性测量组合、机械量微型传感器和制动器、微流量器件和系统、生物传感器和生物芯片、微型机器人和微操作系统、硅和非硅制造工艺等方面取得了一定成果。在信息安全方面，上海交通大学信息内容安全国家工程实验室、中科院、中软、浪潮等单位和企业开展了物联网网络信息安全的研究和开发，在结构性技术领域取得突破，但由于我国在核心芯片、操作系统以及数据库软件等关键领域对外依存度较高，信息安全问题一直未从根本上解决。

五 区域发展呈现不同特色，产业集聚效应显现

产业集聚发展态势明显，四大聚集区初显。我国物联网产业已初步形成环渤海、长三角、泛珠三角以及中西部地区四大区域集聚发展的空间格局。其中，环渤海地区是我国物联网产业重要的研发、设计、设备制造及系统集成基地，技术研发实力强劲；长三角地区是我国物联网技术和应用的起源地，产业规模较大并且聚焦于产业链高端环节，在芯片制造、传感器制造以及应用示范等方面形成区域中心；泛珠三角地区依托电子产品生产基础，具有物联网产业规模化发展的巨大潜力，目前已经在传感器生产和应用示范等方面显现出优势；中西部地区依托RFID、芯片设计、传感器、自动控制、网络通信与处理、软件及信息服务等领域较好的产业基础，已形成区域产业发展特色。

重点城市发展迅速，物联网向四大区域的核心城市聚集。北京、上

海、无锡、杭州、深圳、重庆、成都和西安等地区拥有良好的电子信息产业基础，具有物联网发展的先发优势；国家在无锡、重庆和杭州设立三个国家级物联网产业发展示范基地，给予政策支持，北京、上海、深圳、成都等地方政府也设立物联网产业基地，为产业发展提供软硬件基础设施，吸引企业进驻；中关村物联网产业联盟、无锡中国传感网技术产业联盟、上海RFID产业技术联盟、重庆物联网产业发展联盟等通过连接产业链上中下游企业，促进了联盟所在城市产业资源的共享，优化了产业配置。截至2012年底，北京中关村聚集了超过600家物联网企业，无锡国家传感网创新示范区聚集了620家物联网企业，重庆南岸区国家新型工业化产业示范基地（电子信息·物联网）聚集了55家物联网企业，杭州高新区（滨江）电子信息（物联网）产业示范基地聚集了139家物联网企业，物联网企业聚集发展态势初步显现。

产业园区作为产业集群的主要载体和组成部分，其经济效应引起越来越多的关注。自从2009年无锡国家传感网创新示范区设立以来，物联网产业园如雨后春笋般冒出，各地纷纷设立物联网产业园。当前我国有国家级物联网产业基地3个，分别为无锡国家传感网创新示范区、重庆南岸区国家新型工业化产业示范基地（电子信息·物联网）和杭州高新区（滨江）电子信息（物联网）产业示范基地。省级物联网产业园区主要有广东省物联网应用产业基地，上海嘉定、浦东物联网产业基地，深圳物联网应用示范产业园，成都（双流）物联网产业园区，等等。目前，我国物联网产业园区如表11-2所示。

表11-2 各地物联网产业园区

序号	地区	物联网产业园区/基地
1	北京	朝阳区物联网产业园
2		中国云产业园
3	天津	感知物联网基地
4	上海	上海物联网科技园
5		上海市云计算产业基地

续表

序号	地区	物联网产业园区/基地
6	重庆	国家新型工业化产业示范基地(电子信息·物联网)
7	无锡	国家传感网创新示范区
8	杭州	杭州高新区(滨江)电子信息(物联网)产业示范基地
9	杭州	杭州云计算产业园
10	南京	南京普天物联网产业园
11	南京	南京云端创智产业园
12	广东	广东省物联网应用产业基地
13	深圳	深圳物联网应用示范产业园
14	厦门	海西云计算产业园区
15	武汉	武汉北物联网产业园
16	太原	山西云计算基地
17	长沙	长沙软件园物联网技术示范区
18	四川	乐山物联网产业科技园
19	四川	成都慧安物联网安全科技产业园
20	四川	成都(双流)物联网产业园区
21	陕西	西安未央物联网产业园
22	陕西	陕西省物联网应用产业示范园
23	陕西	汉中物联网示范产业园
24	大连	大连高新区物联网产业基地
25	潍坊	山东物联网产业基地
26	郑州	河南物联网科技产业园

资料来源：工业和信息化部电子科学技术情报研究所物联网研究与促进中心整理。

六 应用示范蓬勃发展，典型应用取得显著成效

目前我国物联网应用整体处于起步阶段。基于RFID和M2M的应用发展相对较快。中高频RFID技术和产品较为成熟，在电子票证、交通卡、交通管理、出入管理等领域已经形成了一定的规模性应用，超高频和

微波RFID也在多个领域开始应用。我国三大电信运营商积极开拓M2M应用市场，交通、电力和安防成为最大的应用领域。传感器网络应用相对滞后，规模化市场有待培育，目前以试点试验为主。

1. 智能工业

工业是物联网应用的重要领域，当前主要集中在生产过程控制、生产环境监测、制造供应链跟踪、产品全生命周期监测、安全生产和节能减排等方面。物联网技术的应用可以大幅度提高生产智能化水平，显著提高工业物流效率，降低库存成本，促进节能减排和安全生产。物联网技术已在钢铁、有色金属、电力、化工、纺织、造纸等行业得到应用。

2. 智能农业

物联网在我国农业和农村信息化领域已经有了初步应用，如农业精细化管理、生产环境监测、食物安全追溯系统等。目前，关于农业物联网应用的发展项目较多，如土壤养分、墒情监测，为作物选择和耕种方式提供指导；粮情信息监测，为监管部门科学决策保护粮食安全提供有效数据；农业大棚温室监控、田间自动化管理，通过连续监测土壤湿度数据，实现多点同时滴灌补水；二维码动物溯源，通过食品追溯标签使消费者全面了解产品信息，确保食品安全。

3. 智能物流

我国物流产业发展起步晚，虽说近年来总体规模快速增长，服务水平显著提高，但同国际水平相比，我国物流产业的整体应用水平还有待提高。目前物联网技术在物流领域的应用主要在供应链管理和电子口岸等领域。我国投入的一些重点项目和建设主要集中在将RFID技术引入交通、运输等领域的应用，如中国铁路的RFID车号自动识别系统、北京首都国际机场RFID行李处理系统、上海烟草物流实施RFID无线射频扫描识别技术等项目。

4. 智能交通

我国智能交通应用多集中在电子不停车收费系统（ETC）、车辆管理、船联网等领域，铁路系统的应用较早且已取得一定成效，城市交通、公路、水运等领域的示范应用开始起步，其中视频监控应用最为广泛。目前，奥运会期间的北京智能型综合交通系统、世博会期间的上海世博智能交通系统以及亚运会期间的广州综合智能交通共用信息平台等应用取得了较好的效果。截至 2013 年 11 月，我国已有 20 余个省实现了高速公路联网监控，开通 ETC 车道数超过 4200 条，占高速公路里程的 80%，ETC 用户数量突破 220 万。

5. 智能环保

物联网在环保领域的应用主要集中在污染源监控、水质及生态环境监控等方面。我国环境污染已成为影响社会和谐的一个重要因素，在我国经济发展取得举世瞩目成就的同时，环境质量问题不容小觑。目前我国在智能环保领域进行了初步试验和示范，包括太湖水环境监测，宁波北仑综合环境监测，旱区寒区野外信息监测，海上监测，冰雪环境连续测量，以及煤矿、桥梁、高速公路、隧道监测，泥石流监测等。根据最新统计，我国已经建成 343 个省、市两级污染源监控中心，对重点污染源实施了自动监控，污染源自动监控系统已成为我国现阶段巩固降污减排成果的有效手段。

6. 智能医疗

我国在智能医疗领域也进行了有益尝试，个人健康监护、远程医疗等已经开展。典型的智能医疗应用主要包括医院智能化管理、药品流通管理、远程医疗等。目前，我国上海等一些城市已经建立了区域医疗信息管理与交互平台，协和医院等也建立了电子医疗系统，初步实现了医疗服务的电子化。

7. 智能安防

在道路交通、楼宇和小区安防、社会治安、智能监控、危化品运输等方面的应用已取得良好效果。在北京奥运会和上海世博会中物联网安防得到了很好的应用，主要在视频联网监控、智能火警设备等方面应用。在楼宇安防中也有较好的应用，目前已有不少城市开始将物联网技术安防系统用于新型防盗窗上。

8. 智能家居

我国的智能家居应用主要集中在家庭网络、家庭安防、家电智能控制、能源智能计量、节能低碳等领域，目前我国智能家居发展的重点主要集中在安防监控、家庭娱乐等方面。在安防监控方面的应用，有中国联通推出的智能家居业务，包含家庭安防、家用设备的互联和控制、公共安防、物业服务与社区管理和家庭网络信息化等部分。在家庭娱乐方面的应用，有中国电信的 e 家娱乐、中国联通的网络音频播放等。

9. 智能电网

近年来，我国在智能电网相关的清洁能源及接入、储能、特高压输电、大电网运行控制、灵活交流输电、数字化变电站与数字化电网、配电网自动化、状态检修与资产全寿命周期管理、自动抄表和自动测量、定制电力等技术领域开展了多个试点和示范工程建设以及智能电网标准化的研究和制定。截至 2013 年 11 月，我国已建成智能变电站超过 20 座，20 余个城市正在建设智能配电网，已安装智能电表超过 6000 万只，并在部分城市建成了电动汽车智能充换电服务网络。

七 物联网发展需求不断释放，未来发展趋势向好

发展需求将不断释放。需求拉动是物联网发展的首要驱动力，物联网的潜力、动力还远远没有发挥出来，目前存在较大部分的碎片化应用，在工业、农业、交通、物流、环保等领域的应用需求将持续推动物联网的普及。物联网在细分市场的需求强劲，民生应用受到关注，随着生产生活和社会管理方式加快向智能化迈进，相关行业对物联网的需求显著提升，智能卡技术、二维码识别、传感器等细分行业市场需求强劲释放，走进生活、惠及民生成为物联网发展的重要趋势，2013 年以来，各地物联网应用示范工程加快推动惠民应用，以民生为导向成为共识，成为拉动物联网发展的另一重要增长极。就目前而言，许多物联网相关技术仍在开发测试阶段，离不同系统之间融合、物与物之间的普遍连接的远期目标还存在一

定差距。在物联网普及以后，用于动物、植物和机器、物品的传感器与电子标签及配套的接口装置的数量将大大超过手机的数量，物联网的推广将成为推进经济发展的又一个驱动器，为信息产业开拓又一个潜力无穷的发展机会。

技术创新和标准制定仍是产业发展的焦点。技术问题是制约物联网发展的瓶颈。物联网发展所需的高灵敏度、智能化、小型化的传感器仍有许多难以克服的技术难题，寿命和成本也达不到规模应用的要求，RFID 存在着如何进一步降低成本和提高性能的问题，近距离无线通信技术仍无法满足物联网发展的需求，智能识别技术的缺乏使得当前潜在应用最广的视频图像感知系统仍然停留在简单的信息感知阶段，高性能和高可靠的系统集成尚显不足。未来几年的技术创新重点将集中在 MEMS 和新型传感器、低成本 RFID、新型近距离无线通信、高可靠 M2M 终端、智能识别和分析软件、海量信息存储和处理、应用中间件等方面。标准的缺乏和不统一增加了应用的成本，限制了物联网规模的提升。未来的标准制定工作将集中在总体共性标准、感知和传输标准、行业应用标准三大领域。总体共性标准包括物联网体系架构，如欧盟 IOT-A 当前正在构建的物联网体系架构；感知和传输标准包括 RFID、传感器、传感网等标准，如 EPC global、3GPP、ITU 等机构正在推动的相关标准研制；行业应用标准包括电网、交通等领域的标准，如 ISO 推动的智能交通标准、NIST 推动的智能标准等。

应用将逐步由政府主导向市场自发转变。当前，物联网主要集中在如城市管理、交通、电网、环境监测等具有一定规模的公共投资、管理和服务领域，在农业、物流、社区等其他"市场碎片化"领域虽然已经有很多应用，但是总体规模较小、相对分散、水平较低。这种现象是物联网发展初期的必然结果。在政府主导的公共领域规模应用的带动下，物联网技术和产业以及应用将发生较大的变化。一是物联网技术逐渐成熟，经济和社会各领域需要的传感器、M2M 模块、软件、系统集成等性能将大幅提升。二是成本不断下降，规模化生产必然降低制造成本。三是应用效果持续提升，物联网在各领域的应用效果进一步被社会认可和肯定。四是物联网商业模式出现多样化,从政府出资、系统集成商建设、第三方运营和服务的简单模式,走向多种多样的投资、建设和运营的组合模式。物联网的这种发展将带动更多的企业进入物联网市场,在物流、农业、社区、工业、医疗、家庭等领域实现规模应用,推动物联网的应用从政府主导逐步向市场自发转变。

RFID 和 M2M 依旧是物联网的主要形态。由于技术成熟度的原因,物联网在未来几年仍将以 RFID 和 M2M 为主要形态,基于传感器、传感网、智能图像视频、地理位置感知等仍将只占物联网整体应用的小部分。当前,高频 RFID 基本实现普及,超高频和微波 RFID 技术正在快速发展,读写距离、识读准确率、多标签读取、功耗、数据安全、智能集成等方面的性能不断提高,价格持续降低,将推动 RFID 应用更加广泛和深入。随着新一代移动通信技术的发展、基础设施建设的完善、运营服务水平的提高以及成本的降低,M2M 的发展前景将继续保持高速的态势。基于传感器的物联网应用将受限于传感器综合性能、系统集成和运营维护成本、接入标准等问题,短期内仍难以实现大规模应用。无线传感器网络则由于其高额的成本,未来几年仍将停留在军事和国防等关键领域,市场化难度较大。基于图像视频感知的应用则由于后台的智能处理技术缺乏,虽然市场规模较大,但仍然处于非"智能"阶段,距离真正的物联网还较远。基于地理位置感知技术的应用虽然发展迅猛,但是目前以及未来一段时间仍将是个体设备的应用,尚谈不上是物联网应用。

新技术和集成应用将催生新业态。新技术中最重要的是感知技术的飞速发展及其和其他技术的融合发展,这将会对整个经济社会,包括个人生活带来极其重大的影响。感知技术和传输技术、处理技术的集成应用,将使信息技术应用提升到一个新的阶段。通过感知识别、传输互联、计算处理,实现人与物、物与物的信息交互和无缝链接,提升实时精确管控能力,将深刻改变生产方式、社会管理、公共服务和人类生活。感知技术与移动互联的结合,将催生大量新业态。移动智能终端普及加快,以 PC 为中心的计算模式正在逐步转变为以移动智能终端为中心的云计算模式，云计算模式下的互联网逐步变成如水、电、气一样的社会基础设施。信息网络全球化，已经产生并将进一步扩展全球业态。同时，全世界数十亿网民，由于工作、生活、学习的不同需求，不同地域的文化传统和习惯，必然使大量细分市场出现，产业发展形成垄断与多样化并存的格局。

第十二章 移动电子商务成为角逐焦点

2013年，中国电子商务继续保持快速增长态势，增速创历史新高。随着4G的普及和电商移动应用不断出炉，移动电子商务的发展潜力加速释放。国家和地方政府高度重视电子商务发展，推出系列政策，不断优化发展环境，助力企业做大做强，助推跨境电子商务发展。供应链金融为企业提供通畅的融资渠道，为供应商创新发展提供资金支持。阿里巴巴、京东、腾讯等巨头争抢移动电商和线下资源、跨界融合战略等重要举措颠覆了已有的电子生态，大力布局O2O模式，着力构建基于自身优势的电商新生态。

一 电子商务发展持续深化，移动电商成新亮点

中国电子商务市场和用户规模保持快速增长，发展层次和水平不断提高。据中国电子商务研究中心的数据，2013年，中国电子商务交易规模达10.2万亿元，同比增长29.1%（见图12-1）。中国网络零售市场规模和用户规模不断扩张。2013年，中国网络零售市场交易规模达1.9万亿元，同比增长42.8%。这主要是由于网民规模持续增长；购买力不断提升；传统零售企业转向线上，以线上线下结合提升营收；网民对购物便捷性的要求不断提高。据中国互联网络信息中心（CNNIC）的数据，2013年，中国网民规模达6.18亿，新增网民规模达5358万，网络渗透率达45.8%，较2012年提升3.7个百分点。其中，网络购物用户规模达3.02亿，网络购物的渗透率达48.9%，较2012年增长6.0个百分点。

第十二章 移动电子商务成为角逐焦点

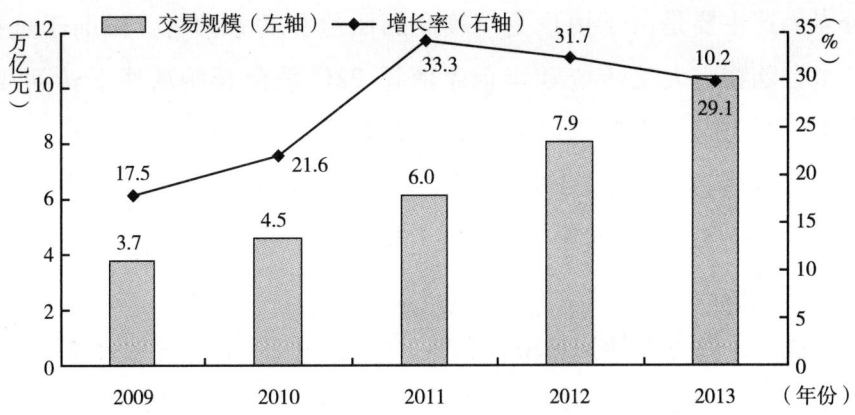

图12-1　2009～2013年中国电子商务市场交易规模及其变化情况

资料来源：中国电子商务研究中心。

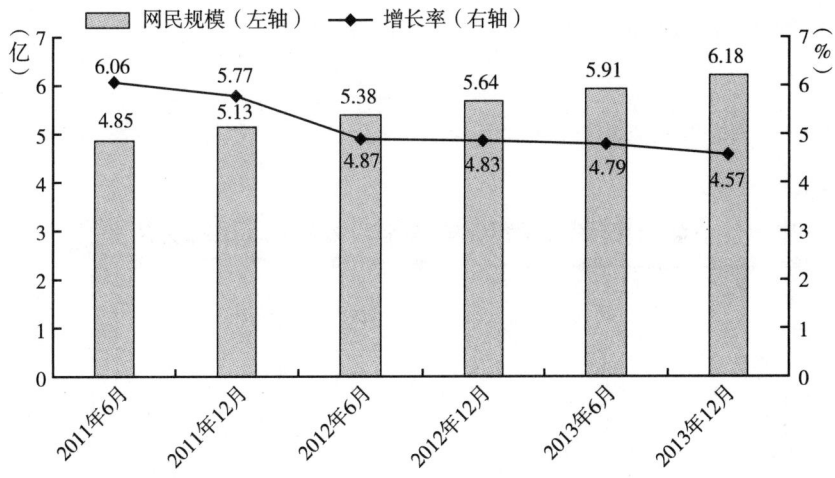

图12-2　2011年6月至2013年12月中国网民规模及其变化情况

资料来源：中国互联网络信息中心（CNNIC）。

从电子商务交易规模结构来看，据中国电子商务研究中心的数据，2013年，B2B占比80.4%，网络零售占比17.6%。从网络零售市场结构来看，B2C占比保持高速增长的态势，不断缩小与C2C占比的差距。据艾瑞咨询的数据，2013年，B2C增长率达68.4%，远远超过C2C的增速（30.9%）。网络零售市场中，B2C占比达35.1%，较2012年增长5.5个

177

百分点。这主要是由于用户更信赖商品质量和商家信誉,倾向于选择在B2C平台购物;大量传统零售企业依托B2C平台开始从线下转到线上,助推B2C市场繁荣与发展。从企业实力来看,在B2C领域,2013年,天猫商城的规模占比达50.1%,居第一位;京东占比22.4%,居第二位;苏宁易购占比4.9%,居第三位。在C2C领域,淘宝占比达96.5%,地位稳固;拍拍网占比3.4%;易趣网占比0.1%。

跨境电子商务保持快速增长态势,助力中国进出口贸易大幅增长,这得益于中国电子商务的国际化、支付手段的便捷化以及海外购物需求的快速增长等利好因素。据艾瑞咨询的数据,2013年,中国跨境电商进出口交易规模达3.1万亿元,同比增长31.3%,占进出口贸易规模的比例达12.1%。2016年,跨境电子商务交易规模将达6.5万亿元,在进出口贸易总规模中的比例增至19.0%(见图12-3)。

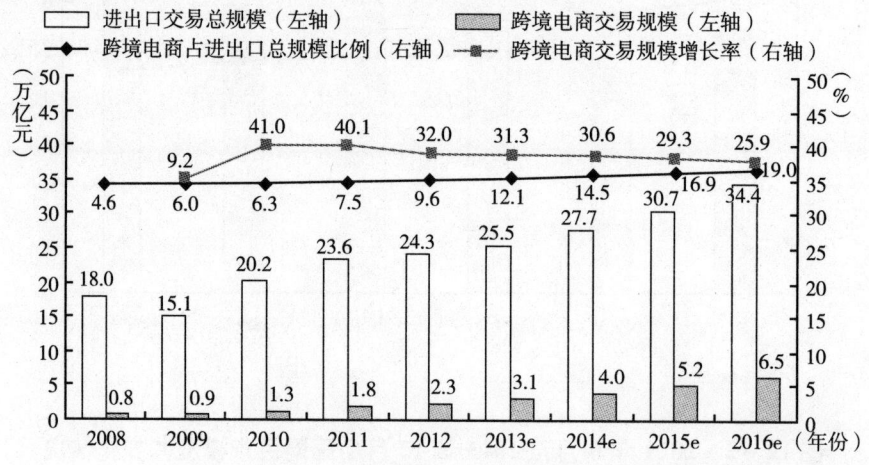

图12-3　2008~2016年中国进出口贸易及跨境电子商务交易规模

资料来源:艾瑞咨询。

移动电子商务成新的角逐点,发展潜力不断释放,欲打破已有的电子商务格局。智能终端市场高速发展和"4G"时代来临助推移动支付、移动购物快速增长。移动端成为主要的互联网入口,这一现象在亚太地区表现得尤为突出。据IDC的数据,2012年,全球接入网络的设备中,移动

第十二章 移动电子商务成为角逐焦点

终端和设备占比超过50%（见图12-4）。中国移动电子商务保持快速增长。据中国电子商务研究中心的数据，2013年，移动电子商务市场规模达2325.0亿元，同比增长140.9%；用户规模达3.8亿，同比增长52%。据易观智库的数据，2013年，中国移动支付进入爆发式增长阶段，规模超过1.3万亿元，同比增长800%。然而，移动支付的增长并非由移动电子商务带动，而主要是由在线转账和信用卡支付等行为带动的。微信大力

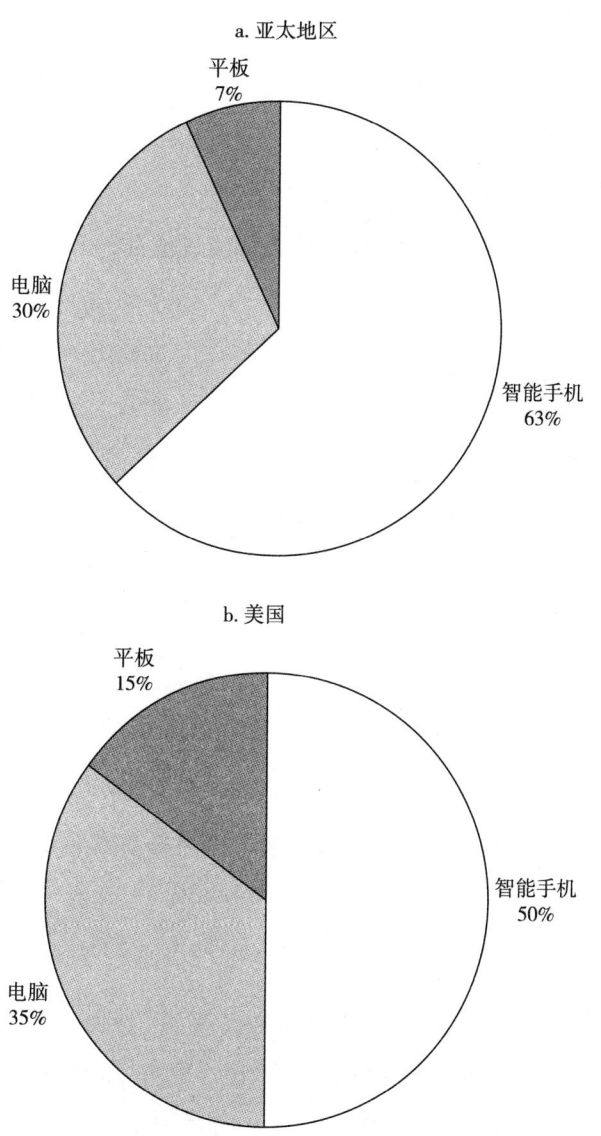

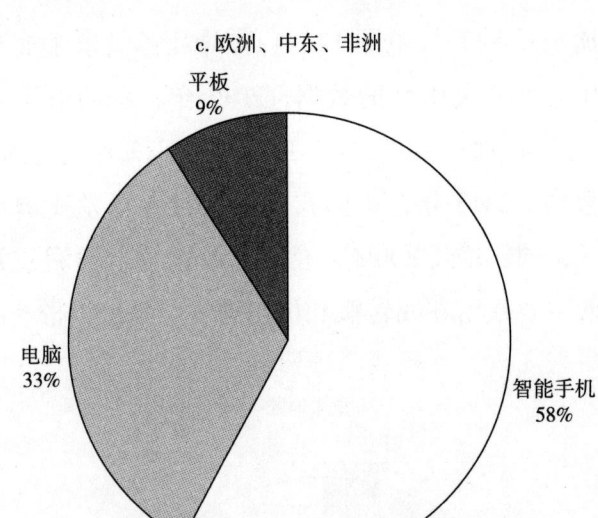

c. 欧洲、中东、非洲

图 12-4　全球接入网络设备占比

资料来源：IDC。

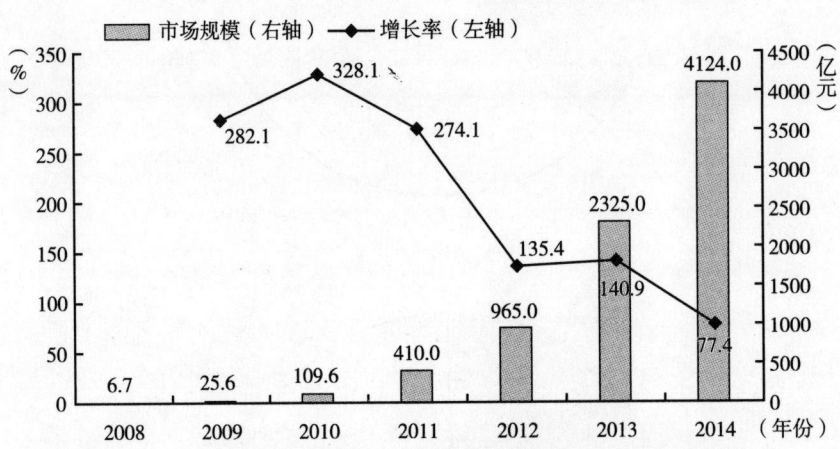

图 12-5　2008~2014 年中国移动电子商务市场交易规模

注：2014 年数值为预测值。
资料来源：中国电子商务研究中心。

布局 O2O 模式，打通易迅发展电子商务，淘宝、京东推"双十一"优惠券为移动端引流，这些均在争抢移动用户，将电商发展成"始终在线的电子商务"。支付打通线下交易培育线上用户习惯，使移动电商和移动支付的联动性增强。移动电子商务使得电商不再仅限于购物,无处不在的购物成为一种娱乐和享受。这也是巨头大力布局移动电商的一个重要原因。如果不能在移动电商领域占据优势地位,PC 电商地位将会被撼动。

二 各大巨头加速跨界与融合,角力构建开放平台

巨头加速跨界之争,开拓或新涉弱势领域,强化在互联网关键环节上的核心地位。巨头加速资源整合旨在搭建大型开放平台。京东商城除自营商品外,向品牌商、网上商户等第三方开放平台资源,还向第三方开放仓储和物流服务。2013 年,京东电商平台上商家超过 2 万户,开放平台交易规模达 250 亿元,占交易总规模的比例近 1/4。腾讯推出微信"社交 + 电商"平台,投资"嘀嘀打车"培育用户的移动支付习惯,投资大众点评集成在"我的银行卡"中,打通易迅提供购物服务,这些布局均是不断提升微信的平台承载力。

巨头凭借自身的平台优势,加速生态体系构建,以跨界融合革新电商生态。微信与电子商务、金融服务功能的结合,阿里巴巴推余额宝,两大巨头触互联网金融,争抢布局 O2O 模式,这一系列的举动,搅浑了电子商务的已有生态,使电商领域的竞争焦点不仅限于物流、电商运营平台,还放大到基于自身优势的生态扩建与革新。在腾讯、阿里巴巴发起布局革新支付、互联网金融、物流、社交等电商生态的关键环节之际,京东、苏宁等大型平台商深感危机,加速推出提升物流等消费者体验的系列服务。此外,原有平台商的担忧和危机感欲盖弥彰。京东提交 IPO 申请,也预示着电商领域竞争加剧,电商大型平台商新主欲起。

电商企业着力物流服务,物流企业进军电商领域,门户巨头加速社交与电商融合(见表 12 – 1)。电商领域资源整合加剧,"电商 + 物流"成为电商领域新的发展方向。易迅网自建物流,并加强与顺丰等物流企业的合作,京东提供"极速达"服务,顺丰投建"顺丰优选"等。电商领域正发生一场前所未有的角色争夺之战,战后将孕育出一批新的平台型企

业,重新确立电商生态链上各企业的角色与地位。

阿里巴巴、腾讯、百度、京东等巨头企业涉足金融服务领域,凭借流量优势,跨界经营金融产品,实现金融产品线上交易,挑战传统金融发展模式。2013年,百度、阿里巴巴、腾讯提供理财产品和服务、贷款、保险等金融服务,凭借余额宝、现金宝等产品快速融资。2013年,京东成立金融集团,针对自营平台供应商,基于供应链向上下游企业尤其是小微企业提供金融服务,凭借对供应商资金链的较深了解,大大降低金融风险。

表12-1 电商领域相关的跨界与融合产品和事件

分类	企业	产品和事件
电商	阿里巴巴	联合顺丰等投资成立"菜鸟网络科技有限公司";投资高德地图、快的打车、陶点点、旅游App"在路上"、丁丁网等本地生活服务相关领域,导购网站平台
	京东	创新物流配送服务,推出"极速达"服务
	苏宁	加快物流网络建设,大力部署"物流云"项目
物流	顺丰	"顺丰优选"
	申通	"爱买网超"电商平台
	圆通	"圆通新农网"
	宅急送	E购网上平台
	中国邮政	中国邮政与TOM集团合资建设了B2C购物平台
	中通快递	上线了电商平台"中通优选"
其他	腾讯	投资嘀嘀打车,易讯自建物流,微信电商功能
	百度	去哪儿,投资糯米网

资料来源:工业和信息化部电子科学技术情报研究所整理。

加速布局第三方支付业务,形成交易闭环。电商一旦覆盖物流、信息流、资金流等电商关键领域,便占据了电商生态链的核心地位。京东收购网银在线,布局支付业务,力在实现物流、信息流、资金流的全覆盖。微信推出微信支付,通过表情商店、话费充值、理财通、彩票、嘀嘀打车、精选商品、Q币充值、新年红包、电影票等功能大力创建支付应用场景,以期实现与易讯网等自营电商平台的联通。

三 巨头布局供应链金融服务开放平台，企业融资需求快速释放

苏宁、京东、阿里巴巴等电商巨头大力布局供应链金融开放平台，提升供应链竞争力。供应链金融进入高速发展阶段。苏宁布局供应链金融始于2009年，成于2012年。2012年12月，苏宁成立重庆苏宁小额贷款有限公司，基于"银行保理"对供应商升级融资业务，向所有供应商全面开展融资业务。凭借对上游供应商资信、资金等情况的掌握，融资风险较低。作为直接的零售渠道，资金流入流出量大使苏宁与银行等传统金融机构有着密切关系，使得其发展供应链金融有着不可取代的优势。苏宁在金融服务方面涉及支付、信贷、保险、理财等，积极筹建商业银行，大力布局金融服务开放平台，为开放平台上的企业提供供应链金融服务。阿里巴巴于2013年成立的阿里小微金融服务集团的主要业务之一是为小微企业提供融资服务（即阿里小贷），成为供应商融资平台。据中国电子商务研究中心的数据，截至2014年2月，阿里小贷贷款累计超过1700亿元，服务小微企业70余万家，平均每户贷款额度少于4万元，不良贷款率低于1%。2013年12月，京东推出融资工具"京保贝"，融资3分钟到账。2014年1月，京东供应链金融贷款总额超过10亿元。

供应链金融使小微企业融资渠道变得畅通，融资需求不断得到释放。据中国电子商务研究中心2013年3月的数据，89%左右的网店企业有融资需求，其中，融资需求50万元以下的企业约占55%，200万元以下的约占87%。小微企业成为经济发展中的弱势群体，融资难成为制约其创新、扩展发展的重要因素。这引起了国家的高度关注。2013年8月，国务院发布了《关于金融支持小微企业发展的实施意见》，并强调"加快丰富和创新小微企业金融服务方式，推动开办商业保理、金融租赁和定向信托等融资服务"。小微企业融资需求高速增长。据苏宁的数据，苏宁供应商和平台商户中，90%以上是中小企业。而这些中小企业中，80%以上的

企业有融资需求，其中融资需求50万元以下的企业占25.2%，融资需求50万~100万元的企业占37.8%，融资需求100万~500万元的企业占37%。

四 互联网深化发展促传统企业加速"触网"，O2O发展成竞抢的新蓝海

电子商务红利在传统行业中产生的影响力持续增大。传统企业加速"触网"，以O2O模式加速线上线下资源有效整合已成为提升传统企业营销能力的重要手段（见表12-2）。传统企业电商化是互联网化深入发展、购物便捷化的产物。它一方面有助于拉近企业和消费者的距离，满足消费者个性化需求，提升消费者体验，拓展市场空间，另一方面有助于形成口碑，加速品牌传播。阿里巴巴投资新浪微博，推出来往，并购高德地图，布局移动支付，打通了O2O模式布局的关键环节，基于地图进行购物的应用布局成为助推传统企业电商化发展的重要手段。反过来说，对传统企业来说，如果不触网就会失去发展优势，甚至被市场淘汰。传统百货业发展艰难，沃尔玛、家乐福、乐购等外资零售巨头频频在中国关闭门店。从国美电器与库巴网电商业务完全整合上线国美在线可知，线上与线下资源融合不足也不能取得稳固的市场地位。2013年11月，红星美凯龙、居然之家等19家实体家居店联合禁止天猫的优惠活动，这印证电商对传统企业的冲击不断扩大。

表12-2 传统企业"触网"案例

传统企业	电商平台/企业	上线时间	发展模式
王府井百货	王府井网上商城	2013年	自营电商平台和O2O
万达	万达电商	2014年	O2O/使用第三方平台
国美电器	国美在线	2013年	自营电商平台和O2O
高鑫零售	上海飞牛集达电子商务企业	2013年	自营电商平台和O2O

资料来源：工业和信息化部电子科学技术情报研究所整理。

O2O模式通过线下业务与互联网结合,实现线上线下资源联动,拓宽线下业务的营销渠道。它是互联网向线下业务加速渗透和革新线下业务商业模式的产物,并使互联网成为线下业务的重要入口(见图12-6)。加速传统企业的互联网化进程有助于进一步拓宽O2O模式的发展空间。零售业、旅游、酒店、打车等传统行业多为互联网化发展水平较低,线下线上信息不对称,成为电商以O2O(Online to Offline)模式开拓的新蓝海。传统企业互联网化拉动O2O模式发展。提升互联网用户活跃度有助于加速O2O模式落地。围绕这些传统行业推出的应用(App)成为重要的流量入口,加速O2O模式落地。以零售业为例,电商与零售商携手布局O2O,加速转型。2013年,百货行业对转型发展达成共识,O2O布局受到青睐。苏宁云商率先提出双线融合,实现线上线下同价销售;王府井百货加快全渠道布局,在线购物商城网和移动App,店铺内设WiFi;银泰百货通过微信、天猫等平台,实现线上线下联动。去哪儿、携程、艺龙等在线旅游代理商(OTA)加大移动端营销投入,争抢移动客户。

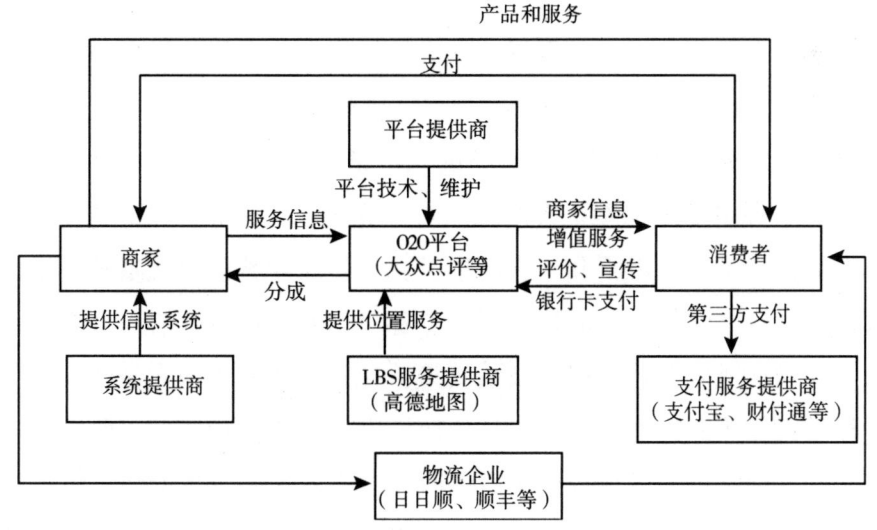

图12-6　O2O模式生态链

资料来源:工业和信息化部电子科学技术情报研究所。

O2O模式线上注重营销和交易，线下注重消费者体验。O2O模式下，对于平台型企业来说，竞争聚焦在争夺联通线上线下相关的资源。2013年，腾讯、阿里巴巴等加大投资布局O2O模式，着力线上实现交易，提升服务质量和便捷度。线下企业加快电商化，顺应发展趋势。腾讯和阿里巴巴从全产业链角度局部O2O，形成交易闭环。腾讯凭借财付通、搜搜地图，依托微信强势整合本地生活服务、支付、团购、地图服务等资源。基于位置服务（LBS）的O2O有助于商家准确定位消费者的地理位置，推送相关信息，以提高营销的效果。阿里巴巴与银泰联合多家物流企业投资成立"菜鸟物流网"，腾讯推出微信支付，投资嘀嘀打车，阿里巴巴投资快的打车，投资旅游APP"在路上"、陶点点等生活服务相关产品均是抢占各种联通线上线下的资源。就O2O各细分领域而言，交通票务、电影、打车等生活服务类的服务模式与商品相似，更容易从线下转到线上。

五 政府大力推进电子商务稳健发展，营造良好的政策环境

国家高度关注电子商务发展，加大战略规划与布局，提升电子商务的国际竞争力，改善电子商务进出口结构。为确保信息消费快速发展、信息基础设施不断完善和信息消费市场健康活跃发展，2013年8月，国务院发布《关于促进信息消费扩大内需的若干意见》，明确提出要拓宽电子商务发展空间，主要从以下几个方面推进：一是完善智能物流基础设施，支持农村、社区、学校的物流快递配送点建设，要求地方政府出台仓储建设用地、配送车辆管理等方面的鼓励政策；二是完善互联网支付体系，大力发展移动支付等跨行业业务；三是加快推进电子商务示范城市建设，实施可信交易、网络电子发票等电子商务政策试点；四是支持网络零售平台做大做强，鼓励引导金融机构为中小网商提供小额贷款服务，推动中小企业普及应用电子商务；五是拓展移动电子商务应用，积极培育城市社区、农产品电子商务；六是建设跨境电子商务通关服务平台和外贸交易平台，实

施与跨境电子商务相适应的监管措施,鼓励电子商务"走出去"。

为支持跨境电子商务零售出口健康发展,解决管理体制、政策、法规等方面存在的实际问题,2013年8月,商务部、国家发展和改革委员会、海关总署等部门发布了《关于实施支持跨境电子商务零售出口有关政策的意见》,明确从经营主体、海关、检验、收结汇、银行和支付机构、税收六个方面推出支持政策,以扶持B2C跨境零售电商,并于2013年10月1日起在全国有条件的地区开始实施。这些政策在上海、重庆、杭州、宁波、郑州5个城市先行开展跨境电子商务通关服务试点。

为推促各地电子商务应用和均衡发展,解决制约电子商务快速发展的实际问题,2013年10月,商务部公布了《促进电子商务应用的实施意见》。到2015年,电子商务交易额超过18万亿元,应用电子商务完成进出口贸易额力争达到我国当年进出口贸易总额的10%以上,网络零售额相当于社会消费品零售总额的10%以上,我国规模以上企业应用电子商务比例达80%以上;电子商务基础法规和标准体系进一步完善,应用促进的政策环境基本形成,协同、高效的电子商务管理与服务体制基本建立;电子商务支撑服务环境满足电子商务快速发展需求,电子商务服务业实现规模化、产业化、规范化发展。该意见还提出了十个重点任务,即:引导网络零售健康快速发展;加强农村和农产品电子商务应用体系建设;支持城市社区电子商务应用体系建设;推动跨境电子商务创新应用;加强中西部地区电子商务应用;鼓励中小企业电子商务应用;鼓励特色领域和大宗商品现货市场电子交易;加强电子商务物流配送基础设施建设;扶持电子商务支撑及衍生服务发展;促进电子商务示范工作深入开展。

按照国家最新政策和文件精神,广东、上海等地方政府积极推出配套政策,从财税政策、人才、技术等层面大力支持电子商务企业又好又快发展,致力于做大做强企业,提升企业的国际影响力,改善进出口贸易结构。

为助推电子商务实现跨越式发展,2012年12月,广东省发布《关于加快发展电子商务的意见》,指出要培育引进电子商务龙头示范企业,打造一批具有国内外影响力的电子商务企业。同时，致力于与把广东打造成为电子商务示范基地和示范城市。要从财政、税收、融资、用地、人才、准入门槛等方面对电子商务企业给予政策扶持。在融资方面，鼓励金融机构在风险可控的前提下，采用无形资产和动产质押融资方式，扩大电子商务企业贷款抵质押品范围，探索发展网络联贷联保等中小企业网络融资产品。支持电子商务企业通过境内外证券市场融资，符合条件的可列为重点上市培育企业。支持和引导电子商务企业引入风险投资、战略投资，发行电子商务中小企业集合债券。推动设立广东省电子商务风险投资基金。

为推动包含电子商务在内的服务业进一步开放和自由化贸易，2013年9月，国务院批准《中国（上海）自由贸易试验区总体方案》，鼓励和支持上海扩大服务业开放的尝试，并对其在监管、开放水平和开放环境方面有了更高的要求。该方案提出，要按照负面清单管理模式，扩大金融服务、航运服务、商贸服务、专业服务等服务业开放范围，暂停或取消投资者资质要求、股比限制、经营范围限制等准入限制措施（银行业机构、信息通信服务除外），营造有利于各类投资者平等准入的市场环境。

第十三章　智慧城市建设拉动产业发展

从 2012 年开始，我国行业信息化市场保持了高速发展，中国智慧城市建设已全面展开。当前，中国正在通过"两化融合""五化并举""三网融合"等战略部署，积极利用物联网、云计算等新技术，推进智慧城市建设。但是，智慧城市建设热潮中暗藏隐忧，健康发展需要适度"降温"。

一　我国智慧城市建设进入推进期

国外智慧城市最早可追溯到 1992 年由新加坡首次提出的智慧岛计划。信息技术的快速发展推动了社会进步，许多国家和地区开始进行智慧城市建设。2010 年，全球开始掀起智慧城市建设热潮。目前，全球的智慧城市发展建设大致经历了三个阶段，即：萌芽期、探索期、建设发展期。

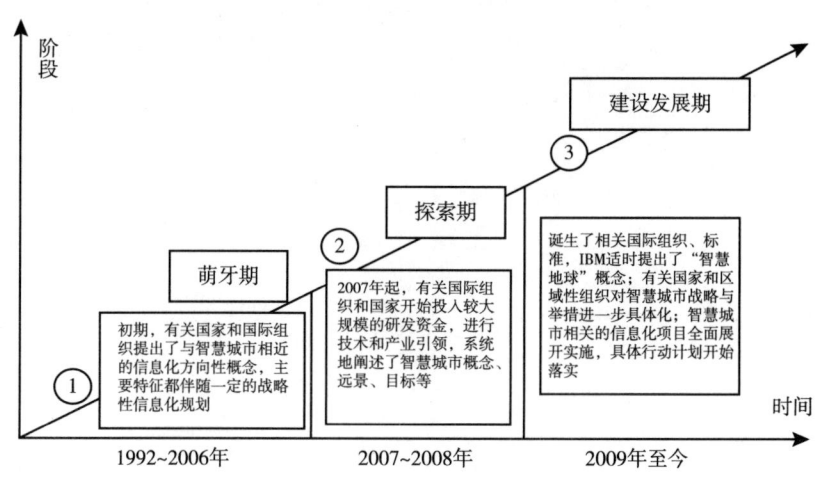

图 13-1　国外智慧城市发展历程

资料来源：工业和信息化部电子科学技术情报研究所。

目前全球有200多个"智慧城市"的项目正在实施中。发达国家和地区在产业转型和社会发展中，认识到了"智慧城市"的前瞻性、超前

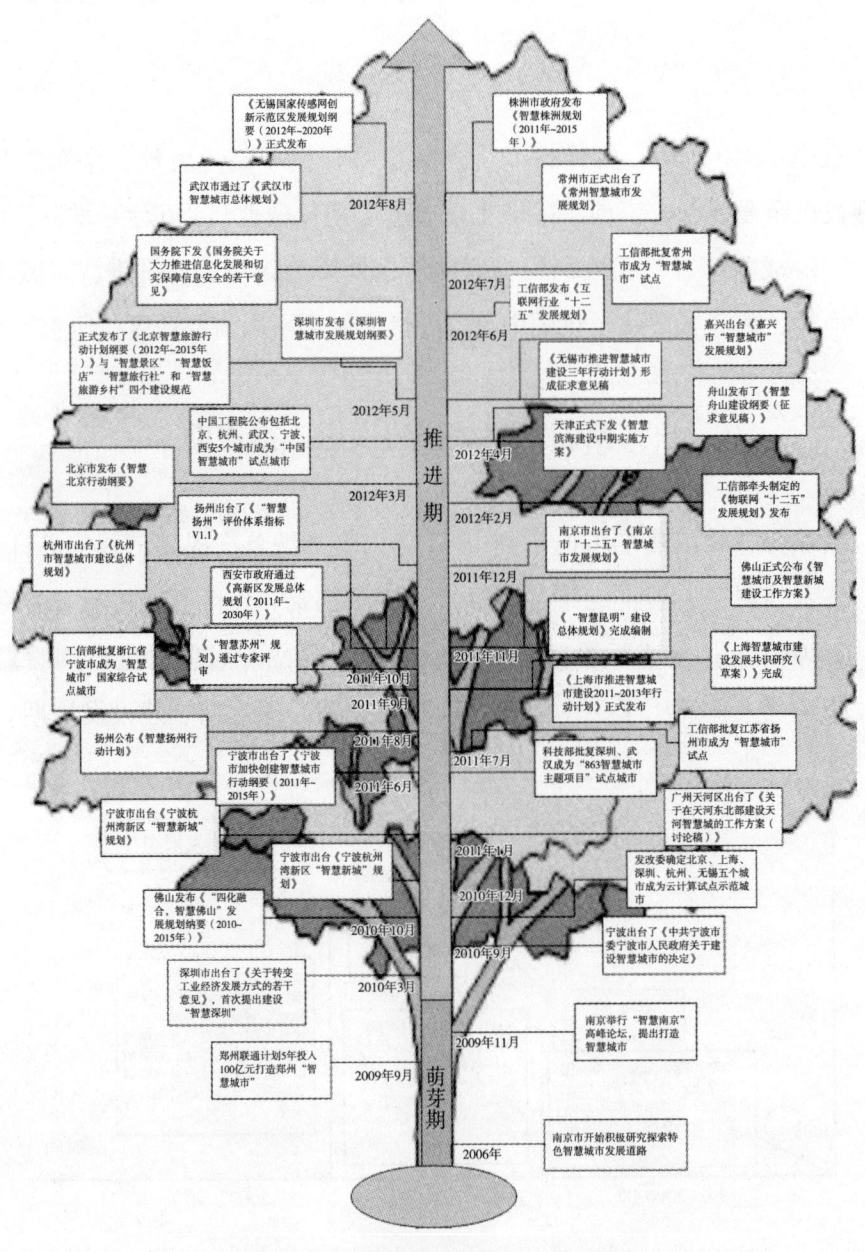

图13-2 国内智慧城市发展历程

资料来源：工业和信息化部电子科学技术情报研究所。

性，相继提出了"智慧城市"的战略举措。美国、欧盟、亚洲等地区的某些国家均已启动了智慧城市相关的项目和技术研究，一些试点工程也取得了较好的效果。

我国智慧城市建设方兴未艾，从区县（园区）到省市（城市群）都纷纷加入智慧城市建设阵营，各类试点遍地开花。目前，我国智慧城市经历了两个阶段的发展：萌芽期和推进期。2010年是我国智慧城市建设的重要节点，在此之前中国智慧城市建设处于萌芽阶段，此后为推进阶段。

二 政府加快推出政策营造良好环境

中央政府和地方政府都认识到智慧城市建设的重要性，积极出台鼓励和支持政策。智慧城市建设已成为稳增长、调结构、惠民生的重要抓手，也是统筹城乡协同发展、提升城市管理水平的重要手段。2013年8月，国务院出台了《关于促进信息消费扩大内需的若干意见》，明确提出要加快智慧城市建设，并提出在有条件的城市开展智慧城市试点示范建设。另外，工业和信息化部、国家发展改革委等八部委也联合起草了《关于促进我国智慧城市健康发展的指导意见》的征求意见稿，旨在加强部际协调，推进智慧城市有序发展。住房和城乡建设部在2013年1月公布首批国家智慧城市试点共90个，其中地级市37个，区（县）50个，镇3个；又在8月公布2013年度国家智慧城市试点名单（第二批），确定了103个城市（区、县、镇）试点。2013年12月，住建部数字城市工程研究中心与微软中国共同宣布将组建"住房和城乡建设部数字城市工程中心智慧城市技术解决方案联合实验室"，共同打造中国未来城市智慧发展重要技术支撑平台。智慧城市的标准制定工作也在加速推进。2013年11月，国际标准化组织（ISO/IECJTC1）在全会中正式通过了我国提议成立"智慧城市研究组"的决议，美国、法国、韩国、日本、加拿大、荷兰、德国、英国、新加坡均表示将积极参加研究组工作。此项决议通过是我国在智慧城市国际标准化工作中的重要突破，有助于建立我国在智慧城市国际标准领域的主导地位。从地方来看，各级城市掀起了智慧城市建设高潮，纷纷提出智慧城市发展规划，涉及社会管理、应用服务、基础设施、智慧产业、安全保障、建设模式、标准体系等内容。如北京市于2012年3月发布了《智慧北京行动纲要》，编制了《智慧北京重点工作任务分工》和《智慧北京关键指标责任表》。

三 智慧城市是产业转型升级的重要方向

目前，在智慧城市建设的背景下，我国的产业发展模式尚未根本改变。物耗高、能耗高、污染高的"三高"问题依然突出，从每万美元GDP耗能指标上看，西方七国基本上在1.1吨~1.3吨油当量，而我国则高达7.18吨油当量。如此高的能耗水平，一方面归因于我国产业结构"偏重"，另一方面则要归因于我国单位产品的能耗水平过高。同时，我国石油、天然气的人均储量均不足世界人均水平的10%，水的人均储量仅为世界平均水平的1/4。资源的相对匮乏使得我国的产业结构显得更不合理。

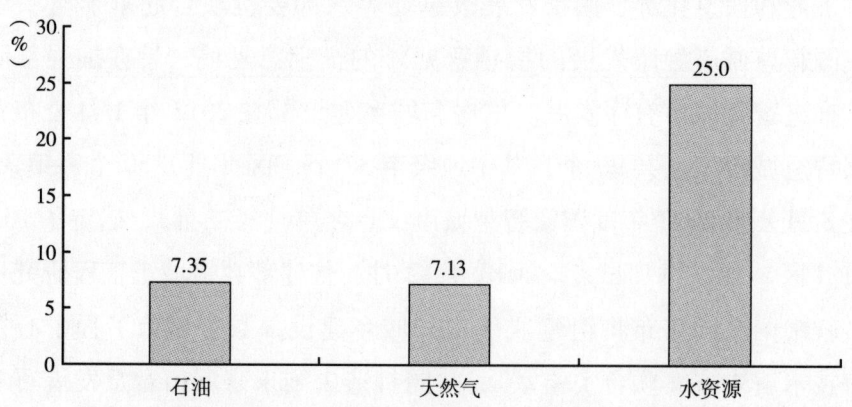

图13-3 我国人均资源储量占世界人均水平的百分比

资料来源：《智慧城市白皮书》。

智慧产业是产业发展的高级阶段，是产业转型升级的重要方向。与传统产业相比，智慧产业更强调智能化，包括研发设计的智能化、生产制造的智能化、经营管理的智能化、市场营销的智能化。智慧产业的一个典型特征是物联网、云计算、移动互联网等新一代信息技术在产业领域的广泛应用。大力发展智慧产业,是推动信息化与工业化深度融合的重要举措,是推进中国产业结构优化升级的重要途径。发展智慧产业,也是建设智慧城市的重要内容。

2010年以来,智慧城市在我国各城市掀起了建设热潮。据统计,截至2013年5月,全国有250余个地区提出了智慧城市相关发展规划,涉及社会管理、应用服务、基础设施、智慧产业、安全保障、建设模式、示范试点、政策法规、标准体系等多方面的内容。目前我国智慧城市的典型应用领域包括智慧医疗、智慧政务、智慧教育、智慧园区、智慧交通、智慧旅游、智慧物流等。据统计,企业和用户目前最为关注的三个智慧城市应用领域为:智慧政务、智慧交通和智慧公共服务。中国社科院信息化研究中心与国脉互联智慧城市研究中心联合发布了"2013年中国智慧城市发展水平评估结果",共有60个城市参与评估,无锡、浦东新区、宁波、上海、杭州、北京、深圳、广州、佛山、厦门位列前十名(见表13-1)。

表13-1 智慧城市发展前20名

排名	城市	智慧基础设施	智慧管理	智慧民生	智慧经济	智慧人群	保障体系	加分项	总分
1	无锡市	11.3	11	16.1	10.2	9.5	10	3.5	71.6
2	浦东新区	14.3	9	10.6	12.4	11	9	3.5	69.8
3	宁波市	10.7	9	15.1	10.6	7.9	11	4	68.3
4	上海市	12	9	16.4	6.7	11.3	8.5	3	66.9
5	杭州市	12	7.5	14.5	7.2	12.7	9	3.5	66.4
6	北京市	10.3	9.5	13.5	9.3	10.6	10	3	66.2
7	深圳市	9.6	7.5	15.9	11.5	9.5	8	3	65
8	广州市	11.2	11	13.7	6	9.1	8.5	3.5	62.9
9	佛山市	13.1	8	13.6	7.4	6.8	10.5	3.5	62.9
10	厦门市	12	9	16.9	7.5	9.8	5.5	1	61.7
11	武汉市	11.6	8.5	13.1	7.8	11.4	8.5	0.5	61.4
12	南京市	11.4	8	15.4	7.7	9.7	8.5	0.5	61.2

续表

排名	城市	智慧基础设施	智慧管理	智慧民生	智慧经济	智慧人群	保障体系	加分项	总分
13	青岛市	11.7	10	13	8.6	8.5	6	1	58.8
14	扬州市	9.4	7	14.1	8.5	6.9	9	3	57.9
15	珠海市	10.4	5.5	12.2	9.5	9.6	8.5	0.5	56.2
16	常州市	9.6	7.5	12.5	8.5	7.9	8	1	55
17	大连市	8.6	7.5	13.5	9.1	8.3	6	1	54
18	苏州市	7.7	7	13.5	11	6.7	6.5	0.5	52.9
19	成都市	6.9	10.5	10.5	8.9	9.6	3.5	1.5	51.4
20	舟山市	9	6	14	7.1	6.7	8	0	50.8

资料来源：中国社科院信息化研究中心、国脉互联智慧城市研究中心。

四 智慧城市建设拉动产业发展

智慧城市是工业化、城镇化、信息化在特定历史时刻交汇的产物，是推进城市信息化、抢占竞争有利位置的主要抓手和调整经济结构的必然需求。智慧城市建设需要城市产业提供强有力的支撑，伴随我国各地智慧城市建设的逐步推进和持续运营，智慧城市作为一种区域经济发展的新模式催生出新兴的产业概念——智慧城市IT产业。智慧城市IT产业是一个融合的产业概念，是围绕智慧城市建设和运营而产生的产业主体和产业生态环境的总和，不仅包含了云计算、物联网等新一代信息技术产业，还融合了传统的电子信息产业，其产业链条由围绕智慧城市产品提供、解决方案和运营服务提供的相关产业构成。

从产品结构优化的角度来看，新一代信息技术在智慧城市中的应用带来了IT产业链价值的整体提升，传统的电子信息产业在这些新兴技术引入后发生了新的变化，正在向高技术、高品质、高附加值方向发展。2012年，我国电子信息产业销售收入达11万亿元，增幅超过15%。其中，规模以上制造业实现收入84619亿元，同比增长13%；软件业实现收入

25022亿元。规模以上电子信息制造业实现销售产值85044亿元，同比增长12.6%。手机、计算机、彩电、集成电路等主要产品产量分别达到11.8亿部、3.5亿台、1.3亿台和823.1亿块，分别同比增长4.3%、10.5%、4.8%和14.4%；手机、计算机和彩电产量占全球出货量的比重均超过50%，居世界第一。2012年我国物联网市场规模已经达到3650亿元，比2011年增长38.6%，其中RFID板块市场规模达到236.6亿元，年增长31.7%。

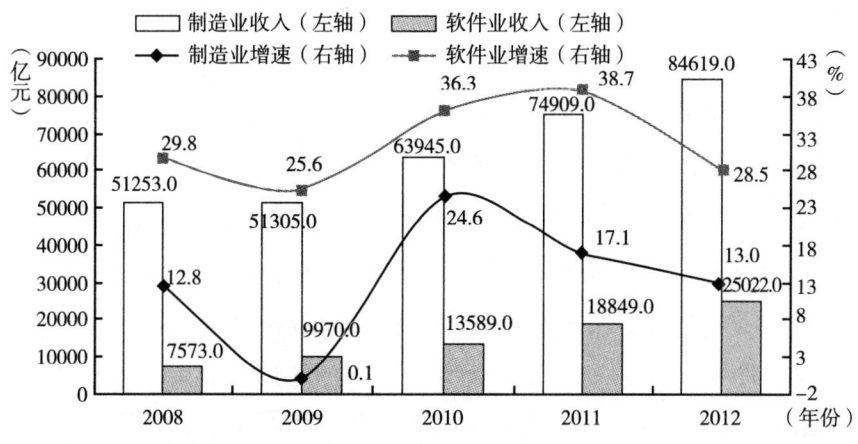

图13-4 2008~2012年我国电子信息产业收入规模

资料来源：《中国科技统计年鉴》。

从区域经济发展的角度来看，智慧城市不仅是城市发展变革而且是一场产业革命，由于物联网、云计算、移动互联网等新一代信息技术突破所引发的产业结构优化和产业转型是可持续的，智慧城市IT产业对构建城市现代产业体系和经济社会全局、长远发展等产生重大引领带动作用，最终打造智慧城市产业链与生态圈，形成良性发展态势。

从产业发展前景的角度来看，智慧城市IT产业发展与智慧城市建设相辅相成，智慧城市建设为IT产业发展开拓了巨大的市场空间。智慧城市建设规划落地以后，大规模的应用开发和持续的运营也将立刻被提上日程，市场空间将进一步被放大。关联产业的高速发展，成为新的经济增长点。

综合来看，智慧城市 IT 产业污染小，附加值高，辐射带动效益强，对经济社会支撑服务能力强。发展智慧城市 IT 产业符合城市发展的规律，因此研究如何在开展智慧城市建设的同时，把握发展智慧城市 IT 产业发展的机遇，对实现产城协调的发展目标显得尤为重要。

工业和信息化部电子科学技术情报研究所以南京、济南、成都、广州、深圳、北京和上海 7 个城市为样本，总结智慧城市建设促进 IT 产业发展的经验。目前，7 个样本城市均开展了智慧城市的建设，根据 7 个样本城市提出的相关规划，到 2015 年 7 个样本城市的软件和信息服务业收入达 30400 万亿元，占全国软件和信息服务业收入的 75%，因此分析样本城市智慧城市建设促进 IT 产业发展的经验做法，具有一定代表性和示范作用，可供国内其他城市参考借鉴。

一是智慧城市推动体制创新，带动产业转型升级。国内大中型城市普遍面临土地资源紧缺、环境承载能力差的发展瓶颈，只能通过发展高技术、高收益、低污染、低能耗的产业，以此支撑和带动城市的产业结构调整和升级，IT 产业正好具备上述特征。而要发展 IT 产业，就必须创新工作体制机制，在新的起点采取新的举措。这正是智慧城市的突出优势。智慧城市创建重在体制机制创新，突出特色，在开展智慧城市建设的过程中，多个城市形成了省市党政"一把手"亲自抓 IT 产业发展的局面，促进城市 IT 产业的跨越式发展，带动产业转型升级和经济发展方式的转变，显著增强对智慧城市建设和经济社会发展的支撑服务能力。

成都市、济南市和南京市均成立了由省市领导挂帅的智慧城市创建组织机构，建立目标责任制，加大工作力度，全力推进智慧城市创建工作。随着创建工作的不断深化，IT 产业在城市经济社会发展中的地位得到了显著提升，实现了管理体制机制的创新和产业的跨越式发展。成都市在嵌入式软件、信息安全、数字娱乐、服务外包等产业的特色和优势逐步显现。济南市在工业软件、基础软件等方面形成鲜明特色。自 2010 年以来，济南市软件业务收入平均增速比全市 GDP 高出 21 个百分点，软件产业增加值占 GDP 比重逐年上升。软件业主营业务收入突破千亿元，跃升为全市支柱产业。产业结构优化明显,软件对第三产业增长的贡献率呈上升趋势,达到18%。

南京市的软件业务收入从2005年的166.1亿元提高到2012年的2076亿元,年均增速超过40%。软件和信息技术服务业对经济社会发展的支撑能力显著增强,2012年1~12月,南京市软件企业实现信息技术咨询服务收入188.91亿元,同比增长率为4.4%;数据处理和运营服务收入达230.44亿元,同比增长率为113.5%;嵌入式系统软件收入为396.52亿元,同比增长48.2%;IC设计收入为24.91亿元,同比增长2.4%。

二是智慧城市营造良好环境,助力产业发展壮大。从中央部委到地方省市都注重通过制订规划统筹全局,全面部署,以创建智慧城市为契机,不断为IT产业发展营造利好环境。工业和信息化部制定的与智慧城市相关的规划超过10个,其中包括多个与IT产业密切相关的规划,比如,"十二五"信息化规划,信息安全规划,电子信息产业、软件业、通信业规划,物联网规划,电子政务、电子商务规划等。这些规划在为智慧城市创建工作提供坚强保障的同时,助力IT产业发展壮大。上海市以建设智慧城市为突破口先后出台了推进软件和信息服务业高新技术产业化行动方案、振兴工业软件专项行动方案、云计算产业发展行动方案等文件,编制了上海市软件和信息服务业"十二五"发展规划,出台了《关于本市进一步鼓励软件产业和集成电路产业发展的若干政策》(沪府发〔2012〕26号),之后又发布了《上海推动移动互联网产业发展行动方案》,并制定了《上海市规划布局内重点软件企业、重点集成电路设计企业管理办法》《上海推动云计算产业发展专项行动方案》《上海推动高端软件产业发展行动方案》等,为产业发展营造良好的产业发展环境。南京市制定了近20项软件和信息服务业专项扶持政策法规,建立了涵盖扶持企业做大做强、优化创业孵化条件、强化人才建设、营造发展环境等方面的较为完善的政策体系。济南市和成都市采取措施,推出多项扶持政策,助力IT产业发展壮大。

三是智慧城市升级产业载体,增强产业集聚力度。一般而言,城市产业品牌的创建有着具体的布局范围——或某个产业发达城区，或某个产业集聚园区。智慧城市在产业载体和平台打造上突破了这一点，以布局全城的多个产业园区协同发展的新模式，使IT产业聚集效应更加明显。成都市于2010年已经形成了9个专业软件园区、建筑面积超过500万平方米。济南市在巩固和保持齐鲁软件园的核心地位和辐射带动作用的前提下，推动浪潮科技园、留学人员创业园、环保科技园、大学科技园、金融外包示范园、东环科技信息服务园和华强广场等特色园区快速发展，尽快形成各具特色、优势互补的"十大名园"。深圳市按照"一园多基地"的发展思路，以深圳软件园（国家软件出口基地）为核心和依托，推进面积约60万平方米的软件产业基地、前海深港现代服务业合作区的规划建设。南京市重点建设徐庄软件园、雨花软件园、南京国际服务外包产业园和麒麟生态科技城等四大软件园区，重点建设云计算、数据处理中心、论证中心、测试中心等10个软件服务业公共服务平台，进一步增强园区的吸引力和集聚力。

四是智慧城市壮大特色领域，培育龙头骨干企业。智慧城市创建多以重大工程和重点项目为"抓手"，以城市特色为核心，将产业发展与城市定位和功能提升相结合，将城市资源进行有效的配置，发展、壮大特色优势领域，通过需求侧牵引为龙头骨干企业创造成长机会。上海制定了《上海推进云计算产业发展行动方案（2010~2012年）》（简称"云海计划1.0"），提出上海将致力打造"亚太云计算中心"，培育十家年经营收入超亿元的云计算企业，带动信息服务业新增经营收入千亿元。截至2012年上海市经营收入超亿元的云计算企业和服务企业已超过30家。北京市积极发挥重大工业项目落地统筹协调机制作用，结合智慧北京规划，正式启动以"打造一批大集团、聚集一批大总部、做强一批高端企业、培育一批高成长企业"为核心的"四个一批"工程，确定178家企业作为首批"四个一批"工程企业，并建立了"一企一策"的制度化服务机制。杭州重点发展"电子商务云"和"媒体云"。建立全国第一家利用云计算技术服务于电子商务产业的公共服务平台。广州市实施"龙头企业培育工程",重点对一批规模大、实力强的骨干企业或者具有高成长性、创新能力强、特色突出的中小企业,从多方面给予政策倾斜支持,推动其尽快做大做强。

五是智慧城市注重新兴业态,抢占产业转移先机。智慧城市创建注重产业发展的新业态、新趋势,抢占全球新一轮产业转移制高点。当前,大数据、云计算、移动互联网等新技术、新趋势日益受到关注和重视。上海智慧城市建设注重创新发展,带动IT行业新应用、新模式、新业态不断涌现。金融信息服务领域,大智慧推出基于大数据技术的金融服务产品,金融期货信息技术有限公司推出基于金融期货的金融软件;云计算领域,汉得、东方有线、华东电脑等企业推出面向制造业、电子政务、企业服务和个人服务领域的云服务平台,盛大、华东电脑等企业突破了虚拟化、海量存储、云计算管理平台等关键技术,并实现了产业化应用。在移动互联网领域,随着移动终端的逐步普及,互联网信息服务业的企业纷纷推出了各具特色的位置服务应用,如盛大、丁丁和大众点评网等。在互动娱乐领域,盛大文学的"云中书城"利用云计算技术为版权方提供了包括内容录入、自主定价、营销推广、支付结算等在内的整体解决方案;游戏领域,巨人网络研制的军事游戏《光荣使命》是国内首款具有自主知识产权的大型FPS游戏。

综上所述,样本城市在各方面的共同努力下,扎实推进智慧城市创建工作的同时,为发展智慧城市IT产业提供有力抓手和平台,为开创IT产业的新局面、促进经济社会持续快速健康发展起到了示范和带动作用。

五 产学研用各部门加盟布局智慧产业

在智慧城市建设的引领下,以技术融合和集成创新为特征的战略新兴产业已经初见端倪。面对全国智慧城市蓬勃发展的巨大机遇,信息化相关部委、国内知名大学、科研院所和领军企业开展广泛合作,致力于智慧城市模式研究、标准制定、技术产品开发和产业化推广等工作。

2012年9月28日，中国智慧城市产业技术创新战略联盟正式成立。联盟由神州数码信息系统有限公司、北京航空航天大学、公安部第三研究所、航天科技控股集团、武汉大学、武汉邮电科学研究院、工业和信息化部电信研究院、赛伯乐投资集团、中国电信集团、中科院深圳先进技术研究院、中航网信（北京）科技有限公司、北京大学、广东物联天下科技集团有限公司、上海交通大学、深圳市金证科技股份有限公司、方正国际软件有限公司、南京三宝科技集团有限公司、长城企业战略研究所18家单位共同发起，得到了智慧城市产业相关各方的高度关注，共有包括清华大学、复旦大学、中国科学院计算技术研究所在内的27家成员单位参与支持。联盟成立以来，积极申请项目及合作。目前已经开始了智慧城市一期、智慧城市二期的"863"项目建设；已经形成城市与行业示范10项，发表学术论文64篇，形成技术报告13篇，形成标准提案8项，申请软件著作权24项，发明专利28项，主办会议15场，特邀报告14次，规划设计与研究报告20项。

2013年10月10日，中国智慧城市产业联盟在北京成立。该联盟由中国电子商会、中国航天科工集团、中国航天科技集团等国内百余家大中型企事业单位、研究机构发起并建立。联盟将推动制定统一的符合中国国情的智慧城市产品技术标准和服务标准及评价体系，建立服务全国智慧城市公共服务综合管理平台，同时广泛开展智慧城市信息化专业人才培养认证等。

这些智慧城市联盟的成立将有利于整合智慧城市建设、运营所涉及的各项主体和领域，形成日趋完善的上下游产业链，加快产业结构升级转型，辅助构建现代产业体系，最终打造智慧城市产业链与生态圈，形成良性的发展态势，推动经济社会实现全局和长远发展。

此外，国内外企业抢滩中国智慧城市规划和建设市场。自智慧城市概念提出以来，国内外企业纷纷加强了在智慧城市领域的布局，抢滩智慧城市规划和建设市场。比如，IBM建立了智慧城市研究院，加快在中国布局；微软提出CityNext（未来城市）的全球计划。除欧美跨国巨头之外，连日本 NEC 以及韩国 KT 等企业也纷纷瞄上了中国智慧城市市场。从国内情况来看，三大运营商纷纷提出智慧城市战略，抢滩顶层规划和建设市场，国内的太极、神州数码、文思海辉、中软等企业纷纷建立智慧城市研究院。软件和产品开发商、信息技术服务提供商、系统集成商、管道提供商、平台运维商纷纷抢滩智慧城市市场。加之各类研究机构、行业组织也纷纷布局智慧城市。

六　智慧城市建设热潮中暗藏隐忧

全国已掀起了智慧城市建设热潮。根据《中国青年报》的报道，截至 2013 年 8 月，全国已有超过 250 个城市提出要建设智慧城市，很多已出台了相应的规划和行动计划，预计 2015 年底将有 70% 以上的地级以上城市参与建设智慧城市。但在建设热潮的背后，暴露出了越来越多的问题。第一，部分地方政府不理解智慧城市的内涵，只想着拿个国家的牌子，冠个好听的"头衔"，纷纷跑试点，而忽视智慧城市建设的真正目的，从数字城市、无线城市、电子城市到智慧城市建设，只是换了一个新概念而已。第二，有的地方政府把智慧城市建设等同于信息基础设施建设，投入大量资金，导致基础设施闲置、荒废。第三，缺乏科学规划，贪大求全，千篇一面。建设智慧城市需要结合城市自身特点、基础条件和发展战略进行科学合理的规划，但许多地方缺乏有效、科学的规划，盲目建设，什么领域都想做，又没有体现城市独有特色，可操作性和结果都打了问号。第四，有的地方政府热心于云计算、物联网、大数据等热门技术和概念，但不重视应用，也不转变观念，其结果是有智慧城市的"骨架"，而无智慧城市的"灵魂"和"血肉"。第五，缺乏标准规范，需警惕"烟囱""孤岛"现象再现。智慧城市涉及众多的技术和应用领域，标准规范是非常重要的环节。但目前我国涉及智慧城市的标准规范还比较零散和缺乏，各地和各部门在智慧城市建设中又缺乏有效的沟通、协调和数据共享，以前在信息化建设中存在的"烟囱""孤岛"现象有可能会再次出现。另外，目前智慧城市建设中还存在民众参与不足、缺乏运营管理的长效机制、法律环境不完善等问题。智慧城市是突破当前城市发展中交通拥堵、环境污染、人口集聚、资源不均衡、公共安全监管难度加大等瓶颈的一种新理念和模式，但一哄而上、不结合实际需求盲目投资建设只会取得相反的效果。智慧城市建设是一个长期的过程，其健康发展需要适度"降温"，理性思考。

第十四章 2013年度中国IT产业十大热点事件

2013年，中国IT产业在稳定中发展，产业结构和区域布局进一步优化调整，与此同时，一些新挑战、新趋势和新进展涌现出来。一是政府出台措施和优化IT产业发展环境，国务院发布信息消费政策，工信部发放4G牌照，发改委对高通发起反垄断调查等；二是互联网领域重大事件频发，余额宝引发互联网金融热潮、微信支持支付功能、小米与格力的对赌等；三是IT领域重大并购案不断涌现，联想集团收购摩托罗拉智能手机业务、百度收购91手机助手、紫光股份并购展讯和锐迪科等对企业自身和行业都有重大的影响。在对IT产业的企业、产品、技术等方面的重要事件进行分析和比较的基础上，选取了2013年影响最为重大的十大事件进行点评（见表14-1）。

表14-1 2013年中国IT产业十大热点事件

事件	入选理由
国务院出台信息消费促进政策	加快推动信息消费有助于拉动内需,促进经济增长,提升经济增长质量和产业层级,增加就业岗位
工业和信息化部向三大运营商发放4G牌照	4G牌照的发放更具有战略意义,移动网速越来越快将极大地促进智能终端云计算应用的爆发式增长
余额宝上线引发互联网金融热潮	国内主要的互联网企业相继与基金公司合作推出互联网理财产品,众筹、P2P等互联网金融模式开始被广大用户熟悉,互联网金融呈现燎原之势
微信以支付加速腾讯O2O模式发展布局	微信支付成为转变微信平台定位的重要里程碑之一,并在微信培育移动互联网生态构建中起到了关键作用
小米与格力的赌局引业界重审互联网模式的后顾之忧	"10亿赌局"让业界重新审视互联网模式的后顾之忧,制造业与互联网跨界融合中既面临机遇也存在挑战

续表

事件	入选理由
联想集团以29亿美元收购摩托罗拉智能手机业务	借助摩托罗拉的品牌效应,联想可以进一步打开北美和欧洲市场,加强与运营商的合作,并有助于促进联想在安卓手机上的研发和创新
百度斥19亿美元收购91手机助手	与91无线的联盟,将进一步加强百度在移动端的话语权,也意味着中国移动应用市场正在加速进入寡头时代
紫光股份并购展讯和锐迪科加速集成电路行业整合	一旦紫光集团成功收购锐迪科,并完成与展讯的整合,新的芯片设计公司将一跃成为国内最大的芯片设计企业,从而提高中国企业的国际竞争力和市场地位,对中国乃至世界半导体产业格局都将有着积极的重要影响
XP停止服务引发担忧	微软停止XP服务作为一个重大的安全事件,对国内信息安全、桌面操作系统、整机厂商而言,也是一个重大的发展机遇
发改委对高通发起反垄断调查	该事件显示出我国政府在维护电子信息产业公平正义市场竞争环境方面的决心,并有利于我国自主的TD-LTE芯片产业发展

一 国务院出台信息消费促进政策

2013年8月14日,国务院办公厅公布了《关于加快促进信息消费扩大内需的若干意见》,从以下几个方面提出了促进信息消费的主要任务:一是加快信息基础设施演进升级,二是增强信息产品供给能力,三是培育信息消费需求,四是提升公共服务信息化水平,五是加强信息消费环境建设等。该意见提出,到2015年,信息消费规模超过3.2万亿元,年均增长20%以上,带动相关行业新增产出超过1.2万亿元,其中基于互联网的新型信息消费规模达到2.4万亿元,年均增长30%以上。基于电子商务、云计算等信息平台的消费快速增长,电子商务交易额超过18万亿元,网络零售交易额突破3万亿元。国家信息消费政策的出台将进一步推动我国经济转型升级。随着信息技术不断向物质资料再生产过程中渗透,信息消费已经基本覆盖了物质资料再生产的生产、分配、交换和消费等全部环节,加快推动信息消费有助于拉动内需,促进经济增长,提升经济增长质量和产业层级,增加就业岗位。

首先,信息消费拉动经济增长。随着居民收入水平的不断提高,传统物质消费已经达到一定的高度,居民消费重点转向了信息产品及服务领域。信息消费产业链具有"长尾效应",涉及众多产业,带动效应非常明显。据国家工业和信息化部数据显示,2013年我国信息消费整体规模达到2.2万亿元,比上年增长28%。其中,电子商务交易规模约10万亿元,比上年增长25%。

其次,信息消费提升经济增长质量和产业层级。信息消费改变传统经济增长依赖煤炭、石油及其他矿产资源投入的投入产出结构。工业和信息化部电子科学技术情报研究所的某项研究成果显示,传输比特较输送能源在带动产能上可提高40~50倍,而单位能源的收益将提高3~5倍,传输(运输)过程中的能源损耗将减少50%以上。从产业层级上看,信息消费一方面引导产业结构向第三产业转移,并提升信息技术基础设施建设水平和高端服务业发展;另一方面也有助于提升制造业等传统产业信息化水平,增加工业产品附加值。

最后,信息消费增加就业岗位。信息消费产业的"长尾效应"带动经济增长的同时,也创造了大量的就业岗位,可以带动基础设施、研发设计、服务、创意等多方面的就业。美国的数据显示,宽带发展对就业的拉动是传统产业的1.7倍,宽带普及率每提升1个百分点,至少提升就业率0.2个百分点。工信部的数据显示,2011年我国信息消费直接提供就业岗位约330万个,间接提供就业岗位1600万个,到2015年将直接提供就业岗位近500万个,间接提供就业岗位接近2500万个。

二 工业和信息化部向三大运营商发放4G牌照

2013年12月4日,工业和信息化部发放4G牌照,中国移动、中国联通、中国电信同步获得首批TD-LTE制式4G牌照,同时给予三级运营商相关4G频率,其中,中国移动获得1880~1900MHz、2320~2370MHz、

2575～2635MHz，中国联通获得2300～2320MHz、2555～2575MHz，中国电信获得2370～2390MHz、2635～2655MHz。

这意味着我国在移动通信技术4G普及上迈出了坚实的一步，按照《"宽带中国"战略及实施方案》，到2020年我国第三代移动通信及其长期演进技术（3G/LTE）用户普及率要达到85%，4G牌照的发放为此目标的实现提供了基础。同时，4G牌照的发放将利好我国通信行业的发展，缩小与国外发达国家的差距。GSA数据显示，目前全球已有超过1.44亿的LTE/3G多模连接，83个国家部署了222个LTE商用网络。美国的4G网络（FDD–LTE制式）推出至今已经有了3个年头，四大运营商Verizon、AT&T、T–Mobile和Sprint均已经发展自己的4G网络，而且4G信号几乎覆盖了美国人口的97%。随着4G牌照的发放，支持TD–LTE终端数量的逐渐增多，我国的4G将加速普及。

目前，LTE存在两个分支：FDD–LTE和TD–LTE。FDD–LTE发展较早，技术程度较高，北美等发达国家的网络均以FDD–LTE为主，三星、苹果等手机制造商的4G手机也以支持FDD–LTE为主。随着中国4G牌照的发放，这一局面将发生改变。面对中国庞大的市场，无论是国际巨头苹果、三星还是国内厂商中兴、酷派都积极推出支持TD–LTE的智能手机，特别是苹果公司，12月23日宣布与中国移动达成合作协议，将于2014年1月17日正式发售支持中国移动4G（TD–LTE）的iPhone5s/5c，试图借着4G的普及进一步抢占移动智能终端的高端市场。相信随着基础建设的不断完善，4G资费的越来越合理，消费者对4G的认识的深入和接纳，2G/3G手机朝4G的升级换代将会拉动我国智能手机的出货量，进一步促进信息消费和国民经济增长。另外，4G需要大规模信息基础建设的投入，对网络设备的性能和质量提出了更高的要求，这将刺激产业链上游通信设备制造商的生产和研发。作为信息基础设施的一个重要环节，我们认为，4G牌照的发放更具有战略意义，移动网速越来越快将极大地促进智能终端云计算应用的爆发式增长，推动移动领域的云计算革命。

三 余额宝上线引发互联网金融热潮

2013年6月13日,支付宝联合天弘基金推出余额宝,定位于为个人用户提供余额增值服务。2014年1月15日,余额宝规模达到2500亿元,客户数量超过4900万,天弘基金一举成为国内最大的货币基金管理公司;截至2014年3月底,余额宝用户达到8100万,资金规模达到5413亿元,平均年化收益率为5.2%,为客户累计实现收益75亿元。余额宝上线引发了互联网金融热潮,百度、腾讯、新浪、网易、搜狐等国内主要的互联网企业都相继直接或者间接与基金公司合作推出互联网理财产品。除此以外,众筹、P2P等互联网金融模式开始被广大用户熟悉,融360、盒子支付、挖财、有利网等一大批创业企业受到关注,互联网金融呈现燎原之势。

互联网金融对传统金融行业有一定的冲击,对其转型和改革有一定的推动作用。一方面,互联网金融倒逼利率市场化改革。互联网金融降低了理财门槛,原本只能以活期存款放在银行账户的资金,可以通过互联网购买货币基金享受大额存款的高利率。这势必会分流银行的存款,推高银行业融资成本。在此背景下,银行业必然要求开放存款利率,通过提高存款利率促进资金回流。另一方面,众筹、P2P等互联网金融模式也在一定程度上直接拉近投资方和融资方的距离,对有融资需求而银行不愿意放贷的小微及创业企业实现了很好的覆盖。在互联网技术的支撑下,互联网金融的资金供求配对将非常有效率。同时,以大数据为代表的信息技术可能成为改变传统金融业的信用征信和管理体系。

但是,从目前国内发展现状看,互联网金融的兴起归根结底是利用监管空白进行的监管套利,而不是因为互联网本身。余额宝的本质是货币基金,互联网只是其货币销售的工具或者渠道。随着监管趋严和银行系理财基金收益率不断提高,类似余额宝的互联网货币基金收益率也呈现出不断下降的趋势。到2014年4月,货币基金整体收益率随着市场资金面的逐渐宽松开始下降。4月17日，109只货币市场基金（A类）的平均7日年化收益率为4.5%，仅易方达易理财、华夏财富宝等少数货币基金年化收益率超过5%。互联网金融一路高歌猛进的同时，也出现了P2P企业倒闭潮。金融的本质是对风险进行经营和管理，多遵循审慎原则，互联网金融监管有待加强。

四 微信以支付加速腾讯O2O模式发展布局

2013年8月，微信5.0版本正式推出。该版本增添了表情商店、游戏、公众账号折叠、支付、语音与汉字转换、收藏等多个功能，以提升用户的体验，初步尝试商业化模式。微信支付功能成为最大的看点，在业界掀起一片热议。业界认为，朋友圈信息分享是微信最大的特点，也是微信吸引相关企业进行社会化营销的关键，能够培育一定量的黏性用户。而支付功能的推出让微信变得更加强大。

微信支付成为转变微信平台定位的重要里程碑之一。支付给微信带来的影响和机遇包括：一是提升平台化和商业化能力。支付使微信不只是一个通信工具，而且将交易引入社交领域，加速微信的商业化进程。支付为微信扩展交易应用场景提供便捷。继微信5.0第一个版本之后，微信不断扩展电子商务功能，植入理财等互联网金融服务，将自身打造成一个移动流量的重要入口。支付加速各种应用APP入驻微信，同时提升微信的商业化能力。微信作为承载各种应用APP的平台化能力也迅速提升。除此之外，微信自身功能扩展也将成为平台化的重要推动力量。只要能让支付以及支付应用很好的对接，就会形成巨大的市场。二是加速和深化O2O模式发展。微信支付定位并不是停留在作为支付工具的阶段，而是作为支付平台，这促使微信加快扩展交易应用场景。O2O模式布局成为培育支付用户的关键，同时，O2O模式与支付的联动作用，将对微信平台化起到推波助澜的作用。腾讯投资嘀嘀打车，战略入股大众点评，这些均为快速支付应用匹配了大量资源。从嘀嘀打车APP市场推广来看，如果没有支付，嘀嘀打车 APP 推广速度不会那么快，正是连接了支付功能以及基于支付的营销，才会让这些线下服务迅速在线上进行推广和交易。打车行业覆盖用户规模大，也是快速培育 O2O 模式和笼络用户的重要应用场景。三是支付有助于培养用户在移动端进行交易的习惯。支付与应用的对接离不开用户和消费者，一旦用户形成在移动端进行各种交易的习惯，移动端作为交易窗口也将顺理成章。

从上述分析可知，支付在微信培育移动互联网生态中起到了关键作用。支付为打造移动交易平台、笼络移动用户、帮助 PC 端向移动端的交易习惯转移起到了不可替代的推动作用。这为腾讯以社交布局移动互联网生态，打造超级 APP，创造了发展机遇。

五 小米与格力的赌局引业界重审互联网模式的后顾之忧

2013 年 12 月 12 日，在中国经济年度人物颁奖晚会上，小米的创办人雷军和格力总裁董明珠设下"10 亿赌局"。赌局约定是 5 年之内小米的营业额超过格力的营业额，董明珠将输给雷军 10 亿元，反之，雷军输给董明珠 10 亿元。表面上看，两者赌的是经营收入。然而，从深层次上分析，两者赌的聚焦点是互联网深化发展背景下制造业的发展模式。雷军认为小米互联网营销模式相较传统营销模式更成功，董明珠却认为小米并不一定是互联网模式唯一的赢家，小米的成功可以复制。

从"10 亿赌局"可以反映出，小米当前还没有取得真正的成功，小米的成功是阶段性的，小米的优势资源应放大到管理营销、关键核心技术、研发设计等关键领域。小米自 2011 年成立以来，营收和出货量高速增长，分别从 2011 年的 5 亿元和 40 万部、2012 年的 116 亿元和 719 万台上升到 2013 年的 316 亿元和 1870 万部。透过这些数据解读小米为什么将互联网模式推向了新的发展阶段。首先，小米的定位是移动互联网企业，利用网络"病毒式"营销方式，实现供给者和需求者之间"零距离"，提供满足消费者需求的产品。其次，小米的成本集中在客服和生产研发方面，可谓是轻装上阵。

"10亿赌局"让业界重新审视互联网模式的后顾之忧。在互联网模式下，制造业的核心仅限于营销吗？答案当然是否定的，互联网搅浑了制造业的原有生态，实现制造业与相关产业跨界融合。未来，决定互联网模式下制造业成功的核心是什么？这个核心应该是对生态资源的核心掌控能力，这种掌控需要聚焦在核心技术、平台资源和营销模式上。跨界融合之后，核心资源也应该是整合的，而不是仅强调互联网或制造业一方的核心优势。互联网最大的优势就是营销速度、广度和深度，用户参与度提升。然而，这些不能决定互联网模式持续的成功。

小米的成功与其说是反映了互联网营销模式的成功，不如说是互联网革新传统制造业营销模式所带来的先发优势。至于说，小米是否能真正成功，能够将互联网营销模式发挥极致，基于互联网构建制造业新生态，还要看小米能否掌控产业链的核心环节，占据生态系统中的关键核心资源。如果小米能够掌握核心技术，充分发挥管理营销优势，占据价值链高端，能够将与生态系统中的上下游企业联动发展，实现共赢，那么小米构建的基于互联网的生态系统是非常坚挺的。

六 联想集团以29亿美元收购摩托罗拉智能手机业务

2014年1月30日，联想宣布以29亿美元从谷歌收购摩托罗拉移动。根据双方协议，联想将向谷歌支付29亿美元，其中包括6.6亿美元的现金，以及7.5亿美元的联想普通股股份支付，而余下15亿美元则将以三年期本票支付。收购完成后，联想将获得超过2000项专利资产，以及摩托罗拉移动品牌和商标组合，同时，摩托罗拉的3500名员工和全球50多家运营商的合作关系也将归入联想移动业务集团。

对于谷歌来说，这场收购是契合当前谷歌的战略的，谷歌并未打算进军手机硬件，而是把更多精力放在Android生态系统的优化和创新上。

三年前谷歌收购摩托罗拉移动以后主要做了三件事：一是以23.5亿美元出售摩托罗拉机顶盒业务；二是出售工厂，改为外包和租用；三是裁员和减税。如今，谷歌再以29亿美元的价格把剩下的摩托罗拉卖给了联想。谷歌经过这样一番运作之后，手里剩下的就是纯粹的专利，谷歌收购摩托罗拉移动的主要目的就是防止竞争对手通过专利抑制安卓的发展和壮大。

摩托罗拉移动的市场、品牌、知识产权、产品组合互补和团队可以给联想带来长期效益，虽然短期内效益可能不明显，但重要的是联想通过此举直接获得进军全球移动市场的门票。尽管摩托罗拉目前的市场份额持续呈现缩水状态，但其品牌价值和市场影响力仍然不可小觑。

首先，借助摩托罗拉的品牌效应，联想可以进一步打开北美和欧洲市场。目前，摩托罗拉是美国第三大Android智能手机厂商和拉丁美洲第三大智能手机厂商，虽然无法与巅峰时期相比，但仍具有相当的地位。虽然MOTO势头大不如前，但Moto X和Moto G仍以外观设计和实惠的价格拿下了不少的市场份额。同时，联想也将拿到摩托罗拉移动的品牌和商标，进一步实现全球化发展，尤其是在北美和欧洲市场。其次，借助收购摩托罗拉，联想可以拉近与海外50多家运营商的关系，从而加强与运营商的合作。最后，联想获得2000项专利，另外还有大部分的专利将以相关专利授权和其他知识产权授权许可证的形式供联想长期使用，这将极大地促进联想在安卓手机上的研发和创新。

七 百度斥19亿美元收购91手机助手

2013年7月16日，百度宣布与网龙网络有限公司签署谅解备忘录，百度将收购网龙旗下91无线网络有限公司（以下简称"91无线"）全部股权，购买总价为19亿美元。91无线是国内主要的移动应用下载渠道之一，主要从事开发和营运91助手及安卓市场两个应用分发平台，2012年通过91无线进行的应用下载突破100亿次。收购91无线也是百度进一步加强在移动互联网领域的最新举措，意在进一步加强百度在移动应用分发方面的入口作用。该案例的标的额超过2005年阿里巴巴以10亿美元并购雅虎中国，成为中国互联网有史以来最大的并购案。

百度收购91无线是不得已而为之。首先，百度移动互联网布局乏力。百度拥有近40款移动互联网应用，但多数应用属于价值不大的弱需求应用，而在强需求应用中，大多数产品晚于市场一两年时间，已错过了推广的最佳时机。在LBS领域，竞争对手腾讯、大众点评并没有停止发力。此外，它仍面临着如何在移动领域不被垂直搜索、移动应用分流的挑战。与百度相比，奇虎360拥有安全卫士、网址导航和浏览器等多个推广渠道。以游戏应用分发为例，《中国游戏产业报告》显示，截至2013年9月底，中国安卓游戏分发平台中，360手机助手市场份额高达28.3%，高于91无线和百度手机助手市场份额之和。其次，百度最初的收购目标是UC，2012年一直在UC的谈判之间斡旋，但谈判以失败告终，百度只能退而求其次，寻求收购91无线。最后，百度迫切需要重量级移动互联网入口。91无线是现成的移动互联网入口，用户过亿，同时手机游戏的发展处于成长期。对于急于在移动互联网领域打开局面的百度而言，希望大大扩展自己的业务外延，不再仅仅局限在搜索上，这就迫切需要91无线这样一个"入口"产品。

百度斥巨资收购91无线对相关企业和整个移动互联网格局有一定的影响。首先，该事件直接导致第二次"3B"大战悄然开火。2012年8月21日，奇虎360将360浏览器默认搜索引擎由谷歌正式替换为360自主搜索引擎，360与百度之间对于网络搜索资源份额的战争就此爆发。而随着并购战略的演进，第二次"3B大战"悄然开火。其次，通过收购91无线，百度可以更好地压制360的产品推广。收购91无线，一方面，扩充了百度的应用分发能力，让百度成为最大的移动端应用分发平台。另一方面，91手机助手在WiFi、3G未完全普及前对百度PC端也有重要的补充。除此之外，91无线的渠道运营能力结合百度的流量，在收购后对360产品推广的压制、自身产品在预装市场上的议价能力提升、对开发者而言的

第十四章 2013年度中国IT产业十大热点事件

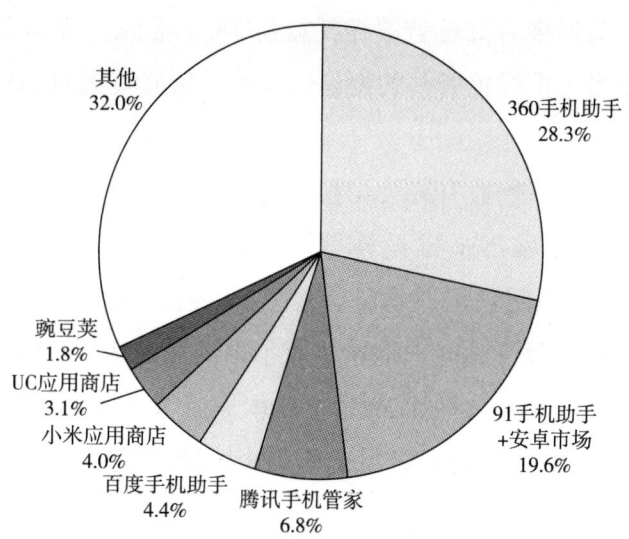

图14-1 中国安卓游戏分发平台市场份额情况

资料来源：游戏工委，IDC。

渠道维护成本降低等方面都有着极大的促进作用。最后，该事件之后，360、腾讯与百度将成为掌控移动渠道的三巨头。与91无线的联盟，将进一步加强百度在移动端的话语权，以挑战360的市场地位。而百度收购91无线，也意味着中国移动应用市场正在加速进入寡头时代。

八 紫光股份并购展讯和锐迪科加速集成电路行业整合

2013年，紫光集团成功收购展讯通信，并与锐迪科共同宣布收购意向，由此拉开了中国集成电路行业兼并重组的大幕。2013年6月20日，紫光集团向展讯通信发出现金收购要约，收购价为每股美国存托股份28.5美元，收购总价14.8亿美元；7月12日，紫光与展讯方面宣布最终收购价格为每股美国存托股份31美元，收购总价约18亿美元；12月23日，紫光集团宣布完成对展讯通信的收购事项。2013年11月11日，紫光集团与锐迪科共同宣布，紫光集团将以现金方式收购锐迪科的全部流通

213

股份，最终收购价格为每股美国存托股份18.5美元，收购总价9.1亿美元，双方已在当天正式签署并购协议。目前，紫光集团收购锐迪科一事还在进行中。

紫光集团由清华控股有限公司控股，主要业务领域包括高科技、生物医药、科技地产及城市基础设施等，其中，高科技领域主要依托紫光（北京）仿真科技有限公司、北京紫光智能机器人系统有限公司及紫光股份有限公司。紫光股份为电子百强企业、国内第三大IT分销商，2012年营业收入超过10亿美元；展讯通信是中国第二大芯片设计企业，2012年营业收入达到7.25亿美元；而锐迪科为中国第三大芯片设计企业，2012年营业收入接近4亿美元。

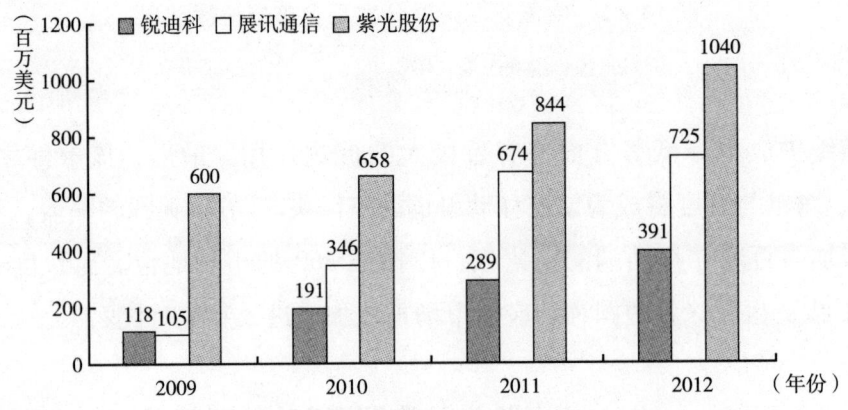

图14-2 2009~2012年紫光股份、展讯通信和锐迪科营收情况

集成电路是国家信息安全和电子信息产业发展的基石。近些年，中国集成电路市场空间巨大，且产业发展迅速。中国半导体行业协会的统计数据显示，2013年前三季度中国集成电路产业销售额1813.78亿元，同比增长15.7%，其中，设计业574.23亿元，同比增长31.8%，远高于世界同行业的增长速度。目前，我国有600余家芯片设计公司，但绝大多数规模很小。《中国半导体产业发展状况报告（2013版）》显示，2012年我国前10名芯片设计企业总销售额为226.4亿元，不足高通公司同期营业收入的三分之一。预计，2013年销售收入接近10亿美元的芯片设计企业仅

海思半导体和展讯通信两家，70%以上的芯片设计企业年销售收入不足2000万美元。中国芯片对外依存度非常高。海关统计数据显示，2013年前三季度中国集成电路进口量1990.3亿块，进口金额1752.7亿美元，同期出口量仅1071.6亿块，出口金额仅707.4亿美元，仅集成电路方面的贸易逆差就超过1000亿美元。

众所周知，芯片业是典型的资金和技术密集型产业，具有竞争力强且竞争全球化的特点，整合重组是行业做大做强、提升行业竞争力、产业链协调发展的必然趋势，受国际竞争压力及企业模式向全产业链转变的影响，中国芯片业将步入资源整合的高峰期。紫光集团收购展讯通信和锐迪科有助于迅速改变我国芯片设计领域企业小、散、缺乏竞争力的现状。一旦紫光集团成功收购锐迪科，并完成两家公司的整合，新的芯片设计公司将一跃成为国内最大的芯片设计企业，从而提高中国企业的国际竞争力和市场地位，对中国乃至世界半导体产业格局都将产生重要的影响。

九 XP停止服务引发担忧

微软计划于2014年4月8日停止Windows XP操作系统（以下简称"XP"）的支持（XP嵌入式SKU不受影响），不过将在2015年7月14日前为用户提供预防病毒方面的支持。微软此举涉及的行业、地区、部门众多，计算机终端数量巨大，将对我国信息安全带来较大影响，并且会在一定程度上影响部分IT产业的发展。

XP是有史以来销量最大、历史市场占有率最高的操作系统。XP于2011年10月上市，2007年1月市场占有率达历史最高水平，超过76%。根据Net market share公司对全球互联网用户的统计数据显示，2012年8月，统治操作系统市场长达11年之久的XP最终被Windows 7超越。根据《2012年度中国软件盗版率调查报告》的数据，在中国的PC中，XP的市场份额占73.5%（党政机关这一比例可能超过90%），即XP在用量为2亿台，并且其中84.2%的用户没有升级到XP后续版本Windows 7或

Windows 8 的计划。

在用的 XP 计算机将面临信息安全风险。首先，我国政府、重点行业面临敏感信息被窃取，业务系统、生产系统不能正常运行的风险。即使是同互联网隔离的信息系统，如果出现严重安全漏洞又不能打上补丁，病毒防护产品、防火墙等现有安全防护措施可能不再有效，同样面临来自内部和外部的安全威胁。其次，使用安装 XP 计算机上网的用户，其个人信息可能被窃取、计算机被攻击控制成为"肉机"的风险加大。最后，如果升级 XP 的后续版本，可能面临应用程序兼容问题。目前政府、重点行业中使用的业务系统和业务软件大都是基于 XP 的环境进行开发的，有些无法兼容 XP 的后续版本，需要花大力气进行修改、测试、完善。

微软此举是希望"安迪比尔定律"继续发挥作用，提振公司业绩，拓展云计算、移动互联网等市场。IT 产业长期以来都是在"安迪比尔定律"主导下，通过 Wintel 联盟，实现不断地增长。Microsoft 为了维护其在操作系统市场的垄断地位，不断在操作系统软件中增添新功能，造成系统软件越来越臃肿。操作系统的不断升级，反过来提高了对硬件平台的需求。因此，XP 在市场上的长时期稳定发行，虽然为微软带来了大笔可观收益，但是在一定程度上成为其创新和营收增长的阻碍。微软停止 XP 服务，有以下几方面的目的：一是使用户在信息安全、程序兼容等压力下升级到其后续操作系统版本，带动 Office 等软件业务实现营收增长。二是推行新的操作系统以实现其云计算、移动设备等战略。三是通过收费的 XP 服务，拓展营收。如爱尔兰政府与微软签订了一项价值 450 万美元的 XP 延长支持协议。英国仅卫生部就拥有 110 万台 XP 计算机，如果购买三年的 XP 延长服务，将花费 15.4 亿美元。但是微软此举也面临一定风险，如搭载谷歌 Chrome OS 的笔记本就趁机进行推广，蚕食掉部分市场份额。

微软停止 XP 服务对国内信息安全、桌面操作系统、整机厂商而言，也是一个新的发展机遇。如 360、金山等可以接管 XP 安全服务，其他厂商也可以开发 XP 安全加固产品，为国内 2 亿 XP 用户提供安全保障，并从中取得收益；政府部门、重点行业考虑到 XP 的后续版本（如 Windows 8）的安全机制改变会带来更大的安全隐患,再加上棱镜门等事件的影响,希望能够安全可靠,这将给国内桌面操作系统、整机厂商带来机遇。

十 发改委对高通发起反垄断调查

2013年11月25日,高通公司宣布,接到国家发展和改革委员会根据《反垄断法》启动的对高通公司的反垄断调查。2014年2月19日,国家发改委首次正式公布对高通公司进行反垄断调查。调查源于行业协会和律师向国家发改委价格监督检查与反垄断局举报,反映美国高通公司涉嫌滥用其在无线通信标准必要专利市场和手机芯片市场上的支配地位,实施价格垄断行为,主要包括不公平的高价、歧视性定价、附加不合理交易条件等。目前,高通被国家发改委进行反垄断调查案还在发酵。

高通公司是全球最重要的手机基带芯片和应用处理器芯片及设计参考提供商之一,尤其是在3G/4G芯片方面,拥有大量的基础专利。公司2013财年营业收入高达248.66亿美元,其中设备及服务营收169.88亿美元,占比68.3%,许可和特许权使用费(包括专利授权)78.78亿美元,占比31.7%。公司收入分布按地域分布的数据显示,中国大陆市场营收122.88亿美元,占比高达49.4%;韩国市场营收49.83亿美元,占比20.0%;中国台湾地区营收26.83亿美元,占比10.8%。

高通具备滥用市场支配地位和操纵价格的基础。目前,高通公司在4G领域的渗透率已经达到80%,具备市场支配地位。其专利组合主要涉及CDMA专利和OFDM专利(LTE基础技术专利),从而能够对CDMA/WCDMA/LTE等各种制式的终端提出专利要求。AOP(Article One Partners)与汤森路透联合发布的研究报告显示,高通占据LTE基本与新颖专利12.5%的份额和AOP技术(主要包括多输入输出、先进载波聚合和视频多媒体应用中的LTE技术)趋势专利7.45%的份额,均位居第二,而LTE基本与新颖专利份额排名第一的诺基亚与高通之间并没有直接的竞争关系。因此,单从芯片厂商专利份额看,在4G时代,高通在LTE市

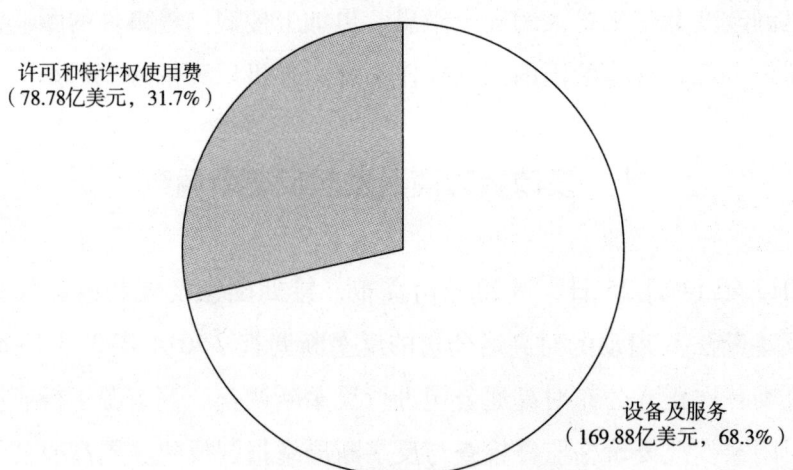

图 14 – 3　2013 财年高通营业收入来源按产品结构分布

资料来源：高通财报。

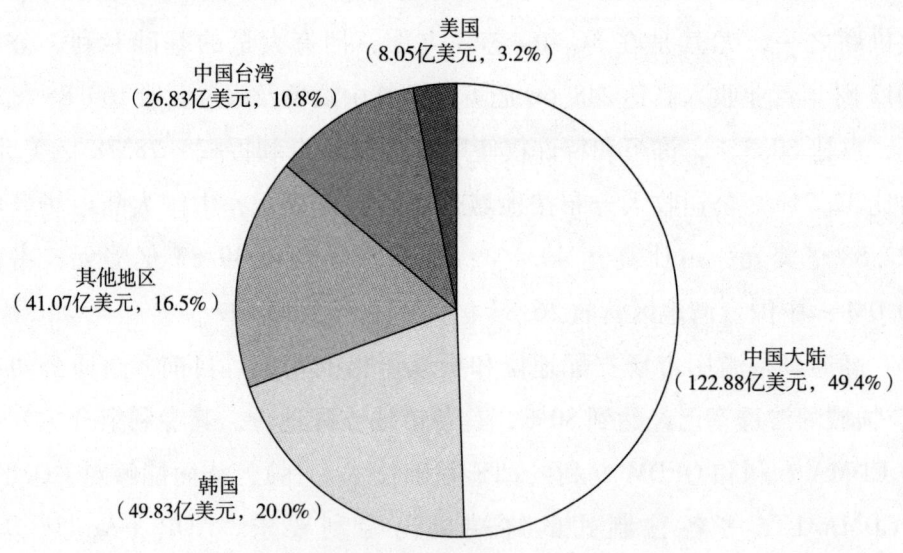

图 14 – 4　2013 财年高通收入来源按地域分布

资料来源：高通财报。

场具有明显的优势。从目前移动互联网芯片市场份额来看，高通已经在基带、应用处理器等芯片方面取得了绝对的优势。高通公司本身推出基带芯片和处理器芯片的同时也对外进行专利授权，因此，为获取利润的最大化和压制对手，高通公司有滥用市场支配地位和操作价格的动机。

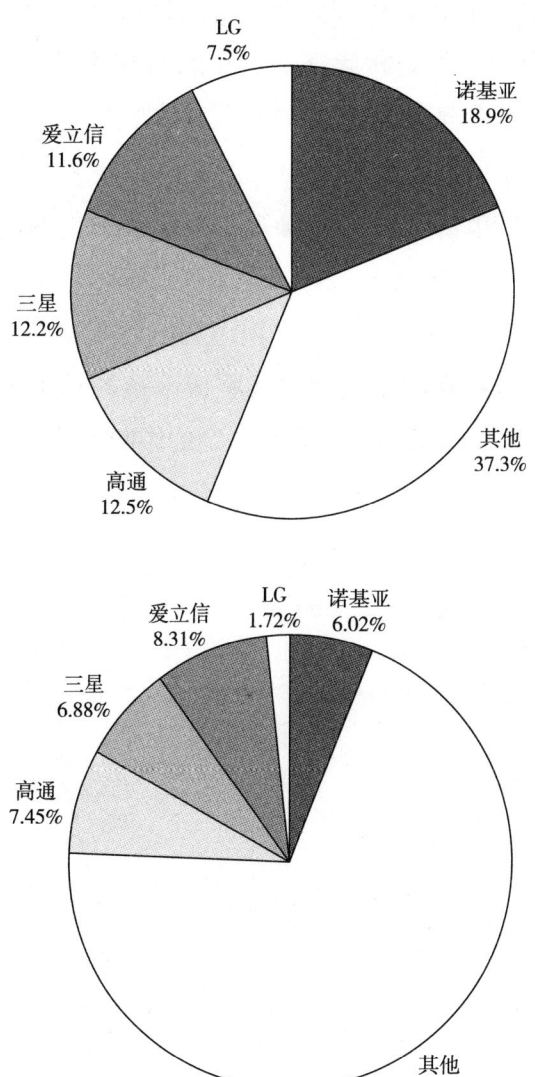

图 14-5　五大厂商 LTE 基本与新颖专利比例和 AOP 技术趋势专利比例

资料来源：AOP、汤森路透，2012。

该事件成为中国 IT 领域，继国家发改委对三星、LG、奇美等六家液晶面板厂商价格垄断调查后的又一重要事件，显示出政府在维护电子信息产业公平正义市场竞争环境方面的决心。此前,高通公司曾多次因许可和特许权使用费定价问题遭到其他国家和地区的反垄断调查,主要包括欧盟于2005年对高通许可和特许权使用费定价过高展开反垄断调查;韩国于2009年对高通公司进行反垄断调查,并开出2730亿韩元(约合2.52亿美元)的罚单。高通涉嫌触犯中国《反垄断法》的事实一旦认定,或将面临巨额的罚款,并将直接影响到公司业务的拓展。根据我国《反垄断法》规定,企业凭借市场垄断优势操纵、垄断价格牟取暴利,且不配合国家反垄断部门调查、拒绝整改的,将按一家公司的上一年营收处以1%~10%的罚款。按照高通上年在中国市场的营收达到123亿美元来估算,一旦此次反垄断调查实施,高通或将面临最高达12亿美元的罚单,并可能对高通在中国的市场和业务造成一定的影响。

第三部分 专题篇

第十五章 新型智能终端发展浪潮来袭

　　大数据、云计算、移动互联网技术的提升，推动 IT 技术与传统行业结合日益紧密，IT 技术正在成为推动传统终端的智能化升级的重要支撑，并重构其设计及制造流程。随着以智能手机、平板电脑为代表的移动智能终端产业进入平稳发展期，智能化升级浪潮正逐步向汽车、家居、机器人等行业延伸，可穿戴设备、智能汽车、智能家居、智能机器人等新型智能终端产品大量涌现。以谷歌、苹果、百度为代表的国内外 IT 巨头也纷纷布局智能汽车、可穿戴设备、智能家电等领域，在助力传统工业制造智能化升级的同时，也在与传统制造企业展开角逐。为大幅提升产品的交互便捷性和用户体验水平，智能语音正在成为主要交互方式之一，助力传统终端的智能化升级。深度学习、自然语言理解等人工智能技术在大数据、云计算等技术的支撑下，进一步加速传统终端的智能化速度。

一 可穿戴市场角逐全面展开，医疗健康市场前景广阔

2013年，可穿戴设备概念热潮席卷全球，随着大型互联网企业和创新企业的纷纷加入，市场竞争趋向白热化。Juniper Research预计，2013年全球穿戴式设备出货量将达到1500万部，市场规模将达到14亿美元。到2018年，全球穿戴式设备出货量将达到7000万部，全球市场规模将达到190亿美元。随着全球可穿戴设备市场的逐渐兴起，中国可穿戴设备市场也将迎来高速增长，并正在成为全球可穿戴设备市场的核心。艾媒咨询的数据显示，2012年中国可穿戴设备市场各种设备出货量达到230万部，预计到2015年中国市场可穿戴设备市场出货量将超过4000万部。

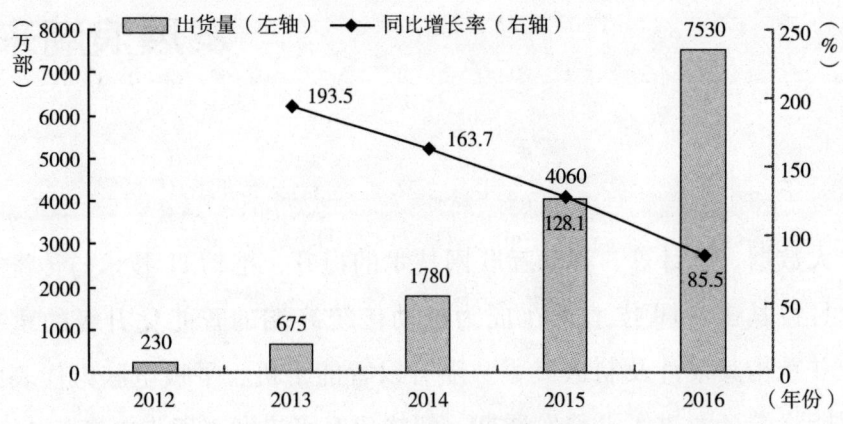

图15-1 2012~2016年中国可穿戴设备市场出货量预测

资料来源：艾媒咨询。

2012年中国可穿戴设备市场的各种设备市场规模达到6.1亿元，预计到2015年中国可穿戴设备市场规模将超过100亿元，达到114.9亿元。

可穿戴设备市场的升温吸引了各大IT巨头和创新型企业争相进入并推出自己的产品，大量兼具时尚性和功能性的产品相继推出。2013年以来，随着移动智能终端的快速普及，国内外企业纷纷推出了自己的可穿戴

第十五章 新型智能终端发展浪潮来袭

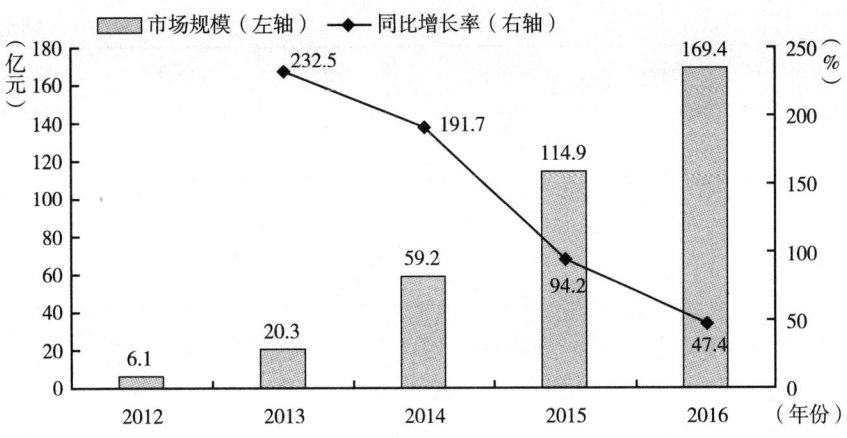

图 15-2　2012~2016 年中国可穿戴设备市场规模预测

资料来源：艾媒咨询。

设备产品，针对医疗健康、虚拟增强现实等领域的产品层出不穷。谷歌 Glass、三星 Galaxy Gear、苹果的 iWatch、索尼 SmartBand、高通 Toq、中兴 GrandWatch、佳明 Vivofit、百度手环、果壳手表、360 儿童手环等一系列可穿戴设备公布于众。截至 2013 年底，果壳电子发布的国内首款智能手表订单量仅 6 个月已达 30 万块。而在 2013 年的国际消费电子展（CES）上，中兴也展出了智能手表产品，并计划于 2014 年第一季度正式上市。随着华为、中兴等 IT 巨头的入市，国内可穿戴设备市场的竞争将更趋升温。

表 15-1　国内外典型企业可穿戴设备布局

企业	国家	代表产品	产品类型	操作系统	发布时间	主要功能
谷歌	美国	Google Glass	智能眼镜	Android	2012 年 4 月	网上冲浪、电话通信、读取文件
苹果	美国	iWatch	智能手表	iOS	未定	即时通信、物理回馈、无线充电
高通	美国	Toq	智能手表	Android	2013 年 9 月	连接手机、上网、即时通信
Pebble	美国	Pebble Steel	智能手表	支持 iOS、Android	2013 年 1 月	连接手机、上网、即时通信

续表

企业	国家	代表产品	产品类型	操作系统	发布时间	主要功能
佳明	美国	Vivofit	智能手环		2014年1月	运动检测、提醒
耐克	美国	Fuel Band	智能手环	Nike+	2012年4月	运动测量,心率、脉搏监控
三星	韩国	Galaxy Gear	智能手表	Note 10.1	2013年9月	智能传递、即时通信、数据监测
LG	韩国	Lifeband Touch	智能手环	Android	2014年1月	连接手机、上网、即时通信
索尼	日本	SmartWatch	智能手表	Android	2012年1月	连接手机、NFC连接
盛大果壳	中国	Geak Watch	智能手表	Android	2013年6月	连接手机、数据记录
百度	中国	咕咚手环	智能手环	iOS	2013年6月	运动、睡眠监测,活动提醒等
映趣	中国	inWatch	智能手表	Android	2014年1月	智能健康管理、即时通信
中兴	中国	GrandWatch	智能手表	Android	2014年1月	计步等专业运动辅助、手机连接

资料来源：工业和信息化部电子科学技术情报研究所整理。

智能手表是目前厂家和消费者最为追捧的产品。根据速途研究院的数据,智能手表由于其低成本、便携性以及消费者肯定等因素,市场占比达到62.8%。其次是智能眼镜,市场占比为11.4%。但目前智能手表仍主要作为手机的附属品存在,产品功能有限严重制约了其市场推广。

以谷歌眼镜为代表的智能眼镜市场前景也一致被看好。Gartner报告显示,以谷歌眼镜为代表的智能眼镜将提高制造业、现场服务、零售和健康医疗等垂直行业的员工的工作效率。预计到2018年,拥有厂区外员工的美国公司的智能眼镜应用率将达到10%。新设备预计将对包括制造业、石油和天然气在内的重工业产生最大的影响,对零售业、消费产品和健康医疗等混合行业产生中等的影响。BI Intelligence预计,Google眼镜到

第十五章 新型智能终端发展浪潮来袭

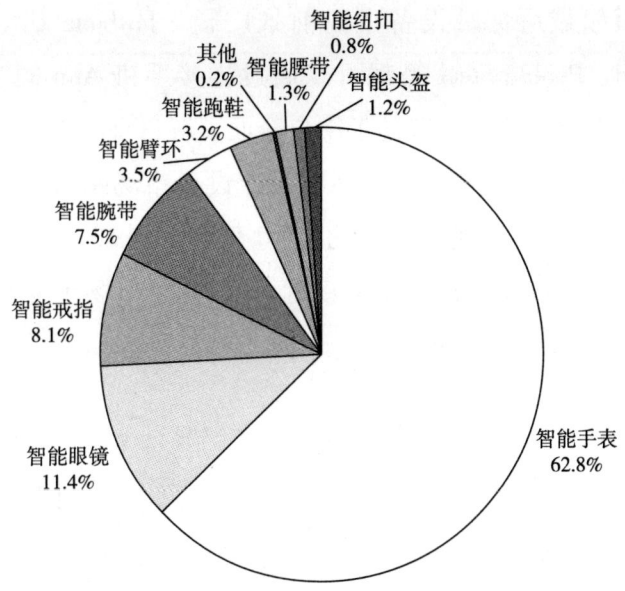

图 15-3 可穿戴设备的产品形态分布

资料来源：速途研究院。

2018年底的销量将达到2100万台以上。以每台设备500美元计算，相当于年市场价值为105亿美元。

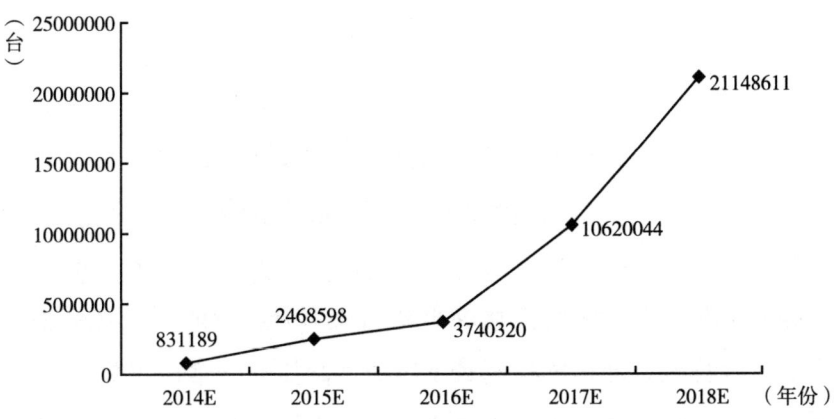

图 15-4 2014～2018年谷歌眼镜预计年销量

数据来源：BI Intelligence。

225

医疗健康领域可穿戴设备市场前景广阔。Jawbone UP、Fitbit Flex、Nike FuelBand、Pebble Steel 等都可以通过连接手机 App 同步实现睡眠、运动以及饮食方面的监测，有助于用户全面了解自身的健康状况。艾媒数据显示，2013 年中国可穿戴便携移动医疗设备市场销售规模将达到 5.6 亿元，预计到 2015 年市场规模将超过 10 亿元。到 2017 年，中国可穿戴便携移动医疗设备市场销售规模将接近 50 亿元，市场年复合增长率达到 60%。

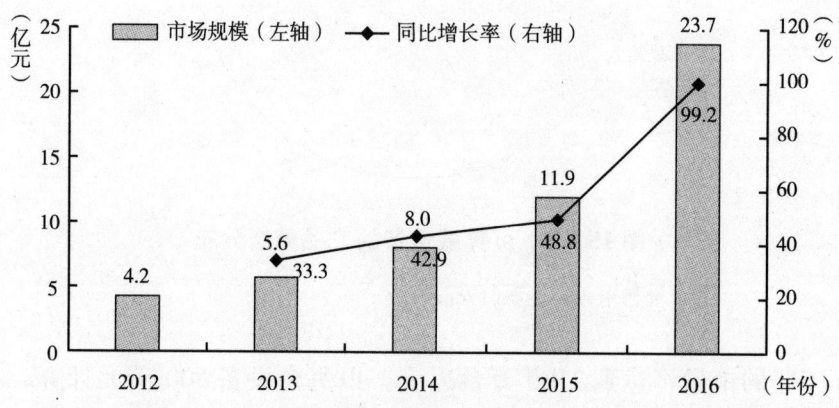

图 15-5　2012~2016 年中国可穿戴市场移动医疗设备市场规模预测

资料来源：艾媒咨询。

二　智能家居发展仍处起步阶段，智能家电领域发展迅速

智能家居是传统产业智能化的重要组成部分。智能家居就是通过综合采用先进的计算机、通信和控制技术（3C），建立一个由家庭安全防护系统、网络服务系统和家庭自动化系统组成的家庭综合服务与管理集成系统，从而实现全面的安全防护、便利的通信网络以及舒适的居住环境的家庭住宅。智能家居是 IT 产业和制造工业向个人家居领域渗透发展的必然结果。随着智能家居的迅猛发展，越来越多的家居开始引进智能化系统和

设备。智能化系统涵盖的内容也从单纯的方式向多种方式相结合的方向发展，智能家居产业有望成为物联网生态下一个繁荣的技术群落和应用产业。和全球智能家居行业的快速发展并逐渐进入全自动发展阶段不同，目前我国智能家居发展仍处于手动控制的初级阶段。

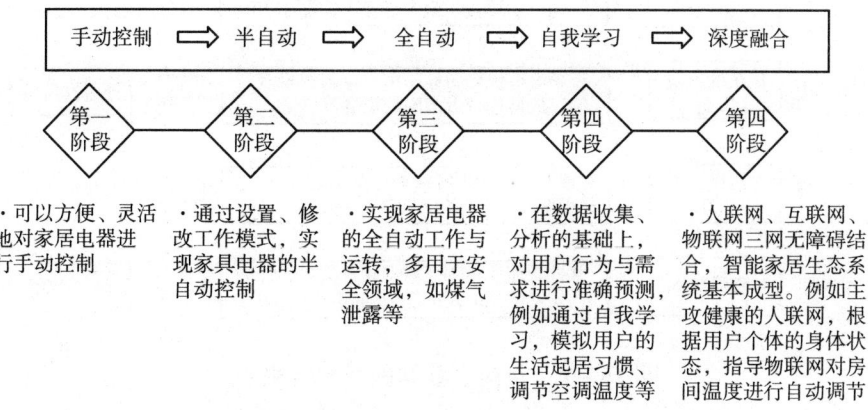

图 15 – 6　智能家居发展的五个阶段

资料来源：卡睿智能科技。

智能家居广阔的市场前景吸引互联网厂商进入，目前共有四大阵营共同角逐智能家居市场。一是传统的可视对讲厂商，二是传统的家电厂商，三是智能控制类厂商，四是互联网新贵。互联网企业的进入将加快智能家居普及进程，特别是谷歌以32亿美元现金收购智能家居企业 Nest，将彻底改变智能家居行业的竞争格局。除谷歌以外，其他大型科技公司也在觊觎联网智能家居市场。三星也发布了新款智能家用计算平台，可以方便用户通过一个统一的应用控制三星生产的洗衣机、电视机和其他设备。微软、苹果和亚马逊同样也在争相发展这一市场。国内企业如小米、百度、乐视基于对互联网入口的掌控能力，具有开发应用的能力。

互联网企业瞄准智能家居行业往往是看中了掌控家居中心控制器的机会，通过推出家用智能网关产品，实现其通过互联网通信渠道积累数据，搭建家庭服务平台，从而占领家居控制的制高点。谷歌更是希望通过将其 Android 系统及各种应用植入智能家居，先抓住智能家居的控制中心，再在智能家居之上打造一个家庭互联系统,发挥其数据挖掘、整合的能力,并开发出衍生应用,提供服务。

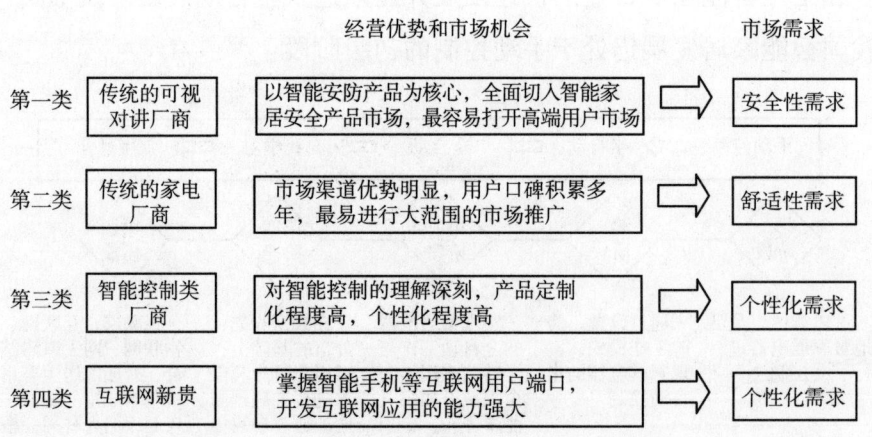

图 15-7 目前主要智能家居企业主体

资料来源:前瞻资讯。

我国智能家居系统起步稍晚,市场主流产品(系统)还无法很好地解决产品本身与市场需求的矛盾,很大程度上阻碍了智能家居产业的发展,但在智能家电领域发展迅速。在全球智能家电快速发展的带动下,我国智能家电正逐步走在世界前列。据 ABI Research 的数据,2018 年智能家电(内置互联网连接功能的产品)市场规模达 250 亿美元。北美地区仍是利润最丰厚的市场:该地区的智能家电的增长速度最快,预计 2013 年的收入将超过 5 亿美元。中国蓬勃发展的消费市场以及日本、韩国和澳大利亚等更为成熟的市场将推动亚太地区的智能家电在未来五年以 92% 的复合年增长率增长。

2012 年以来,以创维、长虹、海尔为代表的传统家电厂商纷纷推出自己的智能家电产品,抢占发展高地。以小米、乐视、爱奇艺为代表的互联网企业也纷纷通过合作推出智能家电产品。2013 年 10 月,家电零售商苏宁联合弘毅以 4.2 亿美元控股 PPTV,为其在智能电视、机顶盒等领域的布局奠定基础。苏宁利用自己的渠道优势进行分销,业务范围向上游产业延伸，即使不独立生产电视等产品，也可利用其在传统家电业务分销上的积累，与众多家电品牌合作推广电视在线视频客户端。ZDC 的数据显示，截至目前，市场上推出大部分液晶电视已基本具备智能功能。在 2013 年最受关注的 10 款中国液晶电视中，已有 7 款具备智能功能。2013 年 9 月《智能家用电器的智能化技术通则》（以下简称《通则》）开始实施，对家电智能化水平提出了具体的评价标准，将家电"智商"分为 5 级，其中 5 级最低、1 级最高。通过检测的智能家电都将贴有类似能效标识的智能化等级标志，消费者可据此区分和评判智能家电究竟有多"聪明"。

表 15-2　2013 年中国液晶电视市场最受关注的前 10 款产品及主要参数

单位：元

序号	产品名称	电视类型	产品尺寸	年末报价	厂商
1	L55E5690A-3D	3D、智能、超高清	55	8990	TCL
2	84LM9600-CA	3D、智能、超高清	84	129999	LG
3	KD-84X9000	3D、超高清	84	155000	索尼
4	LED65XT880G3D	3D、智能、超高清	65	19999	海信
5	UA85S9	3D、智能、超高清	85	219999	三星
6	50E780U	3D、智能、超高清	50	7399	创维
7	L50E5690A-3D	3D、超高清	50	7999	TCL
8	UA55F9000	3D、智能、超高清	55	29999	三星
9	L65E5690A-3D	3D、智能、超高清	65	17999	TCL
10	KD-65X9000A	网络、超高清	65	32488	索尼

资料来源：ZDC。

目前，智能家居作为一个新生产业，在我国仍处于发展初期，对于前景广阔的智能家居产业来说，消费观念尚未形成和体验不佳仍然是各种智能家居产品的通病。一方面，企业还是需要围绕用户的需求来思考；另一方面，企业要把握智能家居的发展方向。但随着智能家居市场推广普及的进一步落实，培育起消费者的使用习惯，智能家居市场的消费潜力巨大，产业前景光明。以谷歌、阿里、百度为代表的互联网企业纷纷进入智能家居领域，国内优秀的智能家居生产企业将越来越重视对行业市场的研究，特别是对企业发展环境和客户需求变化趋势的深入研究，将会涌现出更多优秀的智能家居产品。未来智能家居必然由现在的照明控制、窗帘控制等内容主导的家庭装修前装市场，向智能家电、控制中心、数据挖掘等后装市场方向发展。未来智能家居行业的竞争将由产品竞争转向平台竞争，并通过提供服务来获取利润。

三 汽车智能化水平不断提升，无人驾驶正成为竞争焦点

随着 IT 技术逐渐进入汽车行业，汽车已经由一个代步工具发展成为移动互联网络中的重要组成部分，并以新型智能终端的形态出现，成为全新的集娱乐、信息为一体的服务平台。近年来，汽车产业有超过90%的创新与智能化系统相关。根据美国管理咨询公司博斯的数据，在全球各种行业中（概括起来约十五大行业类型），互联网技术在汽车行业的渗透排名第四，仅次于金融保险行业、计算机及电子品行业、媒体及通信行业。近年来，谷歌、苹果等企业纷纷利用其技术推动汽车行业革新，传统的汽车厂商也在探索 IT 技术与汽车行业的融合发展，智能互联在汽车行业已经不再停留在概念阶段，而是进入实质性发展阶段。在汽车行业，基于工具思维、产品思维的生产方式，正在被服务思维、运维思维所取代，并为其产业实现跨越发展奠定基础。美国消费电子协会预计，出厂预装车载科技产品的市场规模在 2013 年将增长 11%，至 87 亿美元。

目前，智能汽车较为成熟的、可预期的功能和系统主要是包括智能驾驶系统、生活服务系统、安全防护系统、位置服务系统及用车服务系统等。各大企业基本围绕这些功能展开研发，使汽车具有和人一样"思考""判断"和"行走"的能力。智能汽车经过近百年的发展，通过不断进行系统和硬件创新，已逐步在智能驾驶、生活服务、安全防护、位置服务等

功能方面取得了较大进展。汽车智能化推动进程也由以汽车制造商为主转向IT企业和科研单位。

表15-3 智能汽车发展历程

年份	汽车	产品	主要功能及意义
1912	凯迪拉克	自动启动系统	驾驶人不再用手动曲柄启动汽车
1939	奥兹莫比尔	自动变速系统	第一个自动变速系统
1951	克莱斯勒	第一款油压转向系统	开始由汽车提供转向动力
1958	克莱斯勒	巡航控制系统	使得驾驶人不用再时时注意行驶速度
1970	克莱斯勒	防抱死刹车系统	首创了四个车轮滑转控制的制动系统
1997	丰田	基于雷达的自适应巡航控制	可与前车自动保持安全行驶距离
2002	丰田	Night View(夜视)	车内监视器,可显示前方道路的近红外图像,凸显障碍
2003	梅赛德斯	Pre-Safe 系统	用感应器预测迫在眉睫的撞击,采取各种防范措施
2004	英菲尼迪	"离开车道"警示系统	在车驶离车道时提醒驾驶人
2005	沃尔沃	第一款盲点警报系统	当有车进入驾驶人盲点时就会发出警报
2006	雷克萨斯	平行泊车系统	相机-声纳辅助实现平行泊车
2007	卡内基梅隆大学	Tartan 车队	赢得美国国防部的自动汽车比赛大奖
2008	梅赛德斯	Attention Assit	在驾驶人显露疲劳征兆时发出警告
2009	沃尔沃	行人监测系统	
2010	奥迪	无人驾驶自动汽车 TTS	行驶12.42公里,抵达落基山派克峰顶
2010	谷歌	无人驾驶汽车	车队开始在加州道路上试行
2010	梅赛德斯	F800Style 赛车助手	一款低速适应巡航控制系统
2011	中国国防科技大学	无人驾驶汽车	行驶177英里,从长沙开至武汉

资料来源:工业和信息化部电子科学技术情报研究所整理。

汽车互联是汽车智能化的重要体现。据博世中国估计，到2015年，全球75%的人口会成为互联网人口，全球将有66亿互联物体，其中汽车预估有6200万辆，汽车将会是第三大互联网的物体。市场调研公司IHS Automotive预期，到2020年，全球可连接互联的汽车数量将会由如今的2300万辆增长六倍以上，达到1.52亿辆。GSMA数据预测，2025年，100%的汽车都将实现联网；而Navigant Research的最新报告称，2035年，75%的上路车辆将实现无人驾驶化。

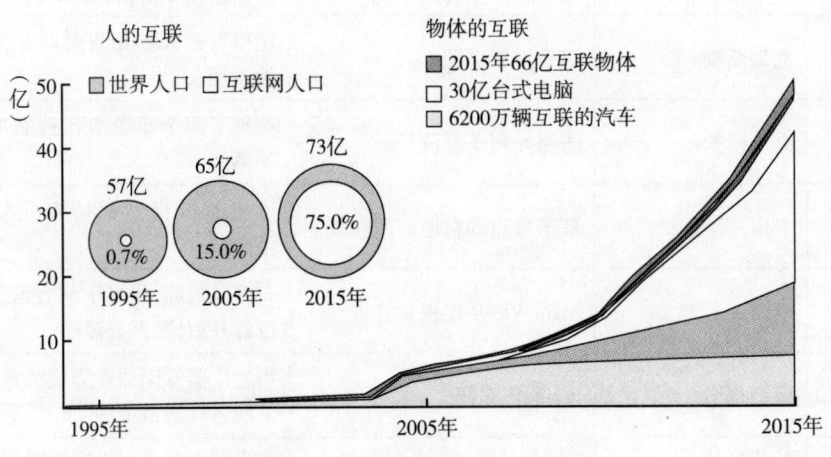

图15-8 联网汽车发展情况

资料来源：博世中国。

汽车智能化正在逐渐改变传统汽车制造和设计流程，推动产业转型升级。奥迪、丰田等汽车厂商积极推进用IT技术改进自身产品的创新，以谷歌、苹果为代表的IT巨头除自身进行智能汽车研发外，更是将自己的Android和iOS系统整合进各大厂商的高端产品中，加快汽车智能化进程。IT巨头凭借强大的后台数据、网络技术、智能软件的支持能够很好地实现车与云端的互联。谷歌无人驾驶车辆就是芯片技术、多种网络通信技术以及协同软件技术、视频技术、商业智能分析系统、地图技术等多种技术融合渗透到传统汽车中的产物。特别是无人驾驶智能汽车的出现，更是汽车技术飞跃发展的重要标志。

表15-4 IT企业和汽车制造厂商在无人驾驶汽车领域的优势

企业类型	特点	优势	代表企业
IT企业	完善的后台数据 成熟的网络技术 智能软件支持 云交互平台	能够更好地通过云计算、大数据、互联网优势提供服务	Google SAMSUNG Apple Baidu百度
汽车制造商	了解车辆工作原理 注重汽车实用性 关注汽车便捷性 更加注重行车安全 车内设施配套	汽车制造技术能与车辆本身实现更加有效的结合，产品设计不断优化	BMW Mercedes Audi VOLVO

资料来源：工业和信息化部电子科学技术情报研究所。

谷歌无人驾驶汽车可以实现在视频摄像、雷达传感以及激光测距等仪器的帮助下了解汽车周围的交通状况，并借助GPS和Google地图规划到目的地的路线。截至目前，谷歌无人驾驶汽车在公共道路上已经安全无事故地行驶了超过16万英里，将近26万公里，其中一辆普锐斯试验车更是即将突破1万英里的行驶路程，而出现的事故仅1例。目前谷歌无人驾驶汽车已经拿到了美国内华达州车辆管理局发放的测试牌照，可以合法上路行驶，这标志着谷歌无人驾驶汽车取得了阶段性的进步。为了更好地研发车载技术，谷歌宣布与芯片制造商NVIDIA、汽车制造商（本田、奥迪、通用和现代）建立开放式车载技术研发联盟，并计划于2014年将安卓平台装载到汽车中。此外，雷克萨斯等汽车厂商也将生产搭载谷歌自动驾驶技术的汽车。戴姆勒旗下梅赛德斯-奔驰正在将谷歌眼镜整合到汽车导航系统中，以提升车辆的智能化程度。苹果也将目光投向汽车行业。苹果最新推出的iOS7最大亮点就在于车载Siri语音功能，可使用户在拨打电话、使用地图或通过车载互联网查找相关资料时更加便利。苹果公司正在积极与本田、奔驰、日产、法拉利、雪佛兰、英菲尼迪、起亚、现代、沃尔沃、讴歌、欧宝、捷豹等汽车厂商展开合作。

从产业整体发展来看，以谷歌、苹果为代表的 IT 巨头的进入，更多的是 Android、iOS 两大生态系统的竞争，即两大平台之争。除此之外，大量的汽车公司正在投资使 Linux 成为其汽车的操作系统选择。Linux 基金会的一个下级小组已经发布了汽车级 Linux – AGL（Automotive Grade Linux），这是一个基于 Linux 开源镜像创建的车载信息娱乐、远程汽车娱乐操作系统和应用程序开发包原型，拥有一个控制器区网络 CAN、一个车载总线标准、API、一个 HTML5 应用程序框架以及简单的用户接口。目前，捷豹、路虎已经加入 AGL，并将系统内置于整个汽车中。

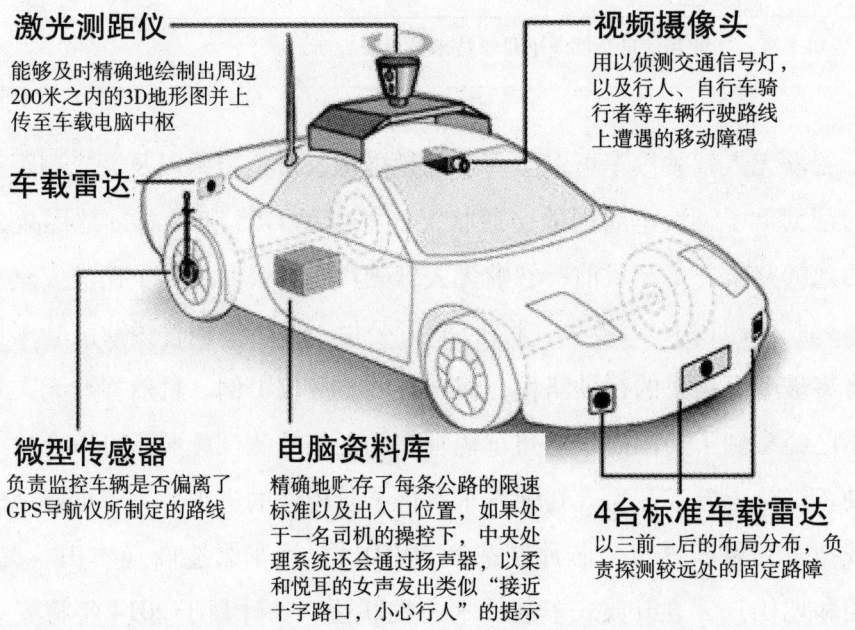

图 15 – 9　谷歌无人驾驶汽车结构

资料来源：谷歌。

2014 年 CES 消费类电子产品展览会上，各大实力雄厚的汽车厂商亮出了最新的高科技部件和车载电子智能技术。通用、福特、大众、丰田等全球前 10 大汽车厂商当中的 9 家都集体出席本次展会。奥迪、福特等都全球首发了全新概念车，这些新车整合最前沿的车载智能科技，展现了汽车智能化的发展趋势。截至目前，宝马汽车已经与博通合作，提供了车载语音识别技术，能通过数据中心对语音输入进行实时处理，转换为短信和电子邮件。宝马同时也向驾车人提供了天气和油价等信息。通用汽车已经在其旗下凯迪拉克、别克和雪佛兰三大车型品牌上搭载使用了 On Star（安吉星）系统。与此类似的，丰田也推出了 G-BOOK 系统，它们在功能上类似，运作原理也基本相同，都是为车主提供在线服务。奥迪一直处于汽车创新的最前沿，并且在信息娱乐、驾驶辅助和自动驾驶方面处于领先地位。在自动驾驶系统方面，奥迪更是一马当先，其举措之一就是对谷歌 Android 操作系统的整合应用。奥迪公司正在研究可以让司机双手离开方向盘，让车辆自己完成工作的技术。这一趋势已经蔓延至自主品牌车企。比亚迪此前推出的速锐车型，将配备遥控无人驾驶技术。东风裕隆纳智捷 5 的一款车型更是将直接在车上配备一款 HTC 的手机，与仪表台配备的 9 英寸屏幕相连接成"大手机"。此外，基于互联网的智能化车载技术将成为各大厂商争夺的重点方向。

以特斯拉为代表的新型电动车是汽车智能化的另一类代表。特斯拉汽车由于集信息、通信、娱乐、功能于一身，并具备独特的造型、高效的加速、良好的操控性等特性，受到消费者的关注和追捧，开始引爆智能汽车发展。特斯拉汽车的出现，表明传统产业的产品形态、制造流程、营销方式等核心部分将全面依赖软件和信息技术服务。软件产业与传统产业的边界正在消融。根据彭博社的资料，特斯拉的供应商多达 14 家，分别来自日本、美国、法国、瑞士、瑞典、韩国等地，其中与特斯拉关系最为密切的 5 家公司中有两家为软件公司。这 5 家公司依次为松下公司（锂电池）、横滨轮胎（轮胎）、瞻博网络（变速箱和网络设备）、直觉软件（应用软件）以及达索系统（3D 设计软件）。2013 年 9 月，特斯拉宣布放弃与谷歌合作，并致力于自动驾驶技术的研究，这代表其正在向着汽车智能化、软硬件结合的方向发展。根据美国 Hybridcars 的消息，特斯拉汽车自预订以来，截至 2013 年 5 月，销量居第三位。

我国从 20 世纪 80 年代开始着手无人驾驶汽车的研制开发，但目前多

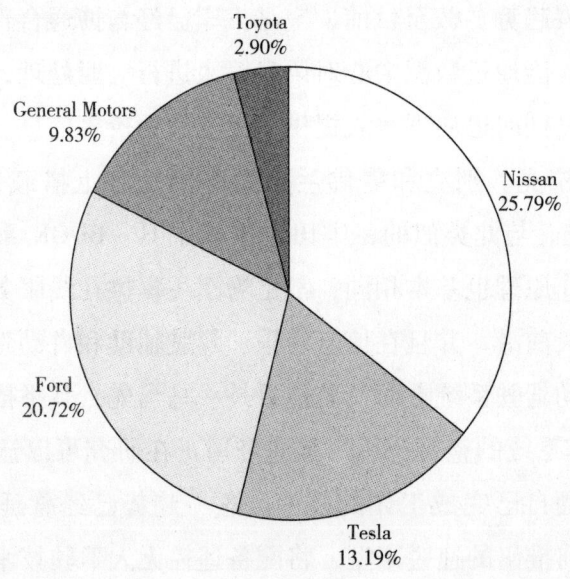

图 15－10　美国 2013 年前 5 月电动车销量

资料来源：Hybridcars。

处于研发阶段。国内清华大学、国防科技大学、上海交通大学、西安交通大学、吉林大学、同济大学、天津军交学院等都有过无人驾驶汽车的研究项目。特别是北京理工大学，在无人车技术上已取得全国领先的水平，在国内多个无人车比赛中经常受邀以表演队的身份参加。1992 年，国防科技大学成功研制了我国第一辆真正意义上的无人驾驶汽车。由计算机及其配套的检测传感器和液压控制系统组成的汽车计算机自动驾驶系统，被安装在一辆国产的中型面包车上，使该车既保持了原有的人工驾驶性能，又能够用计算机控制进行自动驾驶行车。2000 年 6 月，国防科技大学研制的第 4 代无人驾驶汽车试验成功，最高时速达 76 千米/小时，创下国内最高纪录。2003 年 7 月，国防科技大学和中国一汽联合研发的红旗无人驾驶轿车高速公路试验成功，自主驾驶最高稳定时速 130 千米/小时，其总体技术性能和指标已经达到世界先进水平。此外，西安交通大学搭建的 Spingrobot 智能车实验平台，已于 2005 年 10 月成功完成在敦煌"新丝绸之路"活动中的演示。同济大学 2006 年研发的无人驾驶清洁能源电动游览车，最高时速为 50 千米/小时，可应用于观光旅游。吉林大学和中科院沈阳自动化所在无人驾驶智能车方面的研究也起步较早，并取得了不少成果。

在产业化推广方面，国内百度也开始跨界进入汽车领域。2012 年 4 月，百度与现代汽车集团宣布双方已经签署协议，将共同对车载语音服务的技术产品研发及运营展开深入合作。现代汽车将引入百度的中文语音识别、海量数据处理等技术，利用"第二代车载信息系统"提供便捷的网页搜索餐厅、景点等目标地点搜索服务，开发汽车内部环境下的语音实时播报服务。百度已经与宝马达成了类似协议，共同研发车载信息系统搜索服务的技术产品，同时在运营方面展开深入合作。这预示了百度致力于将其互联网技术和服务扩展至任何可能的平台，包括车载平台。

纵观智能汽车发展历程，汽车智能化将是主要的发展方向，IT 企业将在汽车智能化过程中发挥越来越重要的作用，基于汽车操作系统、车载应用软件的汽车服务平台将是各大 IT 巨头竞争的焦点。随着产品成本的降低，汽车智能化将逐渐由高档车向低档车普及，基于服务的收费模式将成为汽车行业主要的盈利模式。汽车厂商将沿数字化的价值链上下游进一步延伸，不断创新商业模式和业务类型。但受技术和实际交通限制，汽车无人驾驶技术在未来 5 年内将难以实现大规模的推广应用。

四 机器人市场迎来发展机遇，工业应用前景广阔

人工智能技术不仅在西方国家发展势头强劲，在中国的发展前景也同样引人注目。中国是全球机器人行业增长最快的市场，国内的高增长将使得中国未来两年内超越日本，成为世界上最大的工业机器人市场。随着谷歌在机器人领域的巨大投入，在其海量数据和深度学习技术的推动下，机器人即将迎来大发展，并不断向智能化方向演进。国际机器人联合会数据显示，2012 年工业机器人的销量创出历史第二新高，总销售量超过 15.9 万台，仅比 2011 年的历史最高销量略微下降 4%。2008～2012 年，机器

人的年均销售增长率高达9%。2013年，全球工业机器人销量将达到16.2万台，比2012年增加2%。预计2014～2016年，年均销售增长率为6%，2016年将达到19万台。

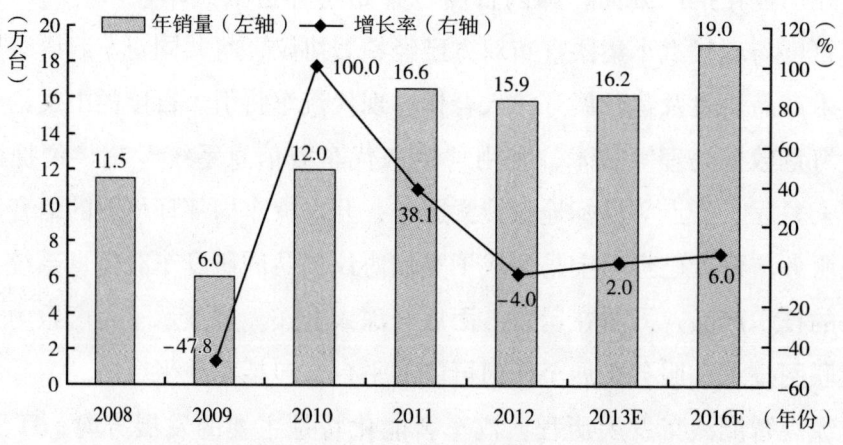

图15-11　2008～2016年全球机器人年销量

资料来源：国际机器人联合会。

2013年以来，以谷歌为代表的IT巨头大量并购机器人相关制造商，也为该产业爆发奠定了基础。在谷歌2013年收购的16家公司中，有8家公司和机器人项目有关，2家涉及手势识别、语义识别等人工智能技术。目前，谷歌已经开始在旧金山等城市试行由机器人提供的自动化包裹送递服务。2013年12月，为推动机器人研究，美国国防部先期研究计划局（DARPA）举办了"机器人比赛"，测试机器人的灾难救援能力，日本Schaft团队的双足机器人拔得头筹，完成了包括爬楼梯、开门、移除杂物及清理碎片等在内的所有8项救援任务，此次比赛的冠亚军均在早前被日本收购。2013年5月，谷歌与美国国家航空航天局（NASA）联手购入一台D-Wave量子计算机，致力于借助量子计算推动解决人工智能领域的诸多难题。量子计算机的强大运算能力可应用于"机器学习"领域。此外，美国IBM计划投入10亿美元，并另辟独立部门继续发展自家的超级计算机机器人。

表15-5　谷歌2013年机器人相关的收购事件

收购时间	公司名称	技术优势	主要技术或产品
2013年2月	Dnnresearch	语音识别	语音和图像识别技术
2013年10月	Flutter	动作识别	手势识别技术
2013年12月	Schaft	机器人	类人型机器人
2013年12月	Industrial Perception	机器人	工业机器人研发与制造
2013年12月	Meka Robotics	机器人	仿真机器人
2013年12月	Holomni	机器人	小型高性能滚轮系统
2013年12月	Bot&Dolly	机器人	机械与电影工程设计工
2013年12月	Autofuss	机器人	广告视觉设计
2013年12月	Boston Dynamics	机器人	机器人工程技术

资料来源：工业和信息化部电子科学技术情报研究所。

近年来，我国面临人力成本上升、产业结构升级的重要转折期，而国内工业机器人仍处于行业发展的初级阶段，随着经济的发展，我国机器人市场前景广阔。尚普咨询机械行业分析师认为，国内工业机器人行业已经步入黄金发展期。作为劳动力成本快速上升和产业结构调整升级带来的令人惊喜的"副产品"，机器人替代人工劳动力成为行业快速发展的催化剂，并且使得产业的经济性拐点加速到来。2012年，中国已成为仅次于日本的全球第二大机器人市场。尽管中国的机器人购买量在2012年仅有小幅上升，达到2.3万台，但中国是全球增长最快的市场。2005～2012年期间，中国工业机器人的销售量以年均25%左右的速度高速增长。然而，尽管我国即将成为全球第一大工业机器人市场，但目前国内装机的机器人80%以上都是外国国籍。其实"嫦娥三号"月球车，已经是最先进的服务机器人，从这个角度看，我国的机器人研发在世界上也是比较先进的，但在市场上特别是高端市场上外资品牌依然是主力。据国际机器人联合会的数据，2014年中国将成为全球最大的机器人市场；到2015年，中国国内工业机器人年供应量将超过2万台，保有量将超过13万台。智能机器人已经越来越多地介入到人们的生产和生活中。深圳机器人协会的数据显示，截至2012年底，与机器人技术相关的信息、家电、通信等装备制造业的产品规模已达3000多亿元，居全国前列。深圳机器人企业产值平均增长速度超过了30%，个别企业的增速甚至达200%。长期来看，未来这一行业仍将保持高增长态势，产业爆发将是大概率事件。

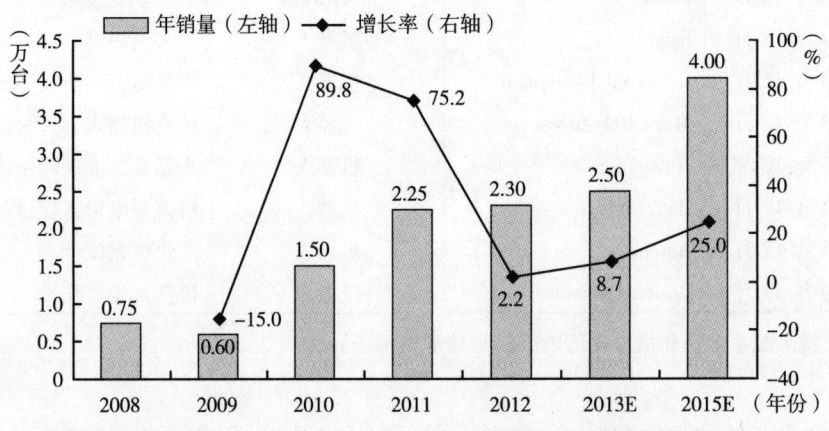

图15-12　2008~2015年中国机器人年销量

资料来源：国际机器人联合会。

当前，政府的政策支持也在同步跟进。中国工信部发布《关于推进工业机器人产业发展的指导意见》，要求到2020年，中国要形成较为完善的工业机器人产业体系，培育3~5家具有国际竞争力的龙头企业和8~10个配套产业集群；攻克伺服电机、精密减速器、伺服驱动器、末端执行器、传感器等关键零部件技术并形成生产力。今后几年，中国将把机器人生产力作为中国产业结构发展调整最重要的支撑点。机器人产业将是继汽车、计算机之后出现的新兴的大型高技术产业。"十二五"是中国工业机器人产业发展的关键转折点，市场需求将呈现井喷式发展，工业机器人的需求量将以每年15%~20%的速度增长。

五　智能语音技术应用不断深入，正在成为主要人机交互方式

智能语音技术通过60多年的发展，在20世纪90年代开始由技术研

发进入产业化阶段。近年来，随着信息化、网络化、智能化的不断演进，智能语音技术已经开始为越来越多的用户提供便捷、自然的交互体验，并逐渐成为智能终端的基础服务和用户获取信息的入口，成为主要的人机交互方式。特别是2010年以来，在智能化浪潮的带动下，以谷歌、苹果、百度为代表的IT巨头纷纷进入智能语音领域，抢占人机交互技术制高点。随着智能语音技术的不断成熟，其已经在智能家居、智能汽车等领域大范围推广和应用，并在可穿戴设备、智能机器人等领域具有广阔的市场前景。Gartner发布的《2012~2013年技术曲线成熟度报告》显示，语音识别技术将会在2~5年内达到高峰期，同时自动内容识别、自然语言问答、语音翻译、语音挖掘等智能语音技术的高峰期将在5~10年内到来。

语音交互已经成为智能电视的标配。语音技术在智能家电领域的应用，主要包括以语音应用为亮点的智能电视、智能空调、智能微波炉等。随着智能语音家电产品的全面推广，语音技术正在成为智能家电的标配，在电视、机顶盒、微波炉、空调等家电产品中的应用将越来越被用户熟知和接受。电视是智能语音技术在家电行业应用最快的领域，TCL、长虹、创维、康佳、歌华有线等智能电视提供商、机顶盒提供商以及服务运营商等纷纷通过自主研发创新和合作研发创新相结合的形式，深入研究智能语音共性关键技术，开发新型语音交互智能家电产品，提升语音交互的流畅性，提供高效的人机通信。截至目前，TCL、长虹、康佳、联想、创维、乐视均已推出智能语音电视产品，长虹还联合中科院声学所推出智能语音芯片，并将陆续在其智能空调、智能电视等终端上实现安装。2012年，智能语音技术成为智能家电的标配，中国应用语音技术的智能电视（含机顶盒）销量达到600万台，预计到2017年，应用语音技术的智能电视（含机顶盒）将成为家庭必备品，其销量将达到6000万台。

智能语音技术在以语音应用为亮点的"能听会说"的车载信息服务系统（Telematics）中发挥着重大作用，推动汽车智能化升级。随着汽车的日益普及和性能的逐渐完善，用户对汽车安全性、便利性的要求与日俱增，高科技元素在车载系统中的运用也逐渐成为大势所趋，其中语音技术

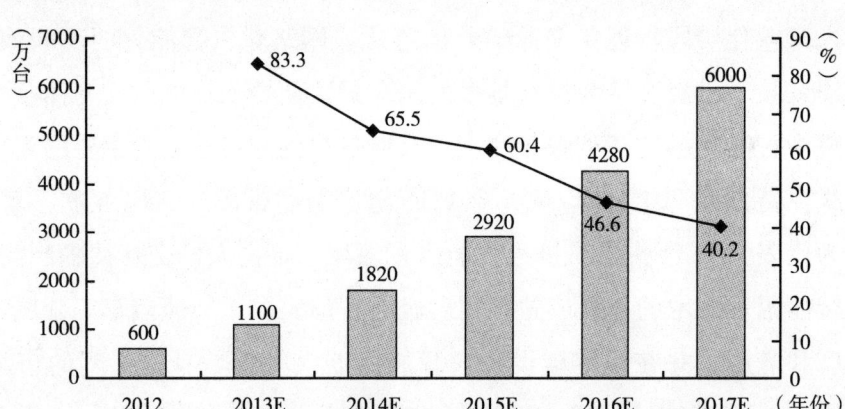

图 15-13　2012～2017 年中国应用语音技术的智能电视（含机顶盒）销量

资料来源：工业和信息化部电子科学技术情报研究所。

应用尤其迅猛。2007 年福特推出了 Sync 系统，标志着语音技术开始应用在汽车上，其核心就是通过语音控制车载信息娱乐设备及移动多媒体设备。2012 年 6 月，苹果在其全球开发者大会（Worldwide Developer Conference）上提出了 Siri Eyes Free 模式。用户通过 USB 线缆将 iPhone 接入车内，可使用电话、短信、查询方向等功能，并能够通过语音指令实现免提控制。用户在驾驶时只需要用声音便可控制车载设备并且与 Siri 系统进行交流。苹果公司宣布已经和八大汽车企业合作，打造智能语音行车助手，标志着智能语音技术全面进入汽车行业。

国内如上汽、奇瑞、江淮等汽车厂商纷纷与科大讯飞、捷通华声、车音网等展开合作，开发集车载语音操控、语音识别、语音导航等服务为一体的汽车电子产品，寻求车载语音行车的新突破。另外高德、凯立德等车载信息服务提供商也在其终端产品中加入语音服务，提升车载信息服务系统的便捷性。目前，我国的 Telematics 应用主要集中于车载导航服务，占据整个 Telematics 产业的 90% 以上。据高工物联网产业研究所（GIII）的数据，2012 年，中国车载导航销量为 767 万台，其中后装 638 万台，前装 129 万台。预计到 2015 年，中国车载导航销量将超过 1272 万台，其中前装 400 万台，后装 872 万台。2012 年，汽车信息服务与语音技术结合成为热点，中国应用语音技术的车载信息服务系统销量达到426万台。未来，车载语音产品将结合消费者需求、语义使用习惯，以及环境模拟、人车互动等对车载语音用车进行差异化规划与提升，实现人车合一。预计到2017年，中国应用语音技术的车载信息服务系统销量将突破2200万台。

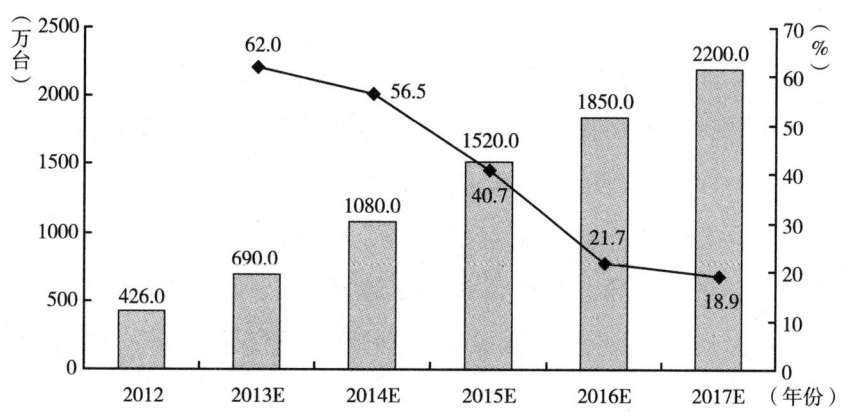

图15-14　2012~2017年中国应用语音技术的车载信息服务系统销量

资料来源：工业和信息化部电子科学技术情报研究所。

随着可穿戴设备的不断推出，机器人智能化水平的提升，智能语音将成为其主要的交互方式。以可穿戴设备为例，由于受硬件形态的约束，语音交互方式更优于触摸交互。先进的语音识别技术能让可穿戴设备听懂人类的指令并且具备一定人工智能，在语音不清或个别信息出错的情况下，依然正确理解并完成操作；出色的语音合成技术又提供了人机对话的可能性，让可穿戴设备也能主动"说话"，准确表达，从而解决用户的实际需求。2013年9月，百度成功将其语音助手内置在智能手表Galaxy Gear上。截至目前，市面上推出的可穿戴设备大多以语音为主要交互方式，尚未推出的iWatch、Google Glass也在其设备上重点强调了语音交互功能。

随着用户对体验水平的要求日益增加，当制造业发展遭遇瓶颈时，IT巨头会将其触角伸到各个领域，智能终端的类型将会不断丰富，延伸领域将不断扩大。未来IT技术将会进入生活的各个角落，并将所有事物进行连接。今后，我们的周围将会无处不智能，智能化也将使我们的生活更加便捷。

第十六章 "软件定义"改变世界

软件定义世界的本质是社会全方位的数字化。软件作为数字化的核心和灵魂,在国民经济和社会发展各个领域充分发挥全面覆盖、全面支撑和全面服务的作用。目前,在信息技术进入全面覆盖、深度融合的时期,软件提升和改造传统产业、催生新兴产业的速度更快、力度更强,软件革命的作用也更加凸显。在软件革命的推动下,产业加速重构、消费加速转型、社会加速变革,多领域的企业将面临适者生存、优胜劣败的演变。

一 硅谷掀起软件革命浪潮,"三化"趋势明显

2011年10月,Netscape创始人、硅谷著名投资人马克·安德森(Marc Andreessen)在《华尔街日报》刊登一篇引起广泛反响的文章——《软件正在吞噬整个世界》,其核心内容是越来越多的大型企业及行业将离不开软件,从电影、农业到国防,网络服务将无所不在。许多赢家将是硅谷式的创新科技公司,它们侵入并推翻了已经建立起来的行业结构。未来十年,预计将有更多的行业将被软件所瓦解,出类拔萃的硅谷新公司将会成为这一趋势的主要推动者。

软件革命正在以服务化、智能化和平台化的趋势促进产业转型升级。

第一,服务化。社会的生产、消费被软件驱动,通过网络化的管道,跨越时空的限制,加速进入服务经济时代,一切皆服务。传统工业在软件的作用下重新解构,由垂直产业整合加速向精细化水平产业分工,工业由生产型制造向服务型制造转变。

第二,智能化。软件革命带来智能化浪潮,利用软件提升生产线的自

动化水平,大幅提高生产效率。把软件植入各种工业产品,不但提高了产品的智慧水平,而且提高了产品的附加值,同时还能创造新的需求。各类服务业利用软件,大幅提高了服务能力和服务效率,实现大规模定制服务。

第三,平台化。软件的广泛应用使其成为产业链上下游、供应链各环节连接的纽带,进而演化成各种平台,在商业模式创新的带动下,开始出现一批垂直整合的商业平台,电子商务交易平台、电子书网上交易平台、网络视频分发平台等利用软件改造和提升传统产业、促进新兴产业快速发展的平台不断涌现。

在软件革命的推动下,很多产业加速重构、消费加速转型、社会加速变革,多领域的企业将面临适者生存、优胜劣败的演变。

近几年,无论是《新闻周刊》的闭幕、新媒体的兴起,诺基亚的陨

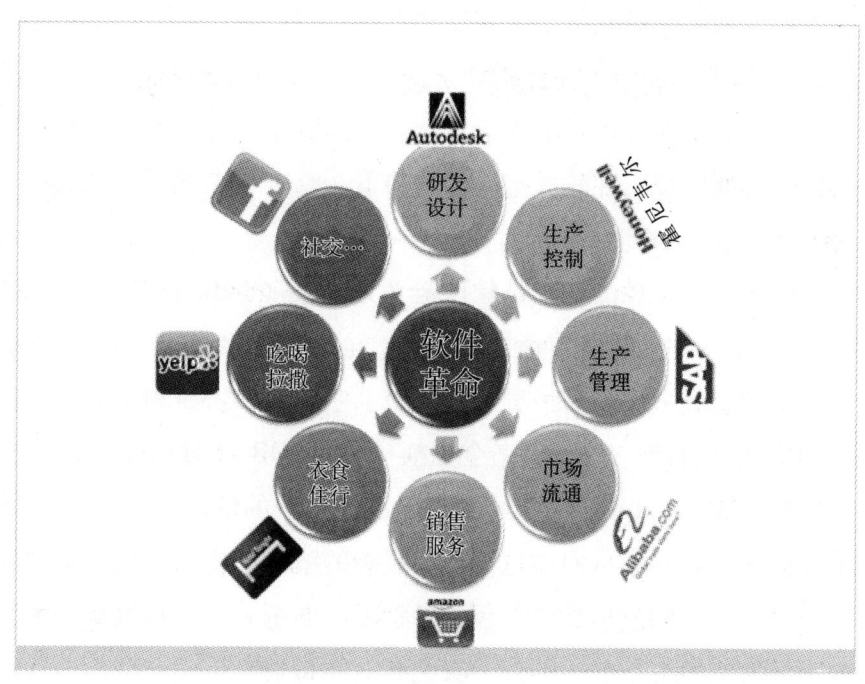

图 16-1 软件革命无处不在

资料来源:陈新河:《软件和信息服务业中长期发展趋势前瞻性研究》,微信公众号:软件定义世界(SDX)。

落、苹果的崛起,还是百盛上海虹桥店关张、电子商务的爆发,都可以看到"软件革命"或"软件定义世界"的力量。

二 软件定义内涵扩展,软件开始定义IT产业各领域

2013年,"软件定义"成为IT热词。VMware启动软件定义数据中心(SDD),英特尔抛出了软件定义基础设施,IBM开始谈论软件定义环境,软件势力逐渐向硬件、计算、存储甚至整个IT环境延展。软件定义IT,将会把网络基础设施、硬件设备和软件的融合推向新的高度。"软件定义"最大的好处,就是灵活性和跨平台的平滑性。在"软件定义"的时代,软件发挥的作用已远远不是计算机算法的实现、企业业务管理以及信息的存储和处理,而是将IT从静态运行的平台孤岛转向协同的、融合的、共享的平台。当网络被软件定义后,意味着IT所有层次都可以由软件定义,整个IT环境的灵活度因此被完全打开,从而显著地降低了创新门槛,因为任何人都有可能使用足够多的计算和存储资源,甚至在特定时段享有整个数据中心的资源。在软件定义的趋势下,整个IT都在发生改变。

1. 软件定义无线电

软件定义最先出现的概念是软件定义无线电(Software Defined Radio, SDR)。SDR是一种无线电广播通信技术,它基于软件定义的无线通信协议而非通过硬连线来实现。换言之,频带、空中接口协议和功能可通过软件下载和更新来升级,而不用完全更换硬件。SDR针对构建多模式、多频和多功能无线通信设备的问题提供有效且安全的解决方案。SDR能够重新编程或重新配置,从而通过动态加载新的波形和协议可使用不同的波形和协议操作。这些波形和协议包含各种不同的部分,包括调制技术、在软件中定义为波形本身的一部分的安全和性能特性。虽然在理论上软件无线电有良好的应用前景,但在实际应用时,它需要极高速的软、硬件处理能力。由于硬件工艺水平的限制,直到今天,纯粹的软件无线电概念也没有在实际产品中得到广泛的应用。

2. 软件定义手机

人们对软件定义世界感触最深的是 iPhone。2007 年前手机买家的注意力还集中在百万像素、电池寿命和屏幕分辨率等硬件规格上。苹果推出 iPhone 手机、谷歌发布 Android 开源操作系统以及 App Store 的发明，使得人们的关注点已经转向软件以及其能实现的功能：应用程序、用户界面、Web 浏览和电子邮件等。手机也从用于通信的专用产品，由功能明确的通信终端，变成通用功能的移动智能终端，而这要归功于软件。

3. 软件定义网络

互联网的拓扑结构是由路由器、交换机以及连接它们的线路等"硬件"确定的。这就意味着，网络建成后如果想改变一下，或者做新功能的测试，是非常昂贵且复杂的。软件定义网络（SDN）将转发与路由（控制）分离，使得原来的路由器不再做路由学习工作，纯粹只做转发工作，控制集中起来进行。这样，改变网络拓扑、优化流量流向等操作就容易多了。SDN 促使可以用多个低成本和不可靠的网络硬件，通过软件的方式实现大容量、高性能和可靠性的路由功能，安全性也会因为系统的简化而得到加强。SDN 的控制器集中管理路由，一方面使得路由管理有可能与传统网络管理和安全管理等融合，丰富网络的运行维护；另一方面，有可能与计算管理和存储管理融合，将计算、存储和网络资源纳入统一和自动管理的范畴，以适应云计算和三网融合调度与管理三类资源的需求。

软件定义网络后，带来网络设备产业的进一步细化分工，从而带来产业格局的重塑。

4. 软件定义数据中心

软件将数据中心的计算、存储、网络等所有基本构建模块虚拟化，将各种不同的物理平台转变成 IT 可以统一管理的单一实体，在高可用性和安全性的基础上，让数据中心更灵活并可扩展，同时降低成本。SDD 允许 IT 用户自主管理，其服务水平、可靠性、效能将远高于传统的基于特定物理设备的管理方式，而所花费的精力则大大降低。SDN 会改变人们

图 16-2 软件定义网络的产业链示意

对网络的传统认知,即"网络是由网络设备组成的"。网络设备将成为 SDN 网络中的一些"部件",在最基础的 SDN 网络架构中,会出现集中的控制器以及具体执行的每一个"节点",集中控制器将由软件模式呈现,"节点"才是网络设备。

三 软件渗透生产生活各领域,软件开始定义世界

从软件的发展历程来看,软件已从最初作为计算机的附属,也就是"计算的软件"时代,其作用仅仅是把硬件转起来,发挥硬件的计算能力,发展到以谷歌云计算中心为代表的"软件的计算"时代,谷歌云计算中心以最普通的 X86 服务器,甚至在创业初期用的都是废弃的二手设备,通过软件来实现高可靠、高性能。目前,正在进入"软件的定义",即软件定义世界的时代。

软件定义从 IT 领域广泛进入社会各领域,电视机、冰箱、鞋子、手表、眼镜等传统工业产品也开始加入被定义的行列,甚至汽车等复杂产品和系统也开始进入重新定义的行列。利用智能手机 APP 软件,通过特斯

第十六章 "软件定义"改变世界

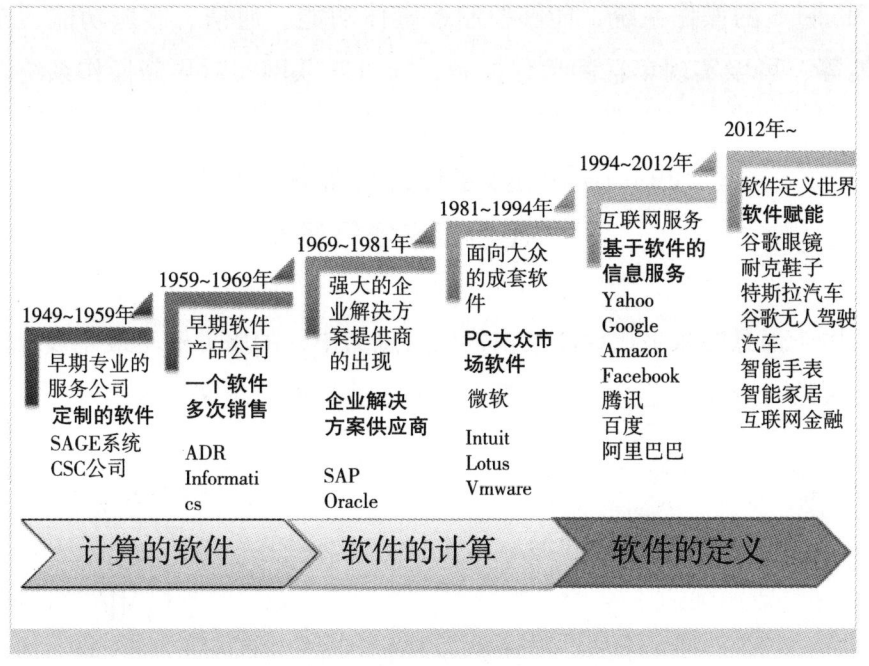

图 16-3 软件定义世界时代的来临演进

资料来源：陈新河：《软件和信息服务业中长期发展趋势前瞻性研究》，微信公众号：软件定义世界（SDX）。

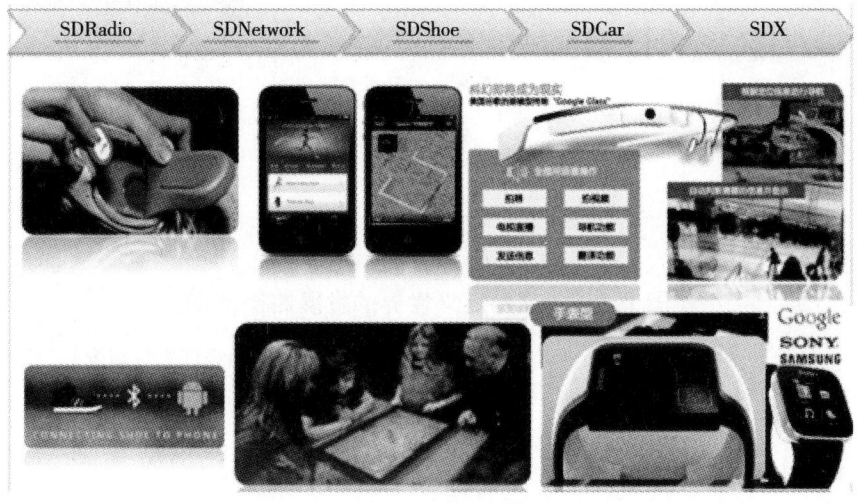

图 16-4 软件定义世界示意

拉 Model S 的操作系统，能够控制多媒体功能、通信、客舱功能、车辆功能等，可以实现车辆的远程控制，通过互联网实时更新操作系统。

四 信息的数字化进程加快，软件重新定义各行各业

由于信息的数字化程度最快，以信息为中心的服务业是最先被软件重新定义的行业，并进一步向更难定义的工业扩展。

图 16-5　软件定义世界的发展路径示意

资料来源：陈新河：《软件和信息服务业中长期发展趋势前瞻性研究》，微信公众号：软件定义世界（SDX）。

1. 媒体行业

传统媒体所受到的冲击来自内容生产、发行渠道、内容提供整条产业链的革命。首先是数字土著居民（1980 年后出生的群体）不读报、不看

电视；然后是新媒体的内容生产是"UGC+编辑加工"，老媒体是报社、电视台采编内容；最后，新媒体是用户自由选择阅读内容，老媒体是所有订阅者看的都是千篇一律的内容。传统广告行业理论已然崩溃，当前已由大规模投放广告时代转变为精准投放时代。海尔已经取消传统报纸、期刊上的广告页面，联想也削减了上亿元的广告页面预算。

图16-6　丰富多彩的社会化媒体示意

注：本图由CIC整理制作并定期更新，转载请注明出处；由于篇幅限制，该图仅选取部分代表性平台，特此说明。

2. 零售业

电子商务创造了一个不受时空限制，且不断缩小消费者与供应者之间的信息的不对称性，并正在取代传统的零售和批发业。科技网站PandoDaily采访了硅谷著名风投家马克·安德森（Marc Andreessen）。安德森在采访中断言，电子商务将在未来完全取代零售行业。他认为，电子商务浪潮会在 2020 年迎来峰值。10 年后,电子商务将代替传统零售行业,成为人们购买商品的唯一选择。

图 16-7 电子商务中国经济和社会发展带来的影响示意

资料来源:IDC,阿里研究中心:《加油信息社会进程——电子商务和阿里巴巴商业生态的社会经济影响》,微信公众号:软件定义世界(SDX)。

3. 金融业

在互联网技术的推动下,近年来互联网业、金融业和电子商务业之间的界线日渐模糊,行业融合日渐深入,已经形成新的"互联网金融"蓝海,具有巨大的潜在市场。以阿里金融为代表的新兴互联网,在支付、结算和融资领域内的种种"举措",给银行的传统经营管理带来巨大挑战。招商银行前行长马蔚华表示,以支付宝为代表的互联网第三方支付削弱了银行作为社会支付平台的地位,而以脸谱为代表的社交网络,更是威胁到银行生存的根基——存贷中介的功能。

4. 制造业

通过比特与原子的融合,工业产品成为高度数字化、网络化、智能化

第十六章 "软件定义"改变世界

图16-8 互联网金融新兴力量不断出现示意

资料来源：易欢欢、赵国栋：《大数据时代：金融业门口的野蛮人》。

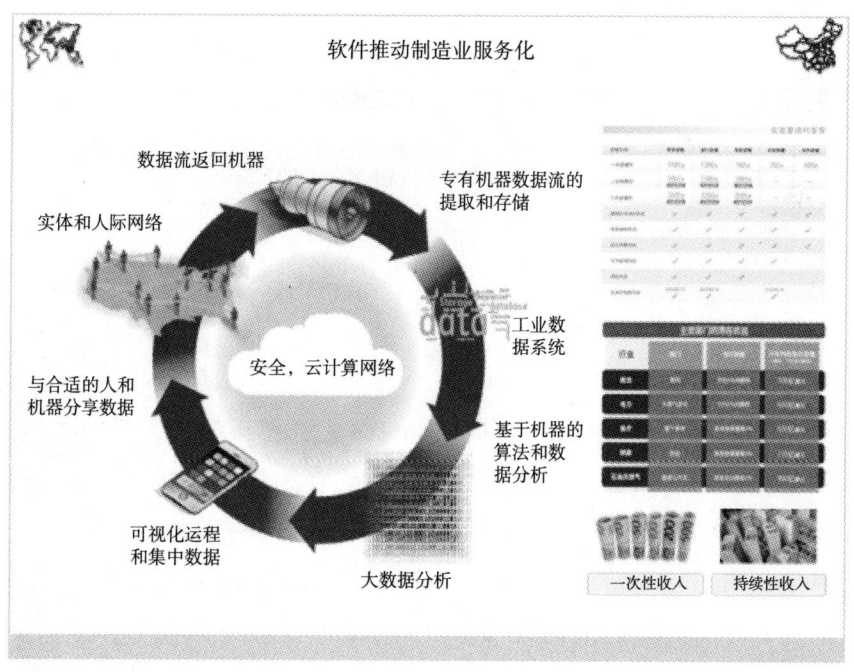

图16-9 软件推动制造业服务化

资料来源：GE、安吉星，微信公众号：软件定义世界（SDX）。

的产品。产品数字化之后,产品从设计、生产、运营到服务全生命周期均可得以量化,并向生产者和使用者反馈大量的数据,进而对产品进行优化和再设计,形成反馈经济,衍生出制造业服务等新业态和新模式。

5. 工业互联网

工业互联网的崛起推动世界走向新的创新与变革时代的转折点。工业互联网将企业信息化领域从流程自动化扩展到更加广阔的生产自动化和产品数字化、网络化和服务化领域。工业互联网带来的潜在效益惊人。据 GE 估计,工业互联网的技术创新将在规模高达 32.3 万亿美元的领域内得到直接应用,而这些都需要 IT 技术和产品提供强力支撑。随着全球经济的发展,工业互联网的潜在应用也将扩大。到 2025 年,工业互联网的应用领域将达 82 万亿美元的规模,占全球 GDP 的半壁江山。

图 16-10 工业互联网的潜力示意

6. 实时服务

数字世界与机器世界的更深层次融合，有可能给全球产业带来深刻的变革，并对人们日常生活的方方面面产生影响。丰田公司监控并售出行驶在道路上汽车的实时交通信息，提供针对本地政府和企业的大数据服务，并在灾难发生的时候对驾驶员起到帮助作用，这项服务的收费标准是每月 200000 日元。通过每年收取千元左右的信息套餐服务费，安吉星能够为汽车用户提供碰撞自动求助、安全气囊爆开自动求助、车门远程应急开启、被盗车辆定位、车况检测报告以及实时按需检测等服务。

7. 生物医药

人类正在通过数字化来揭开生物的奥秘，基因育种、基因法正在不断改变生物的形态。一个人如果自出生起就开始取样，生化、免疫、影像、基因，表型数据，都开始积累，那么一起步就是 665 个 G，一辈子差不多就到了 1 个 P。大量的数据帮助人们重新认识自我、改造自我。现在通过对大量物种的重测序，可以瞬间知道很多基因的功能，然后利用矢量计算的算法可以对每一个基因每一个碱基加权，以预测后代可能的状态。华大

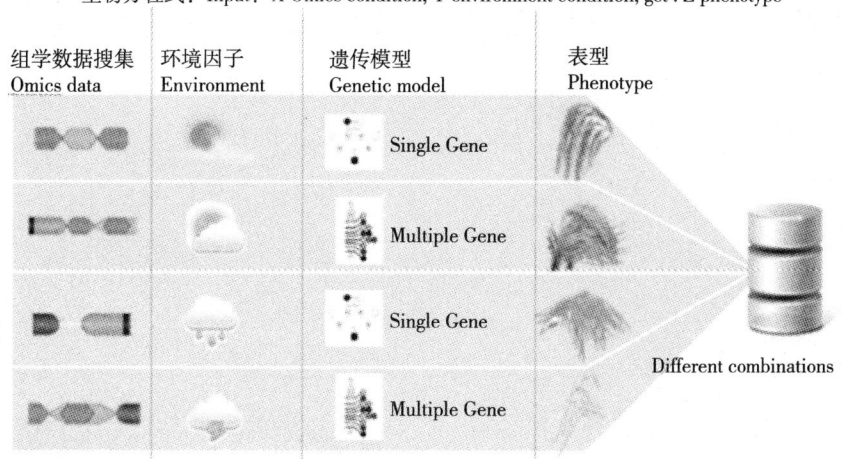

图 16-11　计算机育种示意

基因利用基因技术可以进行宫颈癌筛查、耳聋基因筛查、地中海贫血检测等。

相当程度上，现在可以不通过种地，而直接通过运算的方式来进行虚拟育种。

未来，从农业，到工业，再到服务业被软件定义的深度和广度将日益加深。

软件定义重新定义商业格局，软件定义重新定义新的世界！

第十七章 "互联网化"驱动产业变革

随着互联网的普及和移动互联网的快速发展，IT产业乃至其他各行业的发展开始兴起"互联网化"浪潮。无论是传统的制造业，还是新兴的文化创意产业，都在加快互联网化的步伐。电子化、信息化发展到互联网化，是思维模式的变革。互联网化过程是一个思维重构和模式创新的过程，其发展形成包括平台化、移动化、社交化、开放化、需求导向、用户参与等内容的互联网思维。互联网化促进了IT产业变革，传统IT巨头遭到的冲击越来越大。为了在互联网化时代的竞争中不被淘汰，IT企业加快转型，加入越来越多的互联网因素。但互联网化也只是一个过程或阶段，随着互联网的更加深入渗透及技术创新和应用的深化，互联网化将向泛互联网化发展，进而将趋于无形化。

一 互联网普及深化，"互联网化"浪潮来袭

自20世纪90年代正式商用以来，互联网一路高歌猛进，成为全球经济中最有活力的力量。经过20多年的发展，互联网已经广泛渗透到了人们生产、生活的每个角落，而且势头依然强劲。根据国际电信联盟（ITU）的数据，2013年全球互联网用户数已超过27亿，已接近全球人口的40%，发达国家的普及率更是高达77%（见图17－1）。近年来，随着3G和智能手机的普及，移动互联网发展迅速。ITU数据显示，2013年全球移动电话用户数已超过68亿，接近全球人口数，其中活跃的移动宽带用户数已达21亿，2007年以来以年均40%的速度增长（见图17－2）。截至2013年12月，中国网民规模为6.18亿，占世界的比例为23%；互联网普及率为45.8%，超过全球平均水平；手机网民规模为5亿，占比

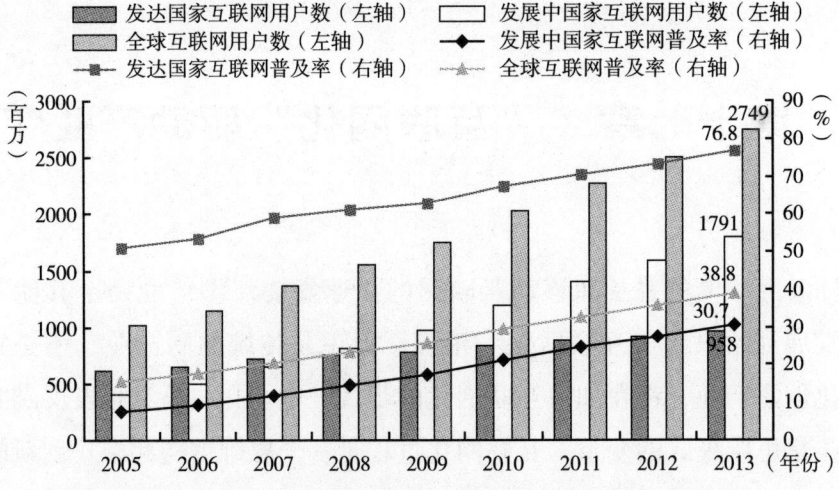

图 17-1　全球互联网用户数及普及率增长情况

资料来源：ITU。

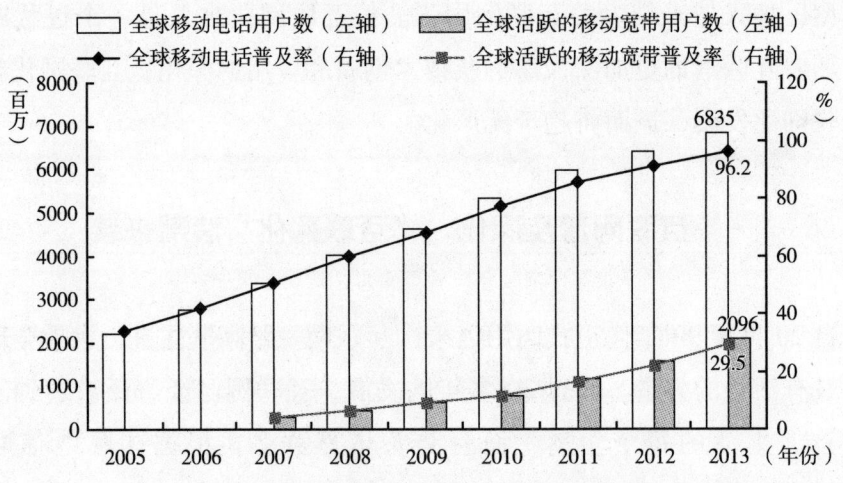

图 17-2　全球移动用户和普及率增长情况

资料来源：ITU。

为81%（见图17-3）。互联网在企业的渗透更为深入。根据OECD的数据，截至2011年底，发达国家规模在50人以下的小微企业的互联网普及率基本达到了95%，大部分国家规模在50人及以上的企业中，互联网普及率更是接近100%。中国的大企业都接入了互联网，中小企业的互联网普及率也得到较大提升。中国互联网络信息中心（CNNIC）的调查显示，截至2012年12月底，受访中小企业中，使用互联网办公的比例为78.5%。

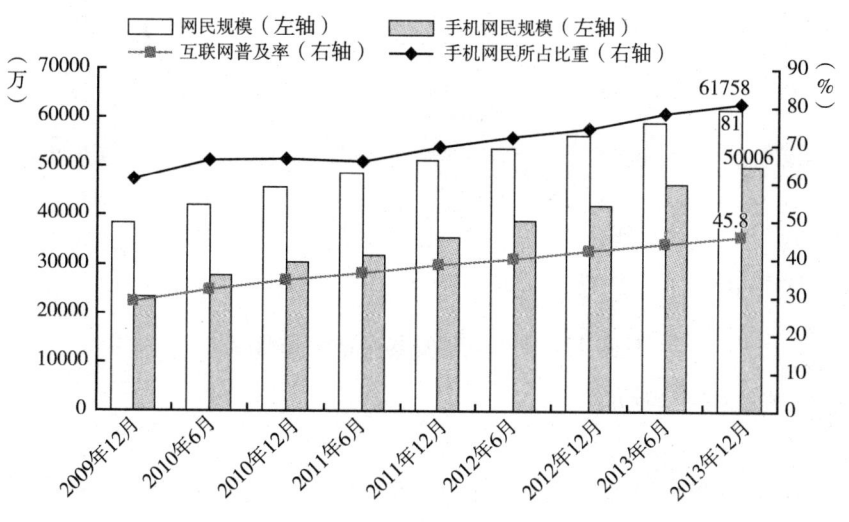

图17-3 中国网民增长情况

资料来源：CNNIC。

技术创新及应用成为产业转型和企业发展的重要驱动力量。互联网"女皇"Mary Meeker在其报告中所引用的IBM调查显示，技术因素已成为除市场之外影响企业发展的最主要因素（见图17-4）。显然，互联网是这一技术因素中的主要内容。

互联网的深入渗透和广泛普及，再加上云计算、大数据等新技术和新模式与互联网的融合应用，各行各业受到互联网的影响和冲击越来越大，主动或被动地走向互联网之路寻求转型，开始掀起"互联网化"浪潮。这股浪潮将席卷所有行业，无论是传统的制造业，还是新兴的创意产业，都不可能抽身在外。当前，传媒、酒店、旅游、批发零售、生活服务、金融等行业已展现出明显的互联网化态势，所受影响和冲击也最大。文化创意、教育、电信服务、汽车、物流、家电等行业加快互联网化步伐，其业务和模式方面的调整和创新加速（见图17-5）。传媒是较早步入互联网

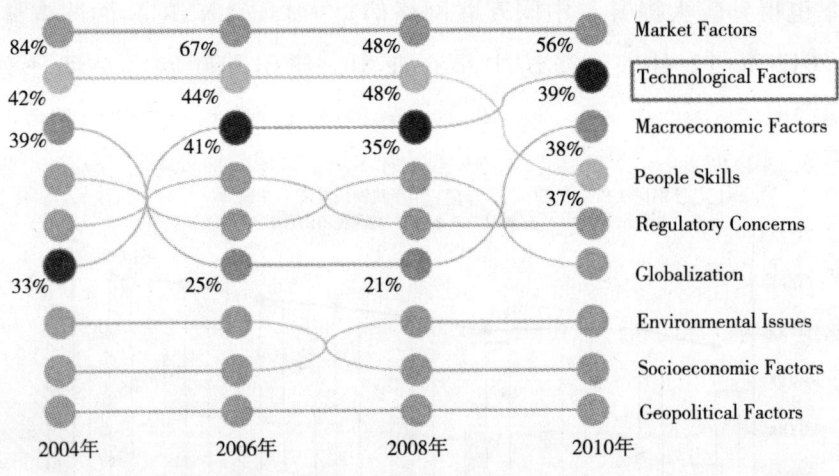

图 17-4 企业发展中的影响因素

资料来源：KPCB。

也是受互联网冲击最大的行业。门户网站、专业网络新闻媒体对纸媒、广播、电视等传统媒体产生了较大的冲击，而移动互联网、社交网络的兴起更是带来革命性冲击，一批批纸媒倒闭或转向互联网。随着电子商务的爆发式增长，批发零售业加快互联网化并在互联网化过程中分化、转型和重塑。2003~2012年9年的时间内，阿里巴巴旗下的淘宝平台实现了从零到1万亿元交易额的惊人发展。而中国的电子商务交易额也在这9年里从3000多亿元增长至8万多亿元。更重要的是，电子商务带来了一批电商平台的崛起和以互联网为基础的模式创新，传统企业、传统批发零售商都在向互联网靠拢。在酒店、旅游行业，携程、艺龙、去哪儿等一批旅游、酒店、机票预订网站，做了本应该由线下的酒店、旅行社自己做的事情，而且发展势头迅猛，促使传统的酒店和旅行社要么与其合作，要么也开展线上业务创新，走上互联网化道路。以提供租房、家政、二手货交易等内容为主的58同城、赶集网等网站让不起眼的生活服务走在很多行业前面，踏上互联网化之路。金融行业是信息技术应用最为深入的行业之一，较早就开始了网络金融的发展，但此时只是把互联网作为一个工具和手段，业务模式和理念上都未跳出传统金融框架。近年来，人人贷、众筹、网络理财等新兴的互联网金融快速兴起，互联网化成为金融行业的一个趋势。电子商务的发展带来了物流需求的急剧放大和转变，物流行业的互联网已不再是萌芽，而是渐成潮流。文化创意、教育等以传播和应用知识为核心的行业，本身就拥有互联网化的良好条件和基因。电信服务、广电等本身也在运营"网"的行业，在互联网尤其是移动互联网的冲击下，互联网化已是不可回避的选择。特斯拉、谷歌汽车、智能电视的出现，意味着汽车、家电等传统制造业也在加快拥抱互联网。

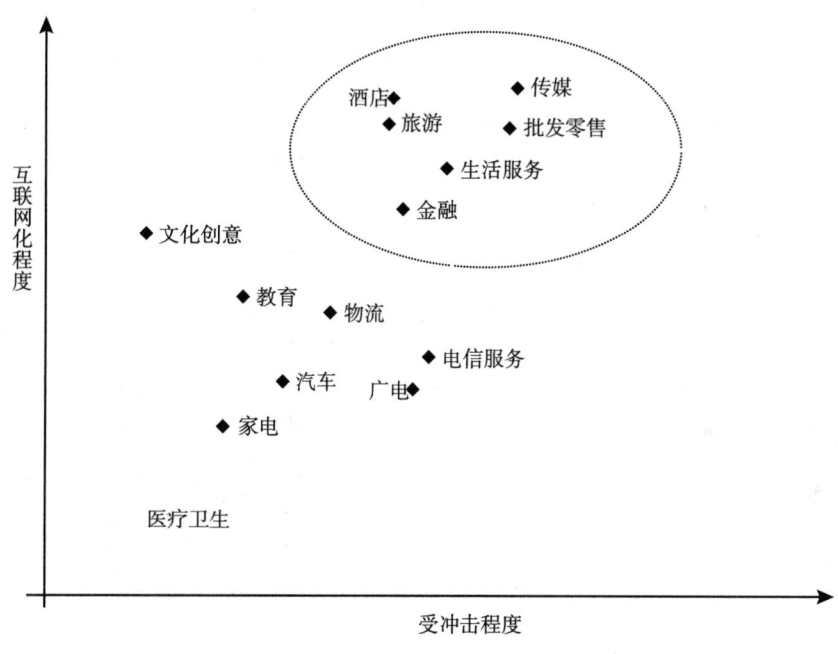

图 17-5 各行业互联网化程度及受其冲击程度示意

二 从电子化到互联网化，是思维与模式的变革

从计算机在我国开始应用到现在，信息技术应用及其影响可分为三个阶段：电子化、信息化和互联网化（见图 17-6）。电子化阶段大概从开始推广应用计算机到 20 世纪 90 年代末，这一阶段计算机在各个行业逐步

得到应用,政府开展办公网络建设,推进办公自动化,一批重点行业系统如通信系统、国家经济信息系统、银行业务管理系统、电网监控系统等开始建设应用,"三金工程"启动,国家信息化发展思路初步形成。但这一阶段计算机和互联网主要应用在政府机关、科研院所、大型企业里,在普通企业和个人中的应用还不是很普遍,而且很大程度上用计算机代替手工方式,使一些复杂、烦琐、量大的业务和工作电子化。信息化阶段大概是从2000年到2010年,这一阶段国家对信息化空前重视,大力推进信息基础设施和电子政务建设;各行各业加快信息系统建设和集成,越来越多核心业务依靠信息化支撑,而且信息化带动了业务流程、生产管理、市场营销的调整和优化;互联网快速普及,用户数量急剧增长,对企业的生产经营和个人的生活影响越来越大;一批互联网企业崛起,电子商务开始发

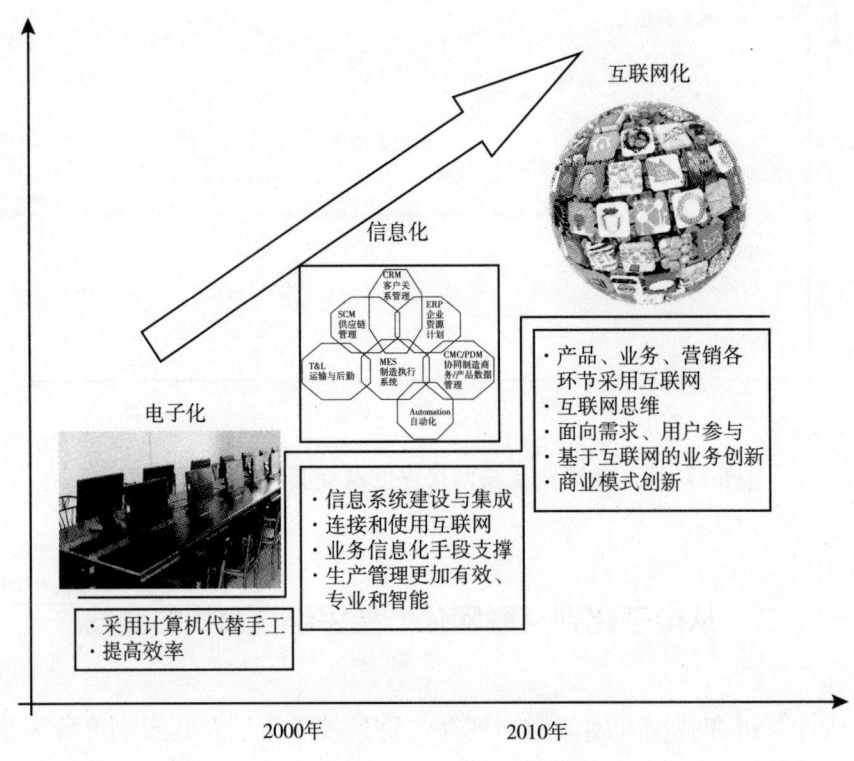

图17-6　信息技术应用及其影响的阶段划分

资料来源:工业和信息化部电子科学技术情报研究所。

展。互联网化阶段大概是从国际金融危机后2010年左右开始的。国际金融危机后，欧美日等发达国家为振兴经济，大力鼓励和支持"数字经济""宽带经济""新兴经济"的发展，IT技术创新加快，云计算、物联网、大数据、移动互联网、社交网络等新兴技术和模式迅速兴起，电子商务快速发展，基于互联网的商业模式创新不断涌现，一批新兴企业崛起，互联网思维和模式引发各行业变革。

对企业来说，信息化对业务和流程实现了优化，使得效率提升、成本降低，生产管理和营销更加高效，但并未从内涵、模式方面产生颠覆；互联网化则对企业的思维、模式进行改头换面，是质的改变。对产业来说，信息化带来的是产业调整升级；而互联网化带来的是产业的变革，传统产业要么拥抱互联网模式进而转型和创新，要么被淘汰出局。更重要的是，一批基于互联网的创新企业迅速崛起并引领产业发展。所谓互联网化，不是把互联网仅作为电力一样的基础设施或是一种工具，而是一种全新的思维模式和理念。这种全新的思维模式和理念的核心是"全连接和零距离"，重点是消费者需求的充分满足和用户参与，进而带来的是模式的创新和产业变革。

可见，互联网化过程是一个思维重构和模式创新的过程。通过信息技术的应用，数据、系统等资源的整合及营销、业务等流程和方法的优化，实现相关要素的准备，然后进行思维重构，形成包括平台化、移动化、社交化、开放化、需求导向、用户参与等内容的互联网思维，进而推动商业模式、营销模式、服务模式、研发模式、运营模式等各类模式的创新，形成基于互联网的新模式（见图17-7）。

这里通过一个颇具典型性的案例对互联网化进行诠释。煎饼果子是京津一带人们非常喜欢的传统小吃，也是北京、天津上班族最常购买的早餐，煎饼果子摊点在北京、天津的街道再普遍不过。不过，近年来北京CBD一家名为"黄太吉"占地10多平方米的煎饼果子店的生意非常火爆，年销售额近700万元，被风投估价达4000万元。"黄太吉"的特别之处就在于其不同于传统的煎饼果子摊点，而是以互联网思维和模式进行运

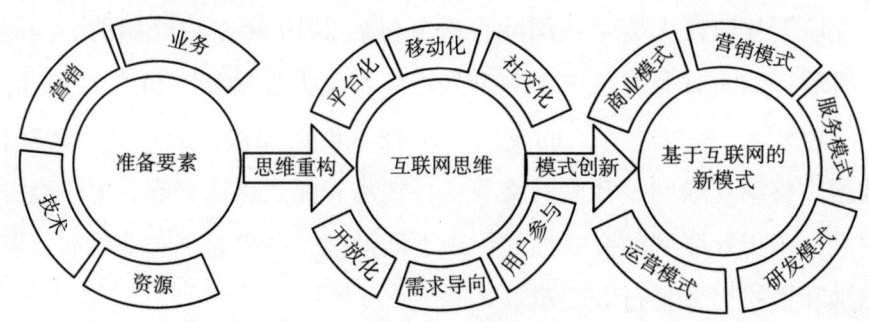

图 17-7　互联网化过程

资料来源：工业和信息化部电子科学技术情报研究所。

作。"黄太吉"的创始人来自互联网行业，在多家互联网企业工作过。因此，"黄太吉"除了提升其产品（煎饼果子、豆浆等）的品质外，以互联网思维来进行营销和推广，充分利用微博（见图17-8）、微信、QQ等社交工具和各类互联网轻应用产品，创造和分享话题，强调用户体验和互动，而且让用户参与产品的开发。顾客来"黄太吉"不再是吃一个煎饼果子或喝一碗豆浆，而是来体验和享受自己参与的一份成果。"黄太吉"的例子说明，即使在餐饮这样的传统行业，互联网思维也会带来令人惊奇的创新效果，互联网化趋势将不分行业。

图 17-8　黄太吉微博截图

资料来源：黄太吉官方微博。

三 互联网金融兴起，互联网化冲击金融业

互联网化的一个典型例子是互联网金融。"忽如一夜东风来，千树万树梨花开"，这句诗用来形容2013年互联网金融的发展再恰当不过了。2013年6月阿里巴巴旗下的余额宝上线后，互联网金融这一概念在中国迅速走热，电商平台、互联网企业、金融机构、创业企业，甚至传统制造企业等纷纷涉足互联网金融，第三方支付、网上理财、P2P贷款、众筹平台等各类互联网金融形式不断涌现，随之而来的监管、安全、信用、风险等问题也开始浮出水面。

互联网金融是随着互联网技术的发展和在金融领域应用的深入，为满足用户需求和金融业务拓展而产生的创新结果，是金融与互联网深度融合后的互联网化发展的体现。互联网金融并非一个突然产生的新事物，其发展也经历了一个过程（见图17-9）。在21世纪，随着计算机在金融领域的应用，金融电子化发展加快。2000年后，互联网应用不断普及，网络金融快速发展。2005年，第一家P2P贷款公司在英国成立，之后第三方网络信贷逐渐兴起，并于2007年开始传入中国。2009年，第一家众筹网站在美国成立，两年后中国众筹模式开始起步。从2012年开始，P2P贷款在中国日益火爆，大量信贷网站上线。2013年，余额宝上线，第三方支付牌照发放，微信支付上线，互联网保险公司成立，多家互联网企业进军互联网金融，中国互联网金融呈现一片火爆景象。

从目前互联网金融的发展情况来看，主要有以下四个层次（见图17-10）。

第一层次是金融产品和业务的互联网化，即利用互联网开展金融产品营销和资金支付，提高金融效率。这一层次主要有三种模式：网络金融、电商平台金融和第三方支付。网络金融是指传统金融机构通过互联网进行金融产品营销和服务提供，主要有网络银行、网络证券、网络保险、网络基金等。电商平台金融是近年来电子商务平台企业开展的金融服务，主要

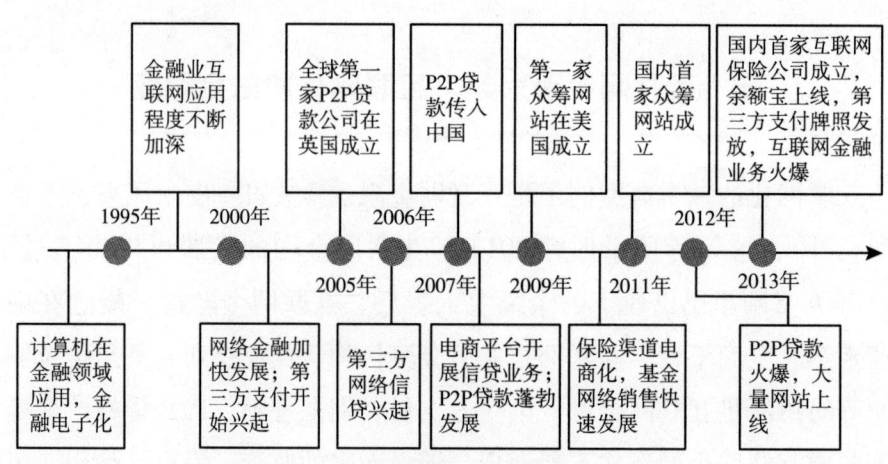

图 17-9　互联网金融发展的主要节点

资料来源：工业和信息化部电子科学技术情报研究所。

为供应商、物流企业、中小卖家等提供融资服务，如阿里、京东、苏宁等主要电商平台先后都开展了金融服务。另外，商业银行也进军电子商务，并结合电子商务提供金融服务，如中国建设银行的"善融商务"就是一个典型的例子。第三方支付是指由第三方独立机构提供的交易支付平台，是继网络银行、电子信用卡等支付方式外迅猛发展的支付方式，目前用户量和影响最大的是支付宝，另外还有财付通、汇付天下、易宝支付、新浪支付、网银在线等多家支付平台。腾讯在2013年8月发布微信5.0时推出微信支付，加速了第三方支付企业向移动支付布局。

第二层次是金融对接的互联网化，即互联网成为金融中介，基于互联网的创新金融中介服务平台产生。金融对接又包括两个层面的内容：一是对接金融机构，如好贷网、易贷中国等平台；二是对接个人，主要有P2P借贷平台、众筹平台、理财平台。

第三层次是基于互联网思维开设的互联网金融机构或平台，如众安保险。

第四个层次是网络虚拟货币，最典型的是比特币，另外还包括QQ币、网络游戏币等在互联网上发挥了交易和流通作用的虚拟货币。

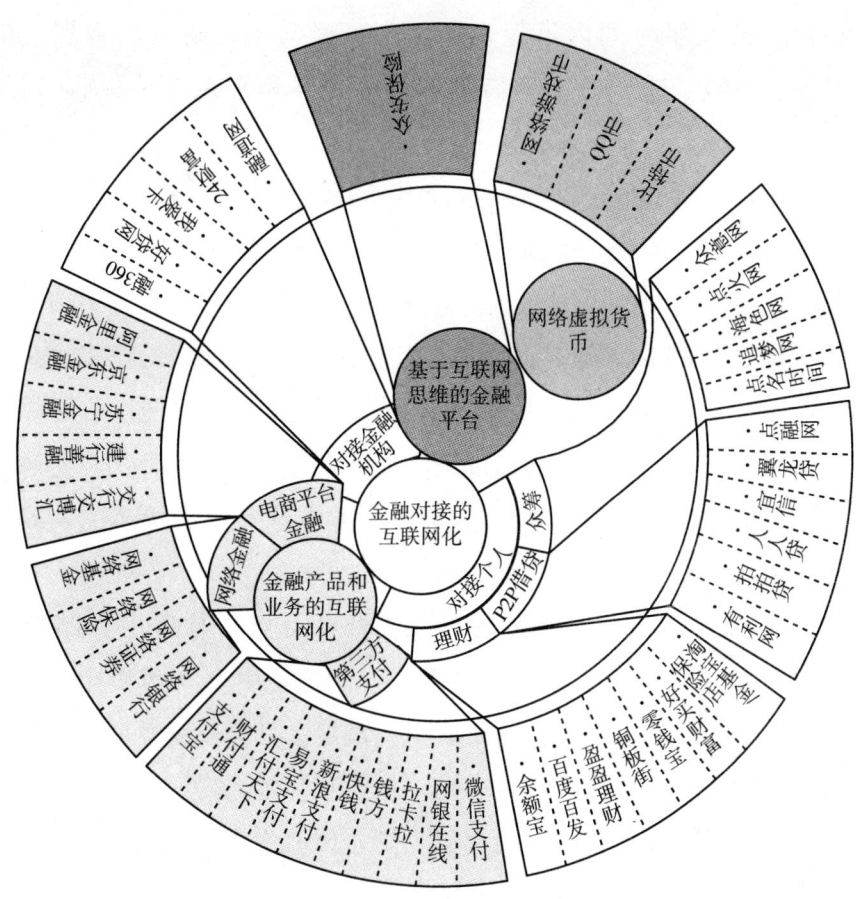

图 17-10　互联网金融的层次和模式

在互联网金融四个层次的众多模式中，P2P 借贷和众筹是近年来兴起并迅速发展的模式，吸引了众多投资者和创业者参与。P2P 借贷在传统意义上是指个体之间的金融交易，它直接连接需要借钱的个人（借款人）和有资金出借的个人（投资者）。P2P 借贷早在人类发明货币之后就存在了，不过今天的 P2P 借贷是通过互联网实现直接借贷，借贷双方完全可以不认识、没有关系。P2P 借贷存在一个中间服务方——P2P 借贷平台，为借贷双方提供信息流通交互、价值认定及其他促成交易完成的服务（见图 17-11）。自 2005 年以来，以 Zopa、Lending Club、Prosper 为代表的 P2P 借贷模式在欧美兴起，之后迅速在全球推广开来。中国的 P2P 借贷也在短短的几年时间内迅速发展起来，根据第一财经的数据，截至2013年第一季度，中国的P2P借贷平台超过了200多家，可统计到的交易额超过100亿元，投资人超过5万。目前P2P借贷在国外已形成三种比较成熟的模式：第一种是以Prosper为代表的纯平台中介模式，通过出售平台服务并收取服务费来盈利；第二种是以Zopa为代表的复合型中介模式，其特点在于划分信用等级、强制按月还款、雇佣代理机构追债等；第三种模式是以Lending Club为代表的借贷与社交平台结合的模式，其特点是利用Facebook等社交平台聚集借款人和出借人，同时进行信用等级划分和严格的信用认证，出借人通过浏览借款人背景资料和评估自身风险承担能力进行借款交易。中国P2P借贷在业务中延伸出了更多的模式，如债券转让模式、线上线下结合模式等。

众筹（crowdfunding）即大众筹资或群众筹资，是指用"团购+预购"的形式向网友募集项目资金的模式。众筹利用互联网和社交网络传播的特性，让小企业、艺术家或个人向公众展示其创意，争取大家的关注和支持，进而获得所需要的资金援助。相对于传统的融资方式，众筹更为开放，能否获得资金也不再是由项目的商业价值作为唯一的标准。只要是网友喜欢的项目，都可以通过众筹方式获得项目启动的第一笔资金，为更

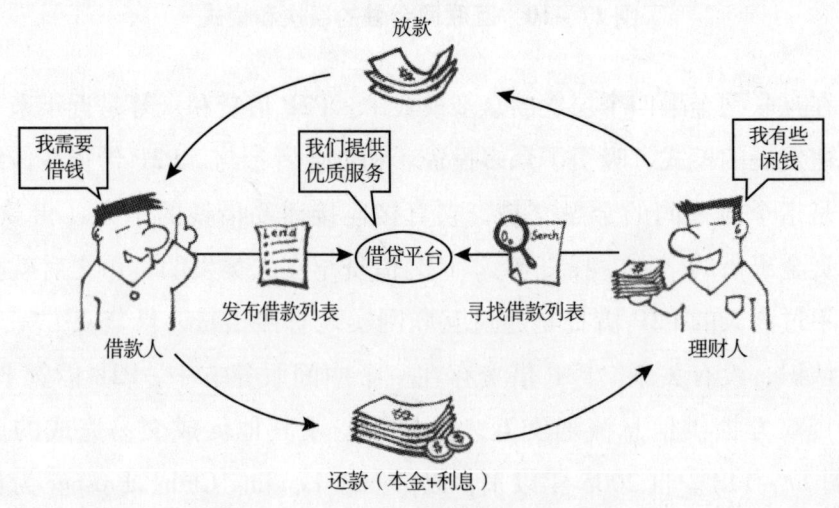

图17-11　P2P借贷平台工作原理

多小本经营或创作的人提供了无限的可能。众筹模式由项目发起人（筹资人）、公众（出资人）和中介机构（众筹平台）三个部分组成。众筹模式的逻辑体现在"价值发现、价值匹配和价值获取"三个不断递进的层面，其一般流程是筹资人在众筹平台发布拟筹资的项目或创意的内容、预期金额、回报等，公众对自己感兴趣的项目进行投资，如果项目在预设时间内筹集够所需资金则募资成功，否则失败，众筹平台提供信息发布和沟通渠道，促成投资，并对筹资人和筹资项目进行一定的审核和管理（见图17-12）。众筹模式于2011年进入中国，2012年后呈火爆之势，但由于信用环境、盈利模式、法律等方面的瓶颈，中国的众筹平台雷声大、雨点下，许多如昙花一现。截至2013年底，中国正常运行的众筹平台大约有20家，其中成立最早的"点名时间"截至2013年底收到7000多个项目，接近一半项目筹资成功并顺利发放回报。

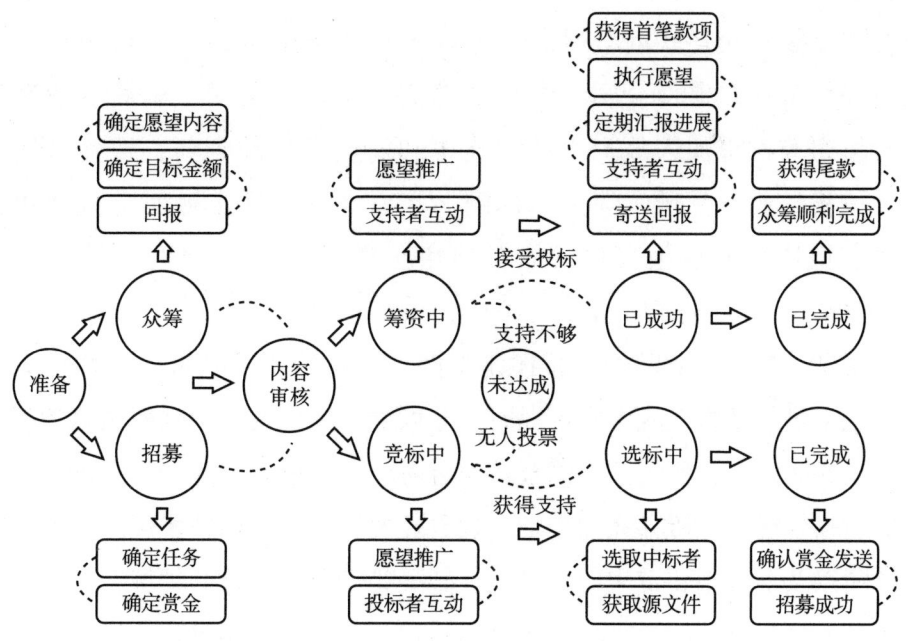

图17-12 众筹平台运作流程示意

资料来源：36氪。

互联网金融是开放、分享、协作、普惠、选择自由和民主等互联网思想投射到金融领域而引发的创新，具有尊重客户体验、强调交互式营销、主张平台开放等新特点，它所带来的影响不只限于互联网技术本身。无论是在客户的需求、业务模式，还是竞争格局上，互联网金融对传统金融机构产生了较大的影响和冲击。第一，互联网金融与传统金融最主要的区别不只是金融业务媒介的升级，更重要的是以互联网思维和模式去打造和运营金融业务，是一个互联网化的过程。第二，互联网金融加速了金融脱媒的趋势，而金融脱媒又倒逼金融机构改变传统模式，其业务革新的诉求更加迫切；互联网技术的创新发展为金融机构转型和业务创新提供了思路和可能，进而又推动互联网金融的发展。第三，互联网金融推动了普惠金融和金融民主化的发展，使得"高大上"的金融更加接地气，让小微企业和普通民众参与到资金融通中去。第四，互联网金融加剧了金融领域的竞争，使得竞争格局更加复杂。在互联网金融时代，除了传统金融机构和金融中介服务机构外，第三方支付公司、电信运营商、互联网公司、电商企业和银行卡组织等纷纷加入战局，凭借技术和商业模式的创新，蚕食本属于金融机构的业务领域。第五，前瞻一点看，互联网金融对金融业更大的改变将是去中心化，有可能塑造由无数节点组成的网状结构金融形态。

不过，互联网金融的本质还是金融，它对传统金融带来了冲击和影响，但不可能颠覆金融本身。同时，互联网金融的发展面临着诸多障碍和风险。互联网金融作为互联网技术与金融业务深度融合后的模式创新，不仅要面临传统金融所存在的各类风险，还要面临互联网技术风险、网络攻击风险以及融合创新带来的新风险。金融是需严格监管的领域，互联网金融作为金融领域的创新模式，将面临法律、政策方面的风险。另外，我国信用体系不完善，社会诚信度低，相关法律不健全，P2P借贷、众筹等互联网金融模式在实际运作中资金安全和回报无法保障，且平台本身易走入"歧路"。

四 互联网化促 IT 产业变革，IT 企业加快转型

互联网化影响和冲击的不仅是传统产业和企业，IT 产业和企业也在遭受洗礼。在过去，IT 和互联网有关联，但两者间的界限还是明晰的，互联网是 IBM、惠普、戴尔、微软、SAP 等 IT 厂商的一个行业客户，它们为互联网提供 IT 基础设施、基础架构、产品和服务，但随着互联网的发展壮大，互联网思维和模式开始兴盛，网络化、社交化、移动化、平台化、开放化等发展要求催生了新的 IT 需求，进而影响了 IT 产业。尤其是，随着云计算、大数据和移动互联网的兴起，IT 产业的游戏规则发生了改变，传统 IT 巨头遭到的冲击越来越大。亚马逊自 2006 年开始向企业客户推出云计算服务，由于其云计算服务通常比企业自建基础设施更廉价也更灵活，于是迅速积累了一批包括美国航空航天局、美国太空署在内的知名大客户，而这些客户在以前是 IBM、微软等传统 IT 巨头的"盘中餐"。另一个让传统 IT 巨头寝食难安的云计算服务提供商 Salesforce 也是基于互联网思维提供服务。而谷歌、Facebook 等互联网巨头则是让传统 IT 巨头更为恐慌的"破坏者"，它们的互联网思维和模式是与生俱来的，而且拥有雄厚的基础和庞大的用户。近年来，谷歌、Facebook 凭借其对互联网的深刻理解，以新的思维和模式进军硬件领域，力图改变游戏规则，重新定义硬件。互联网化对传统 IT 企业的影响如此之大，以至于甲骨文的 CEO Larry Ellison 高呼，甲骨文的竞争对手不是 IBM、微软，而是谷歌、亚马逊等躲在互联网背后的隐形杀手。在中国，阿里、腾讯、百度等互联网企业已将触角延伸到 IT 的每个角落，其一举一动都会挑动 IT 产业的神经；小米以互联网思维和模式，在 IT "红海"里闯出一片天地，对传统 IT 企业带来的不只是惊讶和震撼，更多的是威胁。

当然，传统 IT 巨头不会坐以待毙，而避免被冲击的一条有效途径就是加入进来。于是，传统 IT 巨头加快转型步伐。一是对产品和业务进行调整，融合更多互联网化因素。比如，微软社交网络平台整合到企业协作

产品中，以实现企业产品社交化；IBM 公司表示将进行资源调整，集中发展社交商务、移动云和大数据等方面的业务。二是通过投资并购，加速向移动互联网、云计算、大数据等领域进军。比如，微软在 2012 年 6 月花费 10 亿美元收购社交网络公司 Yammer 以弥补自身产品在社交网络方面的不足，之后又在 2013 年 9 月以 72 亿美元收诺基亚手机业务，强化其在移动互联网领域的竞争优势；截至 2013 年 10 月，IBM 在云计算、商业分析和移动等领域进行了 7 起收购，其中收购云服务提供商 SoftLayer 花费了 20 亿美元。三是与互联网、云计算等领域领头企业合作。比如，甲骨文与竞争对手 Salesforce.com 签署了长达 9 年的合作协议，把双方的云计算服务深度整合在一起。Facebook 开放计算项目已经获得了英特尔、EMC 等企业的支持。

五 互联网化将走向互联网无形化，数据和内容是核心

互联网化是当前企业和产业进化发展的一大趋势，顺应这一趋势，企业和产业的发展更加依赖于互联网平台和技术，业务和模式创新更加凸显互联网思维。进一步展望，随着互联网的更加深入渗透及技术创新和应用的深化，互联网化将向泛互联网化发展，进而将趋于无形化（见图 17 - 13）。在互联网化阶段，各行各业的各类企业全面接入互联网，并不断加强对移动互联网、云服务等方面的应用。在云计算、移动互联网的催化下，互联网将像水、电一样成为企业和产业发展必不可少的资源，企业会像用水、电一样常态化应用互联网服务。与此同时，互联网思维和模式不断传播和被接受，成为企业和产业转型、升级与创新的重要思想源头。随着物联网、人工智能网络等的发展，网络将人、机器、设备、物体及各种服务相连接，互联网化发展到泛互联网化。在泛互联网化阶段，不仅企业、产业高度互联网化，而且人、设备、物体都互联网化，智能汽车、可穿戴设备、机器人等智能设备成为网络中的重要组成部分。随着网络全面连接人、机、物、服务，网络在人类存在的空间将无所不在，信息在人类

存在的时间和空间里可随意流通，互联网将无形化，对人类来说如空气一样不可缺少但无形地存在，届时经历了互联网化洗礼后的新的思维和模式将渗透到生产生活的每个方面和环节里。

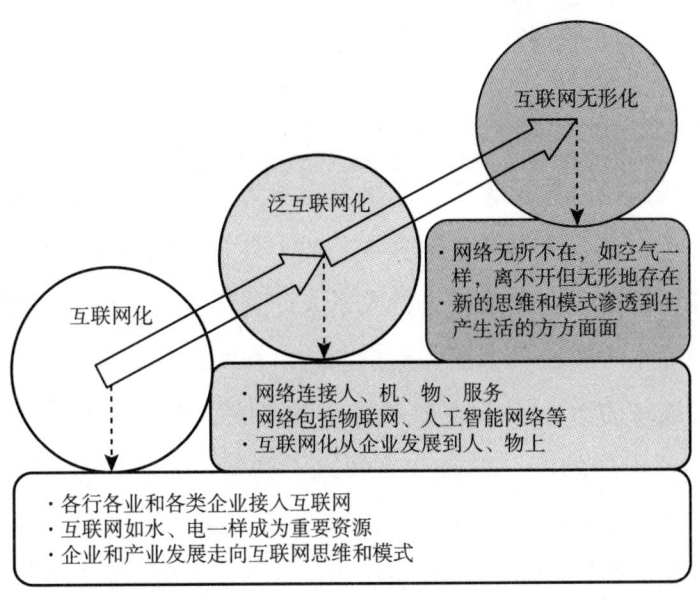

图17-13　从互联网化到互联网无形化

互联网化发展的另一个趋势是，数据和内容成为真正的核心。IT发展到今天，经历了从技术驱动到产品驱动、从产品驱动到网络驱动的历程，当前进入了以信息内容和服务为核心驱动的阶段。从互联网化到泛互联网化，再到互联网无形化，其核心是数据的挖掘分析和内容的服务，互联网思维和模式为数据挖掘分析和内容服务提供了思想动力和创新理念；物理上的网络连接、硬件设备、终端和软件系统只是作为基础设施，而且可以根据数据和内容的需要进行定义。互联网化程度越深，网络连接的人、机、物越多，产生的数据量就越大越复杂，数据挖掘分析和内容服务就越关键。即使不考虑整个网络，单就可穿戴设备或智能机器人来说，其业务逻辑和价值不是设备本身，而在于对数据的挖掘分析后提供个性化服务。

第十八章 产业金融成为推动IT发展的重要力量

产业金融是指以满足生产者的融资需求为主要功能的金融体系。在市场经济条件下，产业资本和金融资本是两类具有不同属性的资本要素，二者之间存在相互依存、相互促进的关系。产业资本为金融资本增值提供基础，而金融资本为产业资本扩张提供动力。在实际的相互渗透过程中，产业金融主要表现为产业资本和金融资本的结合，即产融结合，包括"由产到融"和"由融到产"两种表现形式。当前，金融已经成为产业快速发展的基础之一，是推动IT产业发展的重要力量。我国IT产业还处于产融结合的早期阶段，产融结合既是社会资源达到有效配置的客观要求，也是企业做大做强过程中的必然趋势。

一 IT领域产融结合趋势明显

产融结合是产业资本和金融资本在实现自身价值的过程中相互渗透、相互促进的结果，与政府规制和外部环境关系密切。从产融结合的历史看，产融结合表现为一种经济现象是动态的演进过程。欧美等发达经济体先后经历了"产融结合—产融分离—产融结合"的发展过程。19世纪末，欧美等发达经济体主要采用自由放任的市场经济制度，对产业资本与金融资本之间的相互渗透不采取限制措施。由于当时特定的环境下，产业发展对银行业的依赖较为严重，形成了如摩根、花旗、洛克菲勒、三菱、三井等"由融而产"的企业集团。直到20世纪30年代西方大萧条，出于经济环境恶化和政策需要，美国首先开始通过法律针对金融资本对产业资本的相互渗透活动进行规范和限制，从而使得"由融而产"的产融结合模式受到抑制。此时，产业领域逐渐形成了体量巨大、资金充沛的产业巨头，并开始成立金融部门或独立的金融公司，负责管理企业内部资金，甚至开始吸收资金，提供传统的金融服务。由此，"由产而融"的商业模式开始蓬勃发展。20世纪80年代以后，西方国家开始放松金融领域的监管，金融资本又开始向产业资本渗透。90年代以后，产业领域的竞争不断加剧，并购快速增加，企业对资金的需求不断增加，因而大的集团企业都开始涉足金融领域，产融结合日趋显著。但是，自2008年全球金融危机爆发以来，部分产业巨头开始缩紧金融业务，甚至剥离原有的金融资产，回归主营业务。随着金融市场的稳定向好和产业资本的不断壮大，产业资本和金融资本又开始了新一轮的产融结合。

在我国，产融结合的历史相对较短。自20世纪90年代以来，在经济发展和国企改革的驱动下，产融结合在我国逐步发展起来。由于金融资本向产业资本渗透受到法律限制，当时我国的产融结合主要表现为产业资本向金融资本渗透，即"由产而融"，如海尔集团、德隆集团及新希望等企业。由于缺乏系统性的法律规范和监管，产业资本快速向金融资本渗透引起了局部风险。"德隆事件"以后，国资委于2006年出台了《中央企业投资监督管理办法》，明确国资委所属企业进行境内收购及投资需上报国资委，并严禁企业违规使用银行信贷对金融及房地产等项目进行投资，"由产而融"进入低谷期。2008年，全球金融危机的爆发，既对我国经济造成较大冲击，也给我国"走出去"战略带来机遇。同年8月，银监会发布《银行控股股东监管办法（征求意见稿）》，对企业控股银行的条件和要求做了明确界定，从而为产业资本向金融资本渗透提供了法律依据。2009年，宝钢和申能入股光大银行开启了我国新一轮的产融结合，产融结合的重要性和必要性得到了各界的认可。到2010年，沪深两市超过130家主营制造业的企业参股金融业，国资背景企业超过90家，产融结合发展迅速。2012年底，华夏银行事件爆发，2013年初银监会禁止各类银行出售股权投资类基金产品，使得投资市场募集渠道受到一定程度堵塞。同时，由于2013年境内A股市场IPO关闭，机构投资者退出渠道不畅，部分投资机构暂缓设立基金或者减小基金规模。但是，2013年，中国产融结合也出现了一些新的现象，部分机构投资者抓住IPO退出阻塞的机会成立并购基金，并联合大型上市企业成立产业基金，推动产业整合。

西方发达经济体产融结合的历史表明，在社会经济发展到一定阶段后，在社会资源达到最有效配置的客观要求下，产业资本与金融资本必然会走向融合发展。这种融合，宏观上有利于优化国家金融政策的调控效果，微观层面上有利于产业资本的快速流动，提高资本配置的效率。从国际国内经验看，只要风险控制得当，产融结合是企业实现跨越式发展、迅速做大做强的一个重要途径。据统计，世界500强企业中，有80%以上的企业都成功地进行了产业资本与金融资本结合的经营行为，产业资本与金融资本融合已成为不可遏制的世界潮流。

产融结合也是IT产业发展的必然趋势。首先，IT已经成为当今时代最重要的科学技术，是最具活力的生产力，并已经成为最具"钱景"的领域之一。技术的先进性和应用的广泛性决定了IT产业需要大量的资金投入。金融资本的逐利特性决定其必然通过各种途径进入IT产业，并与产业资本融合，即"由融而产"，以获取最大的利润回报。其次，随着IT产业规模不断扩大，IBM、微软、英特尔、苹果等巨头积累了大量的产业资本。出于战略布局、业务扩充、增值保值等各种各样的需求，这些产业巨头必将利用产业资本向金融领域扩张，也可能再通过金融业务和手段回到产业领域。以中国为例，截至2012年，中国电子信息制造业规模超过8.5万亿元，软件产业规模达到2.5万亿元，IT产业的国民经济支柱地位日益提升，产业资本也得到了快速积累，并成长起华为、中兴、联想、阿里巴巴、腾讯等一批IT巨头。当产业资本积累到一定程度，这些IT巨头为摆脱对银行等金融机构的过度依赖，谋求产业资本的进一步扩张，也开始向金融资本渗透，通过控制金融机构以最大限度地利用社会闲散的金融资源，从而实现跨越式发展。例如，2013年12月23日，由科大讯飞产业投资公司、安徽省投资集团控股公司、合肥市工业投资控股有限公司共同出资组建的"安徽省信息产业投资控股有限公司"揭牌成立,投资公司注册资金5亿元。

总之,产融结合是市场经济条件下的产业发展的内在要求,是IT产业发展的必然趋势。产融结合是当前推动我国IT产业实现结构升级,快速做大做强的重要推动力量。

二 大企业是IT领域"由产到融"的主要推动力

"由产到融"的产融结合过程中,集团化大企业成为主要的推动力量。尤其是在IT领域,商业模式创新、产品更新和技术变化非常之快,任何大企业都难以单凭一己之力把握所有趋势和变化。这些IT巨头通过建立投资部门或者独立的投资机构,设立投资基金,瞄准创新型初创企业、前沿技术企业和与本公司战略相关的企业进行风险投资、股权投资或者收购。通过这种"由产到融"的方式,不仅可以获得高额的投资回报,还可以弥补自身不足,拓宽技术视野,进行技术储备,为企业持续发展提供保障。

IT产业巨头"由产到融"的案例非常多,英特尔、谷歌、雅虎、高通、微软、联想等或设立基金,或成立投资部门,或成立投资公司,并或以战略布局为指导,或以高额投资回报为目标,针对IT领域或非IT领域进行投资活动。以英特尔为例,英特尔公司不仅在计算机核心芯片领域具有领先优势,而且十分重视通过资本手段布局芯片、软件、安全等方面的前沿技术,甚至布局了清洁能源、传媒等IT产业以外的产业。1991年,英特尔成立了英特尔投资,专职于对全球创新型IT技术公司进行股权投资,包括初创企业、高成长期企业以及上市企业。截至2012年底,英特尔投资先后对全球53个国家的1300多家公司进行了超过108亿美元的投资。并有超过500家投资组合公司成功退出,其中200多家公司成功上市,有300多家公司被收购或者兼并。自1998年英特尔投资就开始对中国IT产业进行投资,针对中国IT领域,英特尔投资先后成立了英特尔投资中国技术基金Ⅱ、英特尔投资技术基金、英特尔投资感知技术基金等基金，基金规模达到8亿美元。截至2012年底，英特尔投资已经对100多家中国科技公司进行了投资（见附表7），总计超过6.5亿美元，其中，已有20多家公司上市或被其他公司收购。

中国IT领域的"由产而融"也主要由相关的大企业推动，并主要由硬件设备厂商和互联网厂商主导。联想控股以IT产业为基础和起点，通过成立投资公司不断扩大业务范围，成功转型为综合发展的多元化跨国公司，非常好地践行了"由产到融"的产融结合。联想分别于2001年和2003年成立君联资本（原联想投资）和弘毅投资。其中，君联资本首期基金规模3500万美元，截至2013年底，已经投资了155家企业，其中21家企业成功上市，10家企业并购退出。目前，君联资本共管理着5期美元基金和2期人民币基金，资金规模高达130亿元。君联资本主要面向IT领域进行风险投资，成功案例包括科大讯飞、文思、展讯、人人网、中讯软件、易车公司、高德等。弘毅投资共管理5期美元基金、2期人民币基金和1期人民币夹层基金，管理资金总规模超过460亿元，主要从事股权投资及管理咨询，投资领域广泛，在IT领域的投资案例包括神州数码、联想移动、中软国际等。

IT企业"由产到融"主要体现在两个方面：一方面是成立产业基金或者投资部门，围绕自己的主营业务和战略规划进行风险投资、股权投资和并购。以腾讯为例，腾讯通过设立腾讯产业基金，先后进行了近30起风险与战略投资，其中13起已披露投资金额案例涉及资金18.1亿元，平均每起案例投资金额高达1.4亿元。而腾讯自2010年以来已经完成或者已经达成收购意向的案例多达26起，其中20起并购案例涉及资金达到145.2亿元，平均每起并购案例涉及金额7.3亿元。腾讯综合考虑被收购公司的规模、收购难易程度及被收购公司对其战略意义，收购的类型包括全资收购、控股收购和收购部分股权。其中，腾讯收购瓶子公司、方寸科技、爱乐游、康盛创想、ZAM Network等为全资收购，而收购Riot Games、银汉科技、苏摩科技等为控股收购，网顺科技、深圳网域、Epic Games、

第十八章 产业金融成为推动 IT 发展的重要力量

科大讯飞	科大讯飞 http://www.iflytek.com	VanceInfo	文思 http://www.vanceinfo.com
SPREADTRUM	展讯 http://www.spreadtrum.com	人人网	人人网 http://www.renren.com
lux	上海绿新 http://www.luxinevotech.co	SinoCom	中讯软件 http://www.sinocom.cn
Parade	谱瑞科技 http://www.paradetech.com		安洁科技 http://www.anjiesz.com
BitAuto 易车	易车公司 http://www.bitauto.com	HICONICS	合康变频 http://www.hiconics.com
AutoNavi	高德 http://www.autonavi.com		阳光纸业 http://www.sunshinepaper.c
ST&SAT	星期六鞋业 http://www.st-sat.com	PEAK	匹克体育 http://www.peaksport.com
Boloni	科宝博洛尼 www.boloni.com.cn	joyo.com 卓越网	卓越网 http://www.joyo.com
zhaopin.com	智联招聘 http://www.zhaopin.com		上海华虹 http://www.huahong.com.c
	林洋新能源（韩华新能源） http://www.hanwha-solarone.com	EYANG	宇阳控股 http://www.szeyang.com

图 18-1　君联资本投资的部分企业

资料来源：君联资本。

KakaoTalk 等则为收购部分股权。另一方面是直接从事金融业务。2013年，互联网企业向金融领域的渗透不断加速，阿里巴巴、百度、腾讯等互联网企业先后涉足互联网金融领域。支付宝与天弘基金联合推出的余额宝仅 18 天便获得 250 万用户，累积转入资金超过 66 亿元，天弘基金的增利宝货币基金也一跃成为中国最大规模的货币基金。百度与华夏基金联合推出"百发"，仅 4 个小时募集资金高达 10 亿元，并首创"团购式理财"，成功地实现理财产品商品化。此外，搜狐、网易、新浪等都推出了相应的理财产品。腾讯在互联网金融领域也有一系列动作，2013 年先后与国金

图 18-2 互联网企业"由产到融"

资料来源:工业和信息化部电子科学技术情报研究所。

证券达成战略合作协议,双方将共同打造在线金融服务平台;与阿里巴巴、平安保险联合成立"众安在线财保";注资国内独立第三方财富管理公司好买财富。

三 投资并购是 IT 领域"由融到产"的重要形式

投资和并购是金融资本进入产业领域的重要方式,也是"由融到产"的重要表现形式。2013 年 2 月 6 日,戴尔公司宣布接受科技投资公司银湖资本的私有化要约,并于当年 11 月完成对公司股票的回购,回购交易规模高达 244 亿美元,并成为金融危机以来最大的私有化交易。这是一起典型的金融资本进入产业领域案例。银湖资本成立于 1999 年,是美国一家私人股权投资公司,主要从事信息技术相关的杠杆收购和股权投资。目前,全球已经出现了众多从事 IT 领域投资并购的金融机构,如摩根斯坦利、高盛等。一般来讲,企业进行投资并购需要符合三个条件:一是行业垄断程度相对较低,大中小型企业分布广泛,有整合需求;二是符合国家政策导向,行业前景明朗;三是资源整合有利于提升企业价值。IT产业非常符合上述三个标准,因而也成了投资并购重点关注的领域。

我国IT产业"由融到产"的过程中,投资并购起到了很重要的作用,并成为主要的产融结合方式。风险投资机构、私募股权投资机构、天使投资机构和个人、传统领域企业和IT巨头非常重视中国IT产业的融资需求。据不完全统计,红杉中国、鼎晖投资、IDG资本、联想投资、启明创投、中投公司等众多投资机构在中国IT领域投资了大量的企业。以深创投为例,1999~2013年,深创投共投资497个项目,投资总额高达139亿元,其中IT技术及芯片领域数量占比15%,金额占比13%,在IT领域主要投资案例包括海亚科技、奥迪威电子、汉鼎信息、网经科技、拓尔思、中芯国际等。

表18-1 中国IT产业部分投资机构及其基金规模

投资机构	性质	基金规模	典型案例
红杉中国	风险投资	20亿美元	掌趣科技、高德软件、文思创新等
凯雷投资	私募股权	60亿美元	海尔电器、宏华设备、中国太保等
鼎晖投资	私募股权	38亿美元	分众传媒、康辉医疗、美的集团等
联想投资	风险投资	6.8亿美元	智联招聘、科大讯飞、文思创新等
启明创投	风险投资	5.2亿美元	游戏谷、小米科技、蘑菇街等
IDG资本	风险投资	30亿美元	当当网、腾讯、远光软件等
中金	投资银行	1.3亿美元	长天科技、芯原微电子、吉爱科技等
金沙江创投	风险投资	3亿美元	精硕科技、易美芯光、趣加游戏等
宽带资本	风险投资	3亿美元	世纪互联、小i机器人、柯斯软件等
弘毅资本	私募股权	55亿元	神州数码、凤凰传媒、中软国际等
平安证券	投资银行	10亿元	方直科技、TCL等
深创投	风险投资	N/A	拓尔思、中芯国际、汉鼎信息等
淡马锡	私募股权	N/A	小米科技、凡客诚品、YY等
软银集团	风险投资	N/A	阿里巴巴、千橡互动、爱狗网等
中投公司	其他	N/A	中芯国际、阿里巴巴等
真格基金	天使投资	N/A	一起作业、聚美优品等

资料来源:工业和信息化部电子科学技术情报研究所整理。

2013年，境内A股市场首次公开募股（IPO）窗口关闭引发并购热潮，软件产品及服务、电子及通信设备领域整合力度不断加强。工业和信息化部电子科学技术情报研究所的数据显示，2013年，中国IT领域的并购案例（包括收购部分股权）398起，已披露金额案例共计356起，涉及金额2110.5亿元，平均每起并购金额5.93亿元。其中，软件产品及服务领域共计有132起，占33.2%；电子及通信设备领域有102起，占25.6%（见图18-3）。

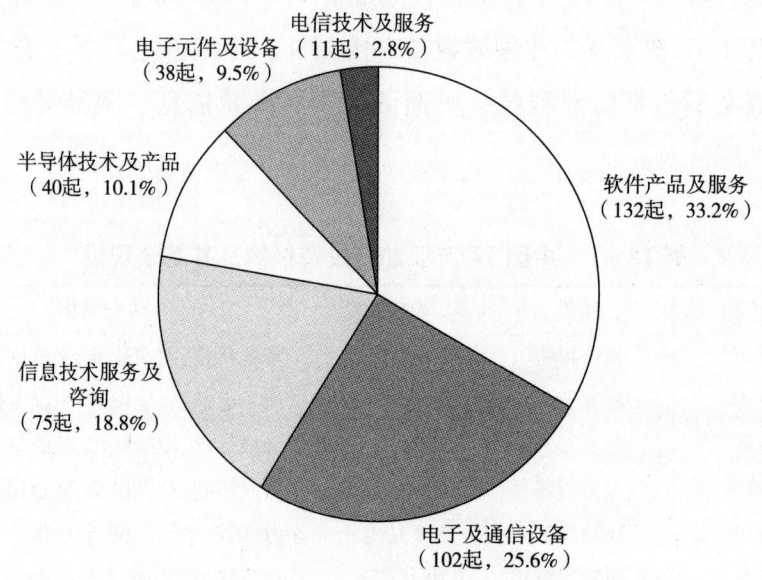

图18-3　2013年中国IT领域并购案例分布

资料来源：工业和信息化部电子科学技术情报研究所。

电子及通信设备、软件产品及服务领域整合力度不断加强，还体现在涉及金额巨大的案例占比较高。从并购涉及金额看，电子及通信设备领域的中创信测以268.9亿元收购北京信威96.53%的股权，成为2013年已披露并购金额案例中涉及金额最大的案例。中国IT领域已披露金额并购案例涉及金额前十位的案例涉及金额高达629.2亿元，占已披露并购金额的29.8%，其中4起为电子及通信设备领域，3起为软件产品及服务领域（见表18-2）。

表18-2 2013年中国IT领域已披露金额并购案例涉及金额前十位

单位：亿元

序号	并购企业	被并购企业	涉及金额	所属领域
1	中创信测	北京信威	268.9	电子及通信设备
2	京东方	京东方显示	85.3	电子及通信设备
3	深天马	上海天马 武汉天马 成都天马	54.2	电子及通信设备
4	梅花伞	游族信息	38.7	软件产品及服务
5	华润锦华	创维数字	35.2	电子及通信设备
6	浙报传媒	边锋网络 浩方科技	34.9	软件产品及服务
7	TCL	华星光电	31.8	半导体技术及产品
8	太光电信	神州信息	30.2	信息技术服务及咨询
9	掌趣科技	上游信息 玩蟹科技	25.5	软件产品及服务
10	联信永益	千方集团	24.5	信息技术服务及咨询

资料来源：工业和信息化部电子科学技术情报研究所。

从并购模式看，由于2012～2013年IPO关闸一年多，"PE+上市企业"型并购基金模式逐渐兴起。受并购融资周期较长、资源整合能力有限、形成新的产能效应需要的时间较长等因素影响，企业独立开展并购活动的效率较低。通过"PE+上市企业"的模式可以有效解决上市企业面临的再融资、定向增发等资金问题，也可以使得机构投资者提前锁定退出渠道。PE发起的并购基金可以很快的提供所需的资金杠杆，以并购基金形式收购，短期内可以实现资源的整合。在并购完成后的运作中，并购基金主要负责战略规划、行业研究分析、资源整合优化等工作，而上市企业则主要负责经营方案和日常经营管理工作。资产注入上市公司时，上市公司一般通过发行股份或者现金购买并购基金全部股份，间接收购此前并购标的，PE实现退出，同时实现上市公司做大做强。2013年，中国IT领域也出现了一批"PE+上市企业"或者"PE+大型企业"型并购案例，网络视频领域，苏宁云商联合弘毅投资收购PPTV 73.92%的股份，涉及资金4.2亿元；数字内容领域，科学出版社联合中国文化产业基金以1.38亿元收购万方数据33.5%的股份；电子设备领域，然力贸易、三新控股联合怡富投资以1.27亿元收购用佳电子37.9%的股份。此外，三诺生物联合创新工场以300万元收购糖护科技20%的股份。

此外，在证券市场上通过发行证券融资也是重要的"由融到产"产融结合形式。但是由于2013年境内A股市场IPO窗口关闭，通过境内证券市场融资受阻。汤森路透的数据显示，2013年中国企业在境外IPO的案例共计69起，共计募集资金148亿美元，平均每起案例融资2.14亿美元，约13亿元。大多数的IPO选择了香港交易所，45项IPO发行总额达到137亿美元，较上年增长36.1%。而IT领域，2013年仅有12家企业在境外成功IPO，共计融资67.4亿元，平均每起IPO案例融资仅5.6亿元。因而，通过证券市场实现"由融到产"产融结合还有待加强。

表18-3 2013年中国IT领域新上市企业名单

序号	企业名称	股票代码	上市日期	融资金额	所属领域
1	兰亭集势	NYS:LITB	2013年6月5日	7885万美元	电子商务
2	擎天软件	HK:01297	2013年7月9日	4.35亿元港币	应用软件
3	晶芯科技	HK:8036	2013年9月9日	6210万元港币	半导体
4	澜起科技	NASDAQ:MONT	2013年9月26日	7100万美元	IC设计
5	汇财软件	HK:8018	2013年9月26日	4100万元港币	应用软件
6	云游控股	HK:00484	2013年10月3日	16亿元港币	网络游戏
7	99无限	AXS:NNW	2013年10月30日	2000万澳元	信息服务
8	58同城	NYS:WUBA	2013年10月31日	1.87亿元	社交网络
9	去哪儿网	NASDAQ:QUNR	2013年11月1日	1.67亿元	在线旅游
10	博雅互动	HK:0434	2013年11月12日	11.34亿元港币	手机游戏
11	500彩票网	NSY:WBAI	2013年11月22日	7522万美元	电子商务
12	久邦数码	NASDAQ:GOMO	2013年11月12日	7854万美元	应用软件

资料来源：工业和信息化部电子科学技术情报研究所整理。

四 软件和信息服务成投融资关注重点

随着信息技术手段逐步应用于生产、制造、消费等多个行业和领域,并开始重塑和创新业务流程,软件开始成为企事业单位提升效益和效率的关键组成部分。基于软件的创新成为重要方面,软件产业越来越受到资本市场的关注。从2013年的数据来看,不论是数量还是涉及金额,软件产业投资占比都在不断提高。以美国为例,美国风险投资协会(National Venture Capital Association,NVCA)的数据显示,2013年全美投资案例共计3944起,同比增长3.1%,其中软件产业共计1506起,同比增长10.0%,软件产业投资案例占投资总数的38.2%,较2012年占比提高2.4个百分点,其中2013年第三季度占比高达41.8%。

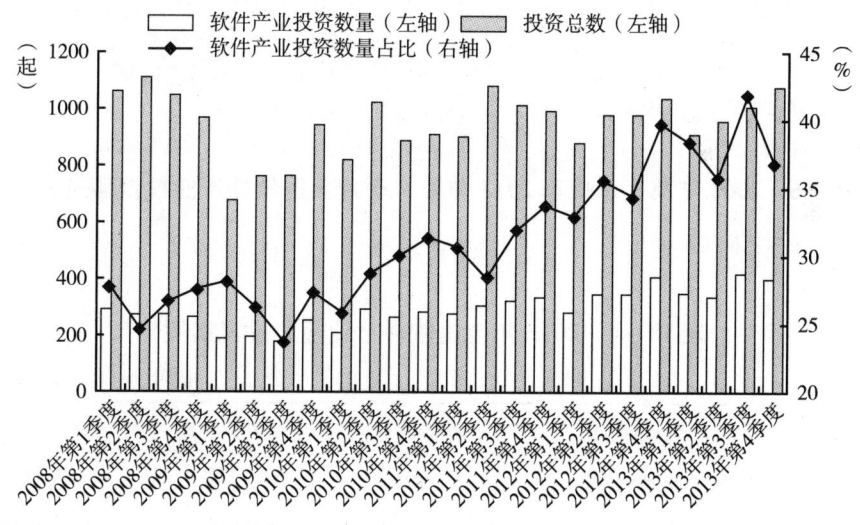

图18-4　2008年第1季度至2013年第4季度美国软件产业投资数量及其占比

资料来源:美国风险投资协会(National Venture Capital Association,NVCA)。

投资金额方面,2013年全美已披露投资金额案例涉及金额291.1亿美元,同比增长7.4%,其中软件产业融资金额为110.4亿美元,同比增长28.7%,占总额的37.9%,较2012年占比提高6.2个百分点,其中,

2013年第三季度占比高达45.9%。

软件产业受资本市场关注的程度越来越高还表现在单起投资案例的投资金额上。NVCA的数据显示，2013年度共有40起投资案例涉及金额超过6000万美元，共计融资39.1亿美元，其中26起为软件产业投资案例，占比67.6%，涉及金额26.4亿美元。

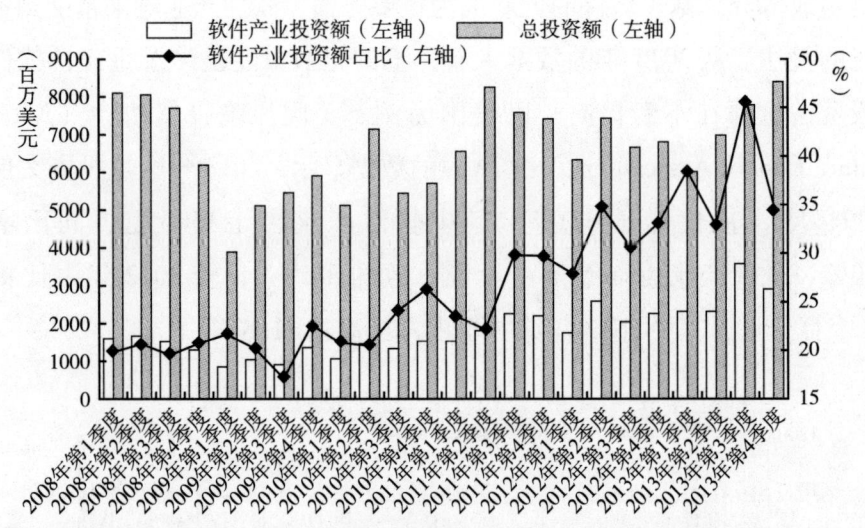

图18-5　2008年第1季度至2013年第4季度美国软件产业投资额及其占比

资料来源：NVCA。

表18-4　2013年全美软件产业重大投资案例

单位：百万美元

编号	公司名称	发展阶段	融资金额	细分领域
1	Uber Technologies, Inc.	扩张期	258	软件服务
2	Pinterest Inc.	扩张期	200	社交网络
3	Air Watch LLC	后期	200	软件服务
4	Palantir Technologies Inc.	后期	197	软件服务
5	Fab.com, Inc.	扩张期	150	电子商务
6	MongoDB, Inc.	扩张期	150	软件服务
7	Living Social, Inc.	扩张期	110	电子商务

第十八章 产业金融成为推动 IT 发展的重要力量

续表

编号	公司名称	发展阶段	融资金额	细分领域
8	Evolent Health LLC	早期	100	软件服务
9	Box Inc.	后期	100	软件服务
10	OpenPeak Inc.	后期	93	软件服务
11	Acumen Brands, Inc.	扩张期	83	电子商务
12	Clarabridge Inc.	后期	80	软件服务
13	Telogis Inc.	后期	77	软件服务
14	AppNexus, Inc.	扩张期	75	软件服务
15	Practice Fusion Inc.	后期	70	软件服务
16	Deem, Inc.	后期	70	软件服务
17	Twilio Inc.	扩张期	70	IT 服务
18	OpenEnglish LLC	后期	65	在线教育
19	Toa Technologies Inc.	后期	65	软件服务
20	Medsynergies Inc.	后期	65	软件服务
21	Domo, Inc.	扩张期	60	软件服务
22	Lyft, Inc.	扩张期	60	软件服务
23	Snapchat Inc.	早期	60	软件服务
24	SevOne Inc.	后期	60	软件服务
25	Videology Inc.	扩张期	60	IT 服务
26	Eventbrite Inc.	扩张期	60	IT 服务

资料来源：NVCA。

中国 IT 产业的数据也显示出软件产业已经成为产业金融重点关注的 IT 领域。工业和信息化部电子科学技术情报研究所的数据显示，中国 IT 产业按细分领域投资案例中，软件服务共计 80 起，占比 20.6%，占比显著高于其他细分领域，同时高于 2012 年 9.2 个百分点。

软件业备受投资机构的关注，可能是基于以下几个方面的原因：一是软件正在向各个领域渗透，软件将成为未来绝大部分企业的基本组成部分。企业生产效率提升、运营能力提升及竞争力提升将有赖于

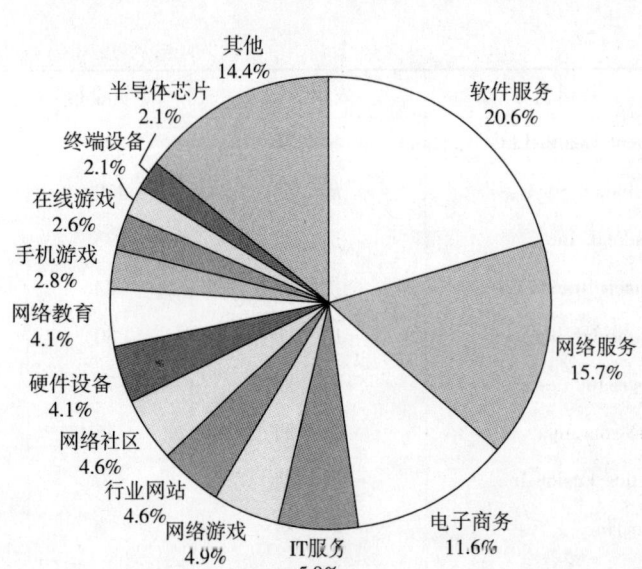

图 18-6　2013 年中国 IT 产业按细分领域投资案例数量占比

资料来源：工业和信息化部电子科学技术情报研究所。

以软件为核心的信息化建设。二是计算模式、软件架构和载体工具的革新，可能动摇微软、IBM、甲骨文、EMC 等老牌软件厂商的行业领导地位，软件业存在变革的可能，从而引发投资热潮。三是以移动互联网为代表的新一代信息技术已经在个人消费电子领域引起了巨大的社会和经济效应，并将进一步影响企业级用户，行业领域存在巨大的市场空间，基于移动平台、大数据服务等方面的新应用和新服务吸引大量的风险投资。

此外，软件和信息服务业备受证券市场青睐，上市企业增发明显增多。从 2013 年中国 IT 产业上市企业增发数据看，软件和信息服务业上市企业共计完成增发 16 起，同比增长 533.3%，比 2009~2012 年软件和信息服务业上市企业增发总数多 5 起，融资 104 亿元，平均融资 6.5 亿元；而同期半导体、硬件及设备上市企业完成增发 31 起，同比增长 63.2%，融资 211 亿元，平均融资 6.8 亿元。

表18-5 2009~2013年中国IT产业上市企业增发情况

单位：起，亿元

年份	数量	全部增发	数量	IT增发	数量	软件增发	数量	硬件增发
2009	119	2738	9	157	1	4	8	153
2010	158	3133	14	244	2	19	12	225
2011	177	3588	22	144	5	19	17	125
2012	152	3364	22	229	3	9	19	220
2013	273	3528	47	315	16	104	31	211

资料来源：Wind数据库。

五 中国IT产业的产融结合还面临一些问题

产融结合对中国IT产业具有明显的推动作用。中国IT产业主管机构和金融主管机构为进一步促进IT产业产融结合发展推出了一系列行之有效的举措。但是当前，中国IT产业的产融结合还面临着产融结合环境恶劣、融资渠道单一、中小企业产融结合难度大、IPO门槛过高等问题。

首先，多重利好的推动下，中国IT产业备受证券市场认可，但中国证券市场整体表现糟糕，IT产业产融结合环境依旧恶劣。Wind数据库的数据显示，2013年，深证IT指数和上证IT指数表现十分抢眼，涨幅分别达到59.3%和47.8%。与此同时，中国证券市场的整体表现却非常糟糕。截至2013年12月31日，日本日经指数报收于16291.3点，涨幅达到56.7%，为全球主要经济体中涨幅最高的市场；美国的纳斯达克指数和道琼斯工业指数分别报收于4176.6点和16576.7点，涨幅分别为38.3%和26.5%；上证指数和深证指数分别报收于2116.0点和8121.8点，跌幅分别为-6.8%和-10.7%。中国证券市场的表现凸显出金融资本对国内产业领域的担心，无法提升中国IT产业的产融结合的外部环境。

其次，中国IT产业产融结合还面临着融资渠道单一、中小企业产融结合难度大的问题。我国的金融服务体系包括银行业金融机构、其他准金

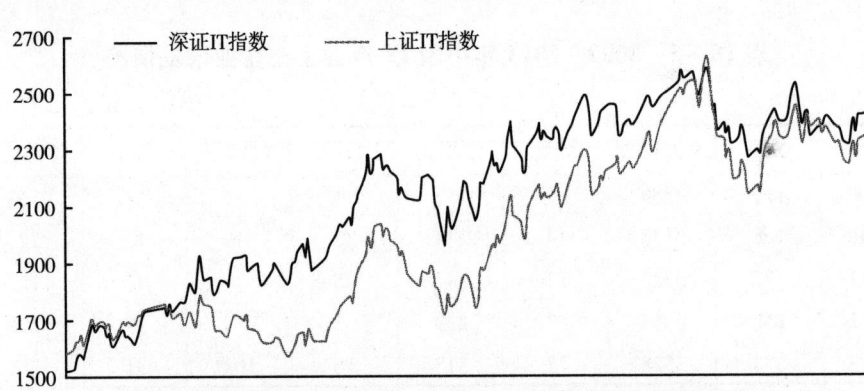

图18-7　2013年中国IT产业在证券市场上的表现

资料来源：Wind数据库。

融机构、金融市场和民间金融四大类。目前，可对IT产业进行金融支持的主要包括商业银行、政策性银行、非银行金融机构等银行业金融机构，创业投资机构、信用担保机构等其他准金融机构，股权交易市场、股份转让系统、债券市场等金融市场。但是，由于我国大部分IT企业属于中小企业，这些企业获得商业银行和政策性银行贷款的可能性非常小，且融资成本很高。创业投资机构是创新型中小IT企业获得资金的重要融资渠道，但是相比于中国IT领域巨大的融资需求，中国创业投资机构的数量和可提供的资金量还不足。对于有一定基础的IT企业，其最好的融资渠道是金融市场，尤其是股权交易市场和股份转让系统。股权交易市场对企业IPO和再融资的要求较高，对IT企业的限制较大。股份转让系统是最适合中小IT企业进行融资和产融结合的渠道，但是当前全国中小企业股份转让系统认可度和活跃度还有待提高。整体来看，中国IT企业产融结合形式多样化还未形成，中小企业融资困难依旧是未来一段时间必须面对的问题。

最后，全国中小企业股份转让系统（简称"新三板"）流动性差和转板机制不明确影响IT企业融资。"新三板"的建立对于推动金融资本进入IT领域具有重要的意义。2013年12月14日，《国务院关于全国中小企

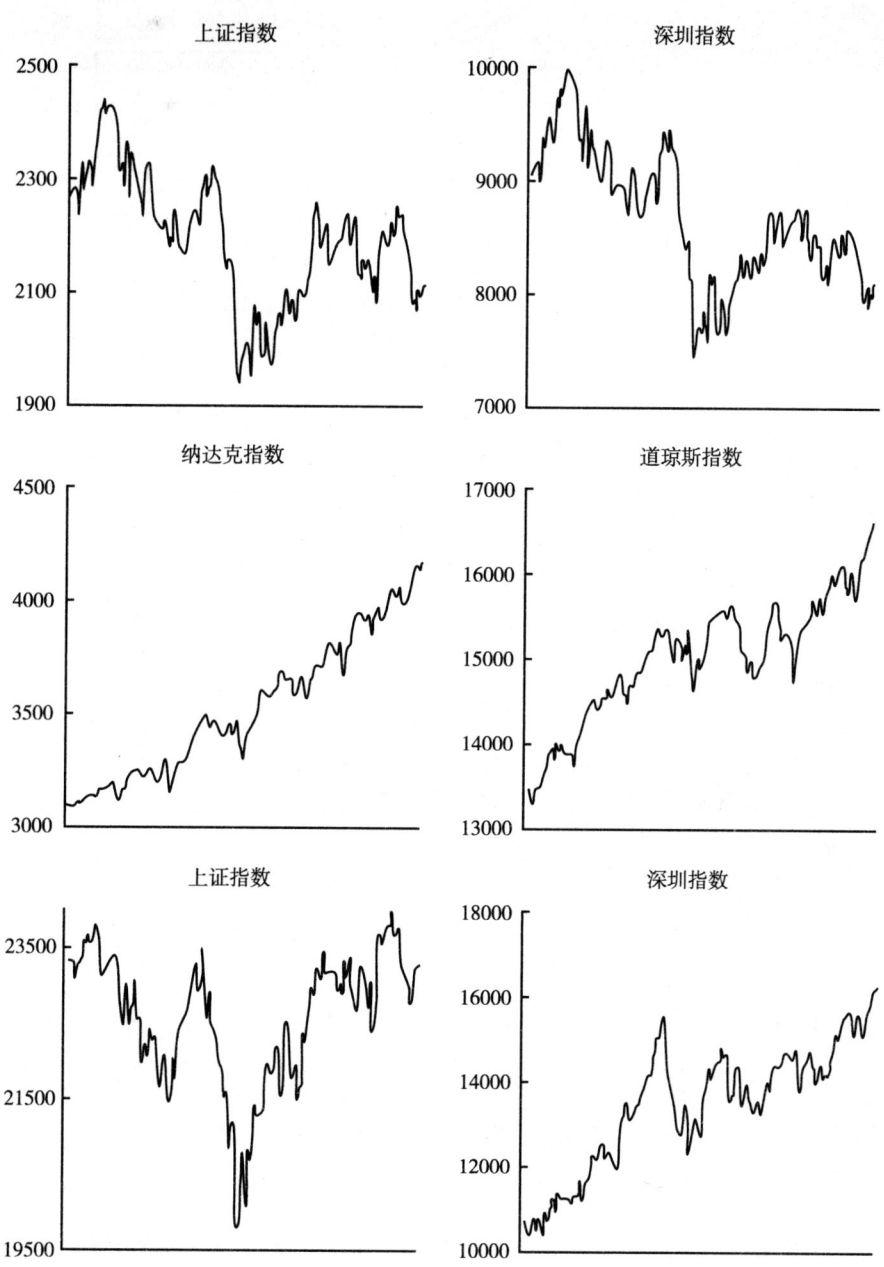

图 18-8 2013 年全球主要证券市场表现情况

资料来源:工业和信息化部电子科学技术情报研究所整理。

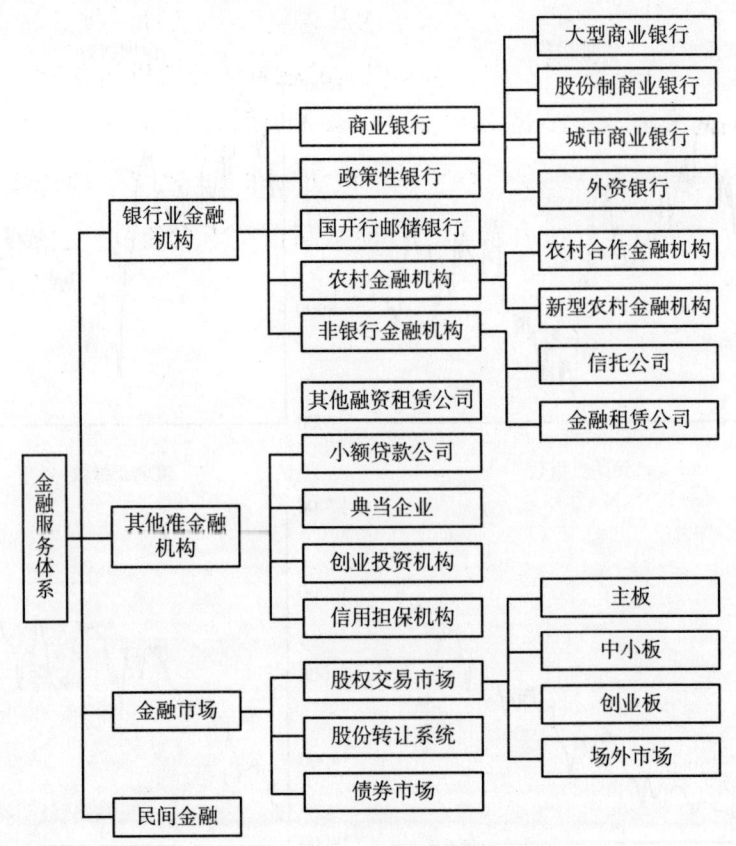

图 18-9　中国金融服务体系

资料来源：工业和信息化部电子科学技术情报研究所。

业股份转让系统有关问题的决定》（国发〔2013〕49号）发布，全国股份转让系统主要为创新型、创业型、成长型中小微企业发展服务，境内符合条件的股份公司均可通过主办券商申请在全国股份转让系统挂牌，公开转让股份，进行股权融资、债权融资、资产重组等。但是，当前"新三板"还面临两大问题，一是"新三板"流动性差，大部分机构将其作为补充的退出渠道。一方面，目前，"新三板"可提供的可交易股权有限，且以创业型公司和家族式企业为主，创业型企业创始人出售股份的意愿较低，而家族式企业股东数量较少。另一方面，"新三板"允许机构和个人参与交易活动，但是其投资门槛非常高，要求投资者的证券资产需超过

500万元,导致绝大部分个人散户无法参与交易活动。据统计,2013年"新三板"52笔定向增发中,70%以上的融资活动由机构参与。二是转板机制细则尚未出台。2006年以来,三板共计产生了7家上市企业,且全部是退出三板后重新提交IPO申请,因而为非真正意义上的转板。转板上市企业IPO的门槛并没有降低,必须按照正常审批流程,直接影响了IT企业的融资。

第十九章　知识产权竞争更加激烈

IT产业是一个技术密集型产业，知识产权是其重要的组成部分。随着知识产权保护力度不断加强，IT企业之间的技术和产品竞争逐渐向知识产权方面转移，专利、版权等知识产权内容已经成为企业竞争的重要武器。此外，知识产权的重要性不断提高，知识产权质押融资得到了快速发展，知识产权生产和保护得到进一步的重视。

一　IT领域专利申请量平稳增长

信息技术专利申请国别分布方面，截至2013年6月30日，中国电子信息技术专利申请总量达到210万件，同比增长27%。其中，国内申请人的专利申请总量达到145万件，占专利总量的69%；国外申请人在华专利申请总量达到65万件，占专利总量的31%。表19-1是各主要国家的信息技术专利申请统计。

日本是信息技术的大国，在华申请的信息技术专利几乎是美国的两倍。日本企业如索尼、松下、富士通、NEC等非常重视专利的申请，在中国有大量的专利布局。

美国作为信息技术的强国，包括IBM、微软、高通等很多知名企业在中国都有大量的专利布局。美国企业通过专利许可的方式获得高额的收益，如2013年高通全年收入248.7亿美元，其中专利费用收入78.78亿美元，约占收入的30%。

韩国专利申请总量增速与上年同期水平相比下降了1个百分点，但信息技术专利申请总量也有6.5万件，韩国的三星、LG都是知名的电子企业,中国市场对其具有重要意义,因此也非常重视在华专利布局。

表19-1 电子信息技术专利申请主要国别分布

单位:件,%

排名	国家	总量	发明	2013年增速	2012年增速
1	中 国	1451493	733975	28	26
2	日 本	252793	249626	13	13
3	美 国	136848	133872	14	14
4	韩 国	64717	63985	11	12
5	德 国	35416	34818	18	16
6	荷 兰	23586	23541	7	8
7	法 国	18163	17844	15	13
8	瑞 典	10087	9997	11	10
9	英 国	8761	8561	10	11
10	芬 兰	7858	7811	12	10
11	瑞 士	7730	7425	17	16
12	加 拿 大	4946	4882	17	14
13	意 大 利	2856	2784	12	11
14	澳 大 利 亚	2039	1986	12	11
15	新 加 坡	2200	2062	29	6
16	以 色 列	1705	1643	17	17

注:表内数据是根据国家知识产权局网站公开的专利信息统计所得,数据截止日期为2013年6月30日,如未特别说明,本文中专利数据均为1985年1月1日至2013年6月30日的专利总量。

欧洲地区各国情况不同,欧洲各主要国家在华专利申请以德国、荷兰和法国为主,其中德国在华申请专利最多,有3.5万件;其次是荷兰(2.4万件)和法国(1.8万件),瑞典、英国、芬兰、瑞士、意大利等国则有几千件到1万件不等。

国内各省市专利申请状况方面,2013年各省、市专利申请总量继续保持较快增长态势，其中 15 个省、市的专利申请增长超过全国平均水平，安徽省的增速达到了 69%。申请专利较多的广东、北京两地专利增长也比较快，分别增长了 30% 和 33%，均高于上年的增长水平。在信息技术领域，内地 31 个省、市共计申请专利 137 万件，同比增长 35.3%。如表 19-2 所示，广东、北京、江苏、上海、浙江五地的专利申请总量都超过了 10 万件，广东以 29.6 万件排名第一。

表 19-2 2013 年内地各省市专利申请情况

单位：件，%，位

排名	省市	申请量	增速	排名	省市	申请量	增速
1	广东	296120	30	17	重庆	17210	43
2	北京	172554	33	18	吉林	12491	22
3	江苏	170201	48	19	江西	8714	34
4	上海	128357	28	20	山西	8467	40
5	浙江	112332	40	21	广西	7351	37
6	山东	68597	36	22	云南	5907	33
7	四川	41648	45	23	贵州	5256	37
8	辽宁	38940	23	24	甘肃	4371	32
9	陕西	37102	46	25	湖北	3383	-87
10	天津	35468	31	26	新疆	3374	24
11	安徽	31193	69	27	内蒙古	2905	25
12	福建	29526	40	28	宁夏	1254	42
13	河南	27863	37	29	海南	1101	35
14	湖南	25085	31	30	青海	500	31
15	河北	19260	32	31	西藏	54	38
16	黑龙江	19057	38				

资料来源：国家知识产权局。

九大技术领域专利分析显示，计算机与自动化技术领域申请专利最多，总共有 37.9 万件专利申请，继续保持领先地位。紧随其后的是电子测量与雷达导航技术领域（35.3万件）和通信技术领域（34.0万件），广播与电视技术领域（11.5万件）和家用电器技术（10.6万件）两个领域专利申请较少。与上年相比，各技术领域的发明专利比重下降了1~2个百分点。在九大技术领域中，信息材料与加工工艺领域发明专利比重最大，达到了81%。其次是广播与电视技术领域（79%）。电子元件技术领域，发明专利比重最低，仅为41%。

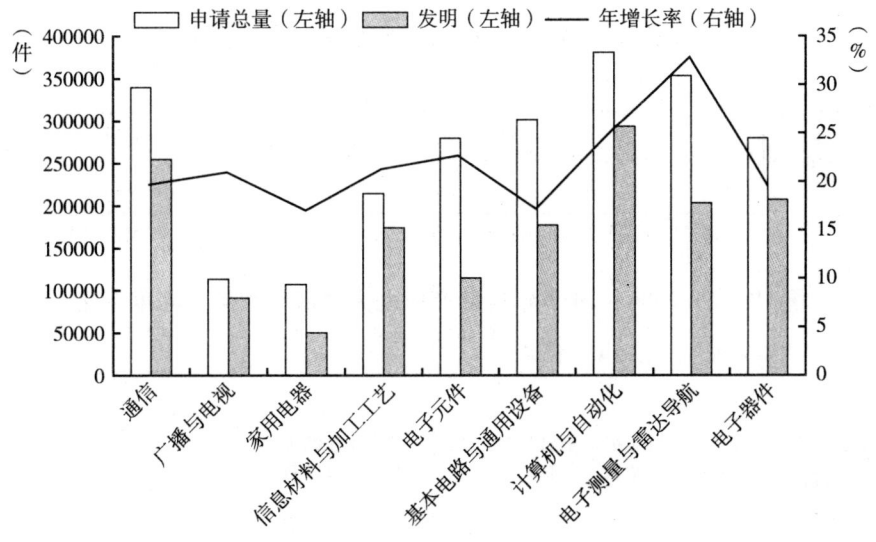

图 19-1　信息产业九大领域专利申请总量分布

资料来源：国家知识产权局。

2006~2012年，各技术领域专利申请都保持了增长趋势，但增幅差别较大。电子测量与雷达导航技术领域年专利申请增长最快，而且最近三年增长更快。计算机与自动化、电子元件两个技术领域的专利申请增长也比较快，通信、广播与电视领域的专利申请增长放缓。

国内外主要企业专利申请方面，在电子信息技术领域的专利申请中，企业申请占比70%。从专利统计数据来看，国内企业申请中，华为、中兴通讯的专利优势非常明显，电子百强榜排名第二的联想控股有限公司在信息技术领域的专利申请排名第8位。从发明专利所占比例来看，华为、中兴通讯、大唐电信的发明专利所占比例都超过了90%,而海信、比亚迪、康佳、海尔的发明专利所占比例都在50%以下。

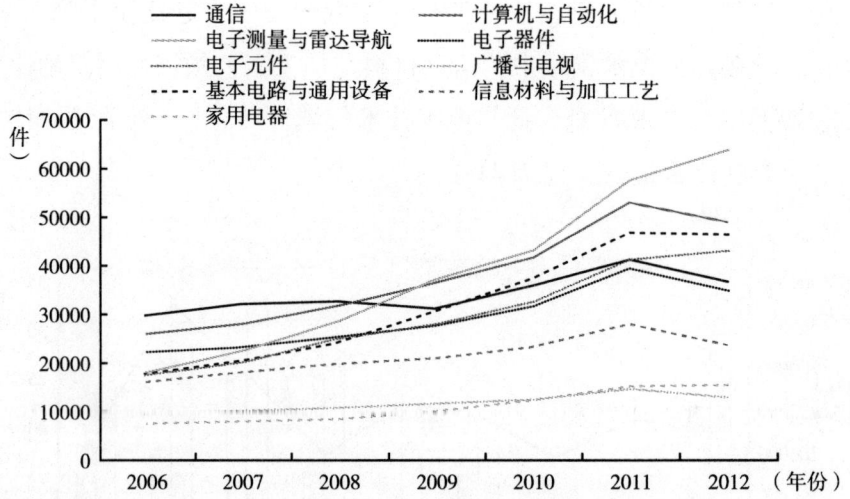

图19-2　2006~2012年信息产业九大领域专利申请年度变化

资料来源:国家知识产权局。

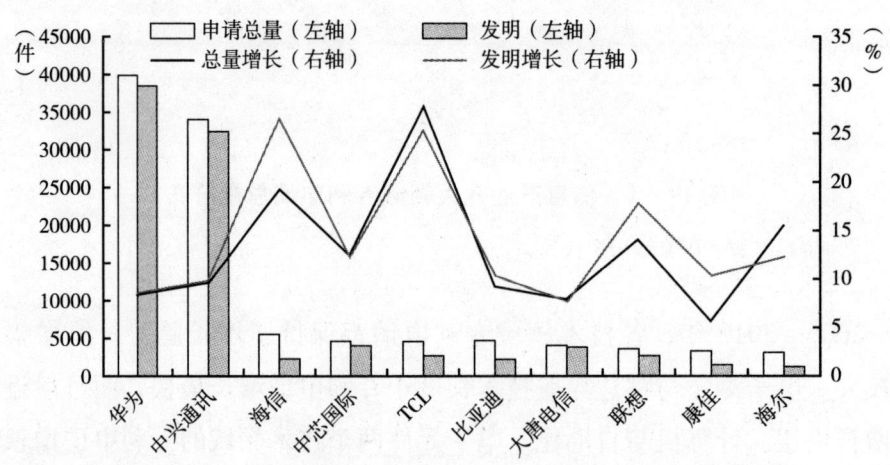

图19-3　内地信息技术领域专利申请前10位企业统计

资料来源:国家知识产权局。

2013年电子百强前20名企业共有专利申请14.4万件,与上年同期相比,专利申请总量增加了23%。

表 19-3 2013 年电子信息百强前 20 位企业专利申请统计

单位：位，件

公司	百强排名	专利总量排名	发明排名	发明排名变化	专利总量	发明专利	实用新型	外观专利
华为	1	1	1	0	42689	38646	1618	2425
中兴通讯	5	2	2	0	35552	32330	2151	1071
海尔	4	3	6	0	10443	2783	3625	4035
比亚迪	10	4	3	0	9094	3828	4333	933
海信	6	5	8	0	9044	2595	3990	2459
TCL	8	6	5	1	6824	2973	2235	1616
京东方	12	7	4	N	5274	3120	2055	99
联想	2	8	7	-3	4454	2780	1053	621
康佳	17	9	9	0	4381	1666	1943	772
四川长虹	7	10	12	0	3958	1286	1052	1620
创维	13	11	14	-3	2428	1204	805	419
北大方正	9	12	10	0	2245	1640	280	325
武汉邮电	20	13	11	N	2014	1552	391	71
同方	15	14	16	-2	1543	538	938	67
南京南瑞	16	15	15	N	1462	964	449	49
上海贝尔	19	16	13	-8	1271	1226	32	13
亨通集团	14	17	18	-1	731	136	593	2
浪潮	11	18	17	-2	565	422	117	26
宝胜集团	18	19	19	1	33	6	27	0
中电科技	3	20	20	N	6	6	0	0

资料来源：国家知识产权局。

截至 2013 年 6 月 30 日，专利申请排名前 20 位的国外企业在中国共申请专利 33 万件，其中发明专利申请 32 万件，占专利申请总量的 97%。如图 19-4 所示，在华专利申请前 20 位的企业中日本企业有 10 家，欧洲有 4 家，韩国 2 家，美国 4 家。

国内外主要企业的专利申请仍存在较大差距，前 20 位在华外国企业专利申请总量是国内电子百强前 20 位企业专利申请总量的 2.3 倍，比上

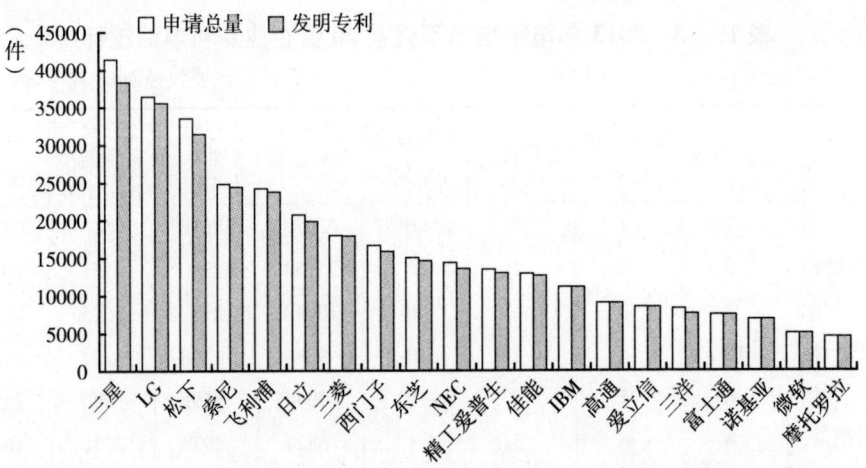

图19-4 国外企业在华专利申请前20位企业专利申请分布

资料来源：国家知识产权局。

年降低了0.2倍。但国外企业主要是以发明专利申请为主，前20位在华外国企业的发明专利申请总量是电子百强前20位企业的3.2倍。在长期的知识产权竞争中，国外企业积累了更丰富的专利布局和运营经验，国内企业要谋求长期发展，必须重视技术创新和专利布局，只有这样才能缩小与国外竞争对手的差距。

二 专利成为进军国际市场的重要工具

2013年越来越多的中国企业参与国际市场，而知识产权竞争也成了国外企业阻击中国企业的重要手段。突破外国企业密布的"专利网"以及国际贸易中的知识产权壁垒，进而占领产业制高点成为中国企业不可回避的问题。

2013年华为与IDC的专利之争终于有了结果，广东高院维持了深圳中院的一审判决，判定IDC公司因实施了垄断行为，赔偿华为公司损失人民币2000万元。2000万元的赔偿对于IT行业来说并不算高，但对于中国企业来讲，华为战胜了国际技术大鳄，为其进一步开拓国际市场扫除了许多障碍。

长期以来，知识产权都是国外技术巨头阻击或者收取国内制造企业高额利润的"大棒"，中国企业由于技术创新积累薄弱及缺乏运用国际知识产权规则经验，对国外企业的技术挑战底气不足。华为公司敢于运用知识产权法律武器捍卫自身合法权益，并取得重大胜利，为中国企业做了一个极好的榜样，对于改变中国企业频遭国际市场知识产权打击的局面提供了重要的参考。

据"中国贸易救济信息网"统计显示，2013年上半年，美国共发起"337调查"24起，比上年同期的29起下降17.2%。其中，涉华"337调查"10起，比上年同期的11起略降9.1%，但仍居美国"337调查"涉案国之首，占比达41.7%。在2013年上半年的24起"337调查"中，涉案产品分别涉及电子、轻工、机械、汽车及化学5个行业。其中，涉及电子行业的产品最多，达14起，占比58.3%。同时，电子行业也是美国涉华"337调查"的最主要行业，而专利侵权仍是上半年美国"337调查"的主要诉由。

对企业来说，"337调查"已不仅是知识产权的法律诉讼问题，更被企业视作一种市场化手段，用来进行市场竞争。事实上，除了美国企业，日本、韩国和欧洲公司也常常以此在美国市场打击竞争对手。遭遇"337调查"似乎已经成为美国之外的企业进入美国市场的一道门槛，对此，很多企业已经能坦然面对。

如今，越来越多的企业已经能依靠实力与法律在美国知识产权诉讼中赢得了胜利。华为公司能够在与IDC公司的诉讼中获得胜利，也与华为多年来在IT领域的大量的专利积累有莫大的关系。在当前情况下，不断提升知识产权实力是企业开拓国际市场的重要保证，良好的专利实力与布局可以化解不断增多的市场风险。因此，想要进入国际市场的中国企业应尽快转变观念，积极创新并申请专利保护，了解国际市场的游戏规则，变被动为主动，避免在进军国际市场过程中遭受竞争对手阻击的时候缺少反击的专利工具。

事实上，中国企业不断获得"337调查"的胜利，极大地鼓舞了企业"走出去"的信心。同时，也说明中国企业"走出去"是大势所趋。

三 网络版权保护力度进一步增强

2013年末，网络视频行业集体诉百度视频侵权盗版案件成为年末最受关注的知识产权案件，这起案件是我国网络视频行业有史以来涉及企业最多、索赔最高的一次反盗版行动。

2013年11月13日，优酷土豆集团、搜狐视频等国内知名网络视频公司联合发布"反盗版宣言"，谴责百度、快播盗版行为，并称将起诉百度索赔3亿元损失。11月29日，海淀法院作出一审判决，百度对优酷土豆的侵权事实成立，应立即停止侵权行为，并对其处以49万元的罚款。2013年12月27日，国家版权局对百度、快播侵犯网络版权问题作出行政处罚，责令两家公司停止侵权行为、分别罚款25万元，同时对两家公司提出明确整改要求，将根据整改情况采取下一步措施。

司法机关和行政管理部门在极短的时间内，对这起影响重大的案件作出处理决定，是多年来我国网络版权保护工作取得积极成效的表现，也表明了我国网络保护能力进一步增强。当前，视频领域侵权盗版存在着职业化、链条化、碎片化的特点，这与视频侵权获利高、信息技术复杂化有关，而我国版权执法部门面对新出现的情况，积极采取跨区域、集约化执法手段，对影响力大的疑难复杂案件发动集群战役，进行有力打击。在2013年查处百度影音和快播的视频侵权案件过程中，国家版权局统一指挥，发动全国十个省份摸排情况，并集中上海、北京等执法一线的业务骨干，对百度影音、快播两款播放器的核心技术、运营模式、产业链条等进行全方位、多角度的定位分析。为推动网络版权保护工作的进一步深入，国家版权局2014年将在全国建立跨区域的版权执法合作机制，联合打击网络盗版，我国今后的网络知识产权保护工作能力将再次提升，这对文化产业创作和投资的积极性保护具有重要的意义。

四 互联网领域不正当竞争纠纷增多

2013年互联网领域最著名的不正当竞争案件应该是360和百度之间的搜索大战。此次大战争议点是，百度认为360恶意违反"robots协议"。百度诉至北京一中院，称360违反"Robots协议"抓取其网站内容，索赔金额1亿元。同时，360对百度恶意"强制转跳"等不正当竞争行为也提起了诉讼，北京高院已经受理此案。2013年，百度和360公司已经在北京打了5场官司，已经一审判决的两起案件中，双方分别获得一次胜利。政府相关部门已找各方约谈，摸清各方分歧点，防范整个事件升级。虽然目前双方争议尚未尘埃落定，但相关竞争在互联网领域产生了重要的影响，据美国数据调查公司comScore发布的中国搜索市场数据报告，按照搜索次数，2013年11月360搜索市场份额达到25.6%，仅次于百度的66.3%，为中国第二大搜索引擎。

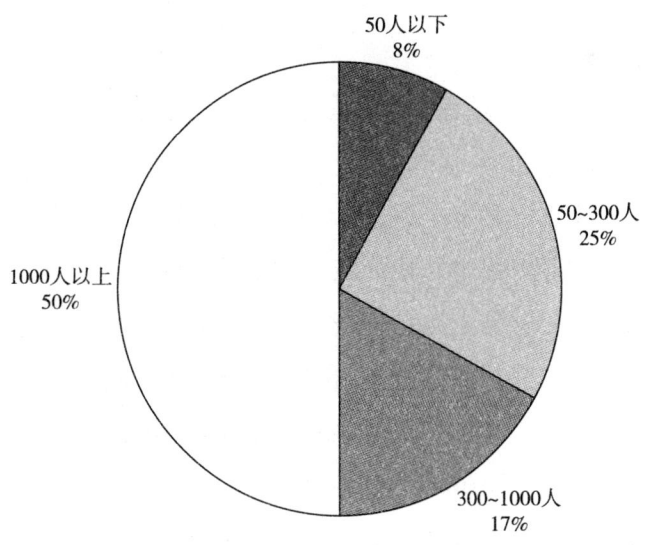

图19-5 不同规模企业涉及不正当竞争纠纷情况

资料来源：工业和信息化部知识产权中心。

伴随着我国互联网行业企业规模的扩大，市场竞争不断加剧，由此引发的不正当竞争案件近两年也在增加。不正当竞争行为类型多样化，不正当竞争纠纷数量持续增加。除侵犯商业秘密、假冒知名品牌注册商标或企业字号、抢注他人知名商标等传统的不正当竞争行为之外，在互联网经济和电子商务不断兴盛的背景下，通过关键词广告搜索、竞价排名和深层链接等网络服务行为进行不正当竞争、利用网络打分进行商业诋毁或虚假宣传等新类型的不正当竞争行为层出不穷。

根据工业和信息化部电子知识产权中心的一项调查，在49家互联网企业中，有12家企业近两年内遭遇了不正当竞争纠纷，且有一半以上企业规模都比较大，其中包括腾讯、奇虎360、搜狐、58同城等。纠纷的主要表现形态为假冒商标、域名纠纷、侵犯商业秘密、网络攻击、流量劫持、恶意软件，以及其他不正当竞争行为。随着移动互联网的成熟和下一代信息技术的应用，互联网领域企业之间的不正当竞争纠纷将会增多，纠纷的形态也将更加复杂，能否解决好企业之间的不正当竞争纠纷将关系到互联网产业的健康发展。

五 知识产权质押融资发展迅速

所谓知识产权质押融资，是指知识产权权利人以合法拥有的专利权、注册商标专用权、著作权等知识产权中的财产权为质押标的物出质，经评估作价后，向银行等融资机构获取资金，并按期偿还资金本息的一种融资行为。根据国家知识产权局的统计数据，2013年，我国的知识产权质押融资规模进一步扩大，知识产权金融服务工作取得积极成效，全年专利权质押金额达254亿元，比2012年增长80%。

国家知识产权局自2008年起，先后在29个地区开展知识产权质押融资试点、投融资服务试点；2012年又在25个地区开展专利保险试点。根据国家知识产权局公布的国家知识产权战略实施推进计划，2013年全国将建20个知识产权投融资服务平台。

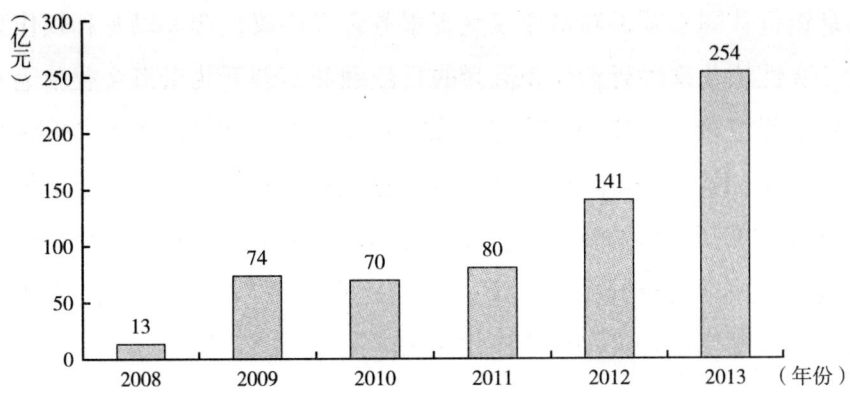

图 19-6　2008~2013 年全国专利质押融资情况

目前，在国家知识产权的指导下，各地区分别根据当地优势采取多项创新措施，知识产权质押融资工作在全国迅速开展：陕西省知识产权局统计表明，2013 年陕西共有 17 家金融机构为 160 余家企业提供专利权、商标权、著作权质押融资，融资金额 12 亿元。据介绍，2013 年，陕西省知识产权局会同省银监局、工商局、版权局、中小企业局等部门积极完善知识产权质押融资政策，使全省知识产权质押融资工作呈现一些新特点：一是外资银行（东亚银行）首次介入该业务并成功放贷；二是软件著作权质押成功获贷使质押范围进一步扩大；三是越来越多的小微企业通过知识产权质押成功获贷。截至目前，尚未出现不良贷款。

2013 年，河南省新增战略合作银行 2 家，合作总授信额度由原来的 70 亿元增加到 130 亿元，全省已有 8 家银行相继开展知识产权质押融资业务，全年实现知识产权质押融资 3.76 亿元，涉及企业 23 家。从 2011 年第一项知识产权质押融资协议签订至今的短短 3 年时间里，河南省实现了总授信额度近 300 亿元，累计完成质押贷款 9.36 亿元的突破，涉及企业 58 家，全省质押融资工作向常态化迈进。

2013 年北京市知识产权局与中国银行、光大银行、中国建设银行、交通银行等进行沟通，争取促成多家银行提高知识产权融资授信额度，进一步扩大知识产权质押融资规模。2013 年普天信息技术研究院有限公司与北京银行共同签署了知识产权融资服务合作协议，普天以专利权作为质押，一次性从北京银行获得2亿元的贷款融资，创下北京市企业单笔专利质押贷款新纪录。2013年北京市海淀区支持18个融资项目，补贴金额742.6万元，共有106个知识产权贷款项目获得海淀区贴息资金支持，支持额度为2430.5万元。北京市知识产权局还与国家知识产权局签订"专利保险工作"项目合同书，为下一步在北京地区推进专利保险工作提供支持。

附　录

附录1　2013年电子信息产业主要指标完成情况

项目	数额	增速(%)
规模以上电子信息制造业		
工业增加值增速(%)		11.3
主营业务收入(亿元)	93202	10.4
利润总额(亿元)	4152	21.1
税金总额(亿元)	1845	19.1
销售产值(亿元)	93891	11
出口交货值(亿元)	45819	4.9
固定资产投资(亿元)	10828	12.9
电子信息产品进出口总额(亿美元)	13302	12.1
其中:出口额(亿美元)	7807	11.9
进口额(亿美元)	5495	12.4

续表

项目	数额	增速(%)
软件业		
软件业收入(万亿元)	30588	23.4
主要产品产量		
手机(万台)	145561	23.2
微型计算机(万台)	33661	-4.9
彩色电视机(万台)	12776	-0.4
集成电路(亿块)	867	5.3
程控交换机(万线)	3116	10.2

资料来源：工业和信息化部。

附录2 2013年中国软件和信息技术服务业主要经济指标完成情况

指标名称	2013年完成	增速(%)
企业数(家)	33335	14.1
软件业务收入(亿元)	30587	23.4
其中:1. 软件产品(亿元)	9877	25.7
2. 信息系统集成服务(亿元)	6549	17.3
3. 信息技术咨询服务(亿元)	3014	23.8
4. 数据处理和存储服务(亿元)	5482	31.9
5. 嵌入式系统软件(亿元)	4680	17.2
6. IC设计收入(亿元)	986	28.0
软件业务出口(亿美元)	469	19.0
利润总额(亿元)	3831	13.8
税金总额(亿元)	1556	32.9
从业人员年末数(万人)	470	12.4

资料来源：工业和信息化部。

附录3 2013年中国电子信息百强企业名单

名次	公司名称
1	华为技术有限公司
2	联想控股有限公司
3	中国电子信息产业集团有限公司
4	海尔集团
5	中兴通讯股份有限公司
6	海信集团有限公司
7	四川长虹电子集团有限公司
8	TCL集团股份有限公司
9	北大方正集团有限公司
10	比亚迪股份有限公司
11	浪潮集团有限公司
12	京东方科技集团股份有限公司
13	创维集团有限公司
14	亨通集团有限公司
15	同方股份有限公司
16	南京南瑞集团公司
17	康佳集团股份有限公司
18	宝胜集团有限公司
19	上海贝尔股份有限公司
20	武汉邮电科学研究院
21	永鼎集团有限公司
22	晶龙实业有限公司
23	航天信息股份有限公司
24	通鼎集团有限公司

续表

名次	公司名称
25	许继集团有限公司
26	四川九洲电器集团有限责任公司
27	中天科技集团有限公司
28	江苏宏图高科技股份有限公司
29	宇龙计算机通信科技(深圳)有限公司
30	骆驼集团股份有限公司
31	河南森源集团有限公司
32	富通集团有限公司
33	中利科技集团股份有限公司
34	深圳华强集团有限公司
35	天津中环电子信息集团有限公司
36	深圳市普联技术有限公司
37	杭州海康威视数字技术股份有限公司
38	共青城赛龙通信技术有限责任公司
39	浙江富春江通信集团有限公司
40	广东无线电集团有限公司
41	惠州市德赛集团有限公司
42	惠州市华阳集团有限公司
43	陕西电子信息集团公司
44	株洲南车时代电气股份有限公司
45	福建省电子信息(集团)有限责任公司
46	福州福大自动化科技有限公司
47	中芯国际集成电路制造(上海)有限公司
48	东软集团股份有限公司
49	歌尔声学股份有限公司
50	天康集团
51	益阳科力远电池有限责任公司
52	大连辽无二电器有限公司
53	大连环宇阳光集团
54	沈阳先锋计算机工程有限公司
55	浙江大华技术股份有限公司
56	中冶赛迪集团有限公司

续表

名次	公司名称
57	铜陵精达铜材(集团)有限责任公司
58	紫光股份有限公司
59	普天东方通信集团
60	中国四联仪器仪表集团有限公司
61	震雄铜业集团有限公司
62	中国华录集团有限公司
63	北京华胜天成科技股份有限公司
64	上海华虹(集团)有限公司
65	深圳市兆驰股份有限公司
66	广东生益科技股份有限公司
67	长飞光纤光缆有限公司
68	江苏新潮科技集团有限公司
69	深圳市神舟电脑股份有限公司
70	横店集团东磁有限公司
71	扬州曙光电缆股份有限公司
72	哈尔滨光宇集团股份有限公司
73	宜昌劲森光电科技股份有限公司
74	大唐电信科技股份有限公司
75	侨兴集团有限公司
76	深圳市共进电子股份有限公司
77	河南环宇集团有限公司
78	双登集团股份有限公司
79	宁波韵升股份有限公司
80	威海北洋电气集团股份有限公司
81	国电南京自动化股份有限公司
82	风帆股份有限公司
83	浙江天乐集团有限公司
84	深圳欧菲光科技股份有限公司
85	山东鲁鑫贵金属有限公司
86	广东汕头超声电子股份有限公司
87	深圳市航盛电子股份有限公司
88	深圳市康冠技术有限公司
89	浙大网新科技股份有限公司
90	大恒新纪元科技股份有限公司
91	中航光电科技股份有限公司

续表

名次	公司名称
92	南通华达微电子集团有限公司
93	浙江晶科能源有限公司
94	华润微电子有限公司
95	天津力神电池股份有限公司
96	天马微电子股份有限公司
97	浙江南都电源动力股份有限公司
98	河南科隆集团有限公司
99	海太半导体(无锡)有限公司
100	江西省电子集团有限公司

资料来源：工业和信息化部。

附录4 2013年中国软件业务收入前百家企业名单

单位：万元

序号	企业名称	软件业务收入
1	华为技术有限公司	10177282
2	海尔集团公司	3785032
3	浪潮集团有限公司	953682
4	北大方正集团有限公司	947393
5	南京南瑞集团公司	742043
6	南京联创科技集团股份有限公司	717800
7	东软集团股份有限公司	688389
8	中国银联股份有限公司	598637
9	航天信息股份有限公司	566275
10	神州数码系统集成服务有限公司	563878
11	海信集团有限公司	553782
12	同方股份有限公司	540000
13	熊猫电子集团有限公司	527117
14	北京华胜天成科技股份有限公司	522859
15	杭州海康威视数字技术股份有限公司	504624
16	福州福大自动化科技有限公司	476594
17	株洲南车时代电气股份有限公司	465764
18	武汉邮电科学研究院	443237
19	用友软件股份有限公司	423521
20	杭州恒生电子集团有限公司	380048
21	浙大网新科技股份有限公司	359375
22	东华软件股份公司	347143
23	国电南京自动化股份有限公司	343100
24	大唐电信科技股份有限公司	319503

续表

序号	企业名称	软件业务收入
25	上海宝信软件股份有限公司	314342
26	沈阳先锋计算机工程有限公司	308115
27	中冶赛迪工程技术股份有限公司	293064
28	浙江大华技术股份有限公司	291596
29	北京全路通信信号研究设计院有限公司	283273
30	中国软件与技术服务股份有限公司	265671
31	中国民航信息网络股份有限公司	252828
32	四川省通信产业服务有限公司	248623
33	中科软科技股份有限公司	217130
34	上海贝尔软件有限公司	215911
35	江苏省通信服务有限公司	210005
36	软通动力信息技术(集团)有限公司	194176
37	太极计算机股份有限公司	191162
38	山东中创软件工程股份有限公司	190530
39	深圳市金证科技股份有限公司	186507
40	大连环宇阳光集团	185209
41	石化盈科信息技术有限责任公司	185014
42	联动优势科技有限公司	181651
43	福建星网锐捷通讯股份有限公司	178519
44	北京小米移动软件有限公司	173473
45	深圳市大族激光科技股份有限公司	172783
46	中控科技集团有限公司	171751
47	四川九洲电器集团有限责任公司	170638
48	江苏集群信息产业股份有限公司	169715
49	博雅软件股份有限公司	161735
50	信雅达系统工程股份有限公司	160070
51	深圳创维数字技术股份有限公司	156994
52	东方电子集团有限公司	156800
53	大连华信计算机技术股份有限公司	147353
54	广州广电运通金融电子股份有限公司	143786
55	启明信息技术股份有限公司	143302
56	珠海金山软件有限公司	141116

续表

序号	企业名称	软件业务收入
57	金蝶软件（中国）有限公司	134478
58	北京神州泰岳软件股份有限公司	130685
59	云南南天电子信息产业股份有限公司	129340
60	深圳市怡化电脑有限公司	126396
61	银江股份有限公司	124135
62	文思海辉技术有限公司	118875
63	一丁集团股份有限公司	116675
64	北京握奇数据系统有限公司	112211
65	江苏南大苏富特科技股份有限公司	107355
66	福建新大陆电脑股份有限公司	105990
67	辽宁天久信息科技产业有限公司	105230
68	杭州和利时自动化有限公司	104775
69	高德软件有限公司	102850
70	江苏国光信息产业股份有限公司	101987
71	云南省通信产业服务有限公司	101864
72	广联达软件股份有限公司	101366
73	沈阳易讯科技股份有限公司	99225
74	北京四方继保自动化股份有限公司	97862
75	珠海全志科技股份有限公司	96594
76	东信和平科技股份有限公司	
77	北明软件有限公司	94861
78	三维通信股份有限公司	94665
79	晨讯科技（沈阳）有限公司	93351
80	深圳市紫金支点技术股份有限公司	93330
81	上海汇付数据服务有限公司	93117
82	成都国腾实业集团有限公司	92593
83	长城信息产业股份有限公司	91537
84	杭州士兰微电子股份有限公司	90514
85	上海华讯网络系统有限公司	90317
86	北京宇信易诚科技有限公司	88957
87	江苏金智科技股份有限公司	86376
88	亿阳信通股份有限公司	83697
89	博彦科技股份有限公司	83647
90	广州海格通信集团股份有限公司	81444
91	上海电科智能系统股份有限公司	81146

续表

序号	企业名称	软件业务收入
92	北京神舟航天软件技术有限公司	81119
93	天津天地伟业数码科技有限公司	81006
94	北京启明星辰信息技术股份有限公司	80521
95	广州理想电子信息技术有限公司	80437
96	威海北洋电气集团股份有限公司	80160
97	广州杰赛科技股份有限公司	80012
98	先锋软件股份有限公司	79171
99	福建富士通信息软件有限公司	79132
100	远光软件股份有限公司	78638

资料来源：工业和信息化部。

附录5 2013年度中国互联网100强名单

排名	名称
1	腾讯(深圳市腾讯计算机系统有限公司)
2	阿里巴巴(阿里巴巴集团)
3	百度(百度公司)
4	网易(网易公司)
5	搜狐(搜狐集团)
6	新浪网(新浪公司)
7	奇虎360(北京奇虎科技有限公司)
8	盛大网络(上海盛大网络发展有限公司)
9	巨人(上海巨人网络科技有限公司)
10	完美世界〔完美世界(北京)网络技术有限公司〕
11	京东(北京京东叁佰陆拾度电子商务有限公司)
12	人人网(人人公司)
13	携程(上海携程商务有限公司)
14	凤凰网(北京天盈九州网络技术有限公司)
15	优酷网〔合一信息技术(北京)有限公司〕
16	4399小游戏(四三九九网络股份有限公司)
17	苏宁易购(苏宁云商集团股份有限公司)
18	太平洋电脑网(广东太平洋互联网信息服务有限公司)
19	号码百事通(号百信息服务有限公司)
20	乐视网〔乐视网信息技术(北京)股份有限公司〕
21	世纪佳缘(上海花千树信息科技有限公司)
22	艺龙(北京艺龙信息技术有限公司)
23	当当网(北京当当科文电子商务有限公司)
24	易车网(北京易车信息科技有限公司)
25	新华网(新华网股份有限公司)

续表

排名	名称
26	人民网(人民网股份有限公司)
27	PPS网络电视(上海众源网络有限公司)
28	唯品会(广州唯品会信息科技有限公司)
29	亚马逊中国(北京世纪卓越信息技术有限公司)
30	中关村在线、爱卡汽车(北京智德典康电子商务有限公司)
31	MSN(上海美斯恩网络通讯技术有限公司)
32	美团网(北京三快科技有限公司)
33	智联招聘(北京智联三珂人才服务有限公司)
34	央视网(央视国际网络有限公司)
35	酷狗音乐(广州酷狗计算机科技有限公司)
36	起凡游戏(上海起凡数字技术有限公司)
37	迅雷(深圳市迅雷网络技术有限公司)
38	搜房网(北京搜房科技发展有限公司)
39	联动优势(联动优势科技有限公司)
40	PPlive(上海聚力传媒技术有限公司)
41	电驴(上海心动企业发展有限公司)
42	世纪天成(上海邮通科技有限公司)
43	前程无忧〔前锦网络信息技术(上海)有限公司〕
44	网龙(91)(福建网龙计算机网络信息技术有限公司)
45	56(广州市千钧网络科技有限公司)
46	世纪互联(北京世纪互联宽带数据中心有限公司)
47	汽车之家(北京车之家信息技术有限公司)
48	中国天气网(北京维艾思气象信息科技有限公司)
49	凡客〔凡客诚品(北京)科技有限公司〕
50	开心网(北京开心人信息技术有限公司)
51	第九城市(上海第九城市信息技术有限公司)
52	昆仑游戏(北京昆仑万维科技股份有限公司)
53	美丽说(北京美丽时空网络科技有限公司)
54	联众世界(北京联众互动网络股份有限公司)
55	金山(金山软件有限公司)
56	178游戏网(北京智珠网络技术有限公司)
57	豆瓣网(北京豆网科技有限公司)

续表

排名	名称
58	2345网址导航(上海瑞创网络科技股份有限公司)
59	58同城(北京五八信息技术有限公司)
60	酷我音乐(北京酷我科技有限公司)
61	空中网(北京空中信使信息技术有限公司)
62	金融界〔财富软件(北京)有限公司〕
63	麦考林(麦考林公司)
64	天极网(重庆天极网络有限公司)
65	聚美优品(北京创锐文化传媒有限公司)
66	光宇游戏(北京光宇在线科技有限责任公司)
67	东方财富网(东方财富信息股份有限公司)
68	51.com(上海我要网络发展有限公司)
69	六间房(北京六间房科技有限公司)
70	瑞星(北京瑞星信息技术有限公司)
71	银泰电子商务(浙江银泰电子商务有限公司)
72	17k小说网(北京中文在线文化传媒有限公司)
73	天涯(海南天涯社区网络科技股份有限公司)
74	同程网(同程网络科技股份有限公司)
75	百合(北京百合在线科技有限公司)
76	大智慧(上海大智慧股份有限公司)
77	快钱(快钱支付清算信息有限公司)
78	蘑菇街(杭州卷瓜网络有限公司)
79	和讯网(北京和讯在线信息咨询服务有限公司)
80	东方网(上海东方网股份有限公司)
81	网秦(北京网秦天下科技有限公司)
82	趣游〔趣游(北京)科技集团有限公司〕
83	37玩(上海三七玩网络科技有限公司)
84	慧聪网(北京慧聪国际资讯有限公司)
85	虎扑体育〔虎扑(上海)文化传播有限公司〕
86	5173(金华比奇网络技术有限公司)
87	39健康网(广州启生信息技术有限公司)
88	中华网(北京华网汇通技术服务有限公司)
89	暴风影音(北京暴风科技股份有限公司)
90	焦点科技(焦点科技股份有限公司)
91	小米网(北京小米科技有限责任公司)
92	拓维信息(拓维信息系统股份有限公司)

续表

排名	名称
93	菲音(广州菲音信息科技有限公司)
94	多益网络(广州多益网络科技有限公司)
95	绿岸网络(上海绿岸网络科技股份有限公司)
96	珍爱网(深圳市珍爱网信息技术有限公司)
97	263在线(二六三网络通信股份有限公司)
98	维动网络(广州维动网络科技有限公司)
99	大众点评网(上海汉涛信息咨询有限公司)
100	武神(北京武神世纪网络技术股份有限公司)

资料来源：中国互联网协会。

附录6 1998~2013年英特尔投资的中国IT企业

单位：万美元

编号	涉及企业	发生时间	投资类型	涉及金额
1	点名时间	2013年12月1日	风险投资	N/A
2	CSDN	2013年10月23日	风险投资	N/A
3	晶赞科技	2013年3月28日	风险投资	N/A
4	直真科技	2012年4月25日	风险投资	N/A
5	云联科技	2012年1月12日	风险投资	N/A
6	花生共和	2012年1月12日	风险投资	N/A
7	马可波罗	2011年11月15日	风险投资	N/A
8	Miartech	2011年11月15日	风险投资	N/A
9	Animoca	2011年11月15日	风险投资	N/A
10	佳品网	2011年9月5日	风险投资	2000
11	永新视博	2011年8月4日	风险投资	N/A
12	六度贸易	2011年8月4日	风险投资	N/A
13	博康智能	2011年8月4日	风险投资	N/A
14	Crowdstar	2011年5月24日	战略投资	2300
15	创业软件	2011年4月28日	风险投资	N/A
16	创新科	2011年4月28日	风险投资	N/A
17	播思通讯	2011年2月14日	风险投资	N/A
18	赢销通	2010年11月17日	风险投资	N/A
19	东方网力	2010年10月21日	风险投资	N/A
20	好乐买	2010年7月15日	风险投资	2000
21	凤凰新媒体	2009年11月9日	私募股权投资	2500
22	蓝汛通信	2009年9月24日	风险投资	N/A
23	新奥特	2009年8月28日	风险投资	N/A
24	银江电子	2009年2月11日	风险投资	N/A

附录6 1998~2013年英特尔投资的中国IT企业

续表

编号	涉及企业	发生时间	投资类型	涉及金额
25	望海康信	2008年10月28日	风险投资	N/A
26	汇能科技	2008年10月28日	风险投资	300
27	创益科技	2008年10月28日	风险投资	2000
28	力成科技	2008年10月1日	风险投资	6500
29	新奥特	2008年5月23日	私募股权投资	5000
30	东方宽频	2008年4月11日	风险投资	1200
31	浩方在线	2008年4月8日	风险投资	N/A
32	随视传媒	2007年11月26日	风险投资	500
33	中控技术	2007年10月1日	风险投资	1050
34	谱瑞	2007年9月1日	风险投资	1450
35	唯晶科技	2007年7月13日	风险投资	800
36	百科飞	2007年7月10日	风险投资	N/A
37	凤凰微电子	2007年5月10日	风险投资	N/A
38	51.com	2007年5月10日	风险投资	1200
39	蓝汛通信	2007年4月25日	私募股权投资	3153
40	凌讯科技	2007年3月21日	私募股权投资	4000
41	穗彩科技	2007年3月14日	风险投资	N/A
42	ViDeOnline	2007年2月15日	风险投资	1200
43	赢思软件	2007年1月1日	风险投资	800
44	东软集团	2006年9月26日	私募股权投资	4000
45	乐拍	2006年9月1日	风险投资	1500
46	金山软件	2006年8月18日	私募股权投资	5000
47	易宝	2006年8月1日	风险投资	400
48	海辉软件	2006年6月30日	私募股权投资	3000
49	澜起科技	2006年6月29日	风险投资	1050
50	迪岸传媒	2006年6月21日	风险投资	N/A
51	亿美软通	2006年5月26日	风险投资	600
52	唯晶科技	2006年4月1日	风险投资	300
53	A8音乐	2005年12月7日	风险投资	2000
54	Cellon	2005年11月30日	私募股权投资	3550
55	艾维通信	2005年11月4日	风险投资	N/A
56	蓝汛通信	2005年9月26日	风险投资	850

续表

编号	涉及企业	发生时间	投资类型	涉及金额
57	珠海炬力	2005年9月2日	风险投资	8000
58	思华科技	2005年8月15日	风险投资	N/A
59	芯原微电子	2005年8月15日	风险投资	1350
60	芯邦微电子	2005年7月29日	风险投资	250
61	博动科技	2005年3月1日	风险投资	N/A
62	海辉软件	2004年7月31日	私募股权投资	2400
63	天融信	2004年6月5日	风险投资	N/A
64	BCD半导体	2004年6月1日	私募股权投资	5000
65	方泰电子	2004年5月18日	风险投资	N/A
66	鼎芯通讯	2004年4月1日	风险投资	700
67	德信无线	2004年4月1日	风险投资	1400
68	昂科技术	2003年12月1日	风险投资	300
69	N/A	2003年8月1日	风险投资	N/A
70	迈普通信	2003年6月5日	风险投资	1500
71	尚阳科技	2002年11月1日	风险投资	5800
72	BCD半导体	2002年5月12日	风险投资	1300
73	天盟网络	2002年5月2日	风险投资	400
74	UT斯达康	2002年4月24日	风险投资	950
75	联创科技	2002年4月1日	风险投资	1400
76	长天科技	2001年9月1日	风险投资	1700
77	凯门通信	2001年6月1日	风险投资	1050
78	中正认证	2001年4月3日	风险投资	200
79	邦永科技	2001年1月1日	风险投资	N/A
80	朗新	2000年9月1日	风险投资	1600
81	连宇通信	2000年8月1日	风险投资	2000
82	兆日技术	2000年1月1日	风险投资	N/A
83	凯思昊鹏	2000年1月1日	风险投资	N/A
84	连宇通信	2000年1月1日	风险投资	650
85	金益康	1999年11月1日	风险投资	N/A
86	亚信联创	1999年8月1日	风险投资	2000
87	适普软件	1999年3月3日	风险投资	150
88	洪恩教育	1999年1月1日	风险投资	N/A
89	美通无线	1998年12月5日	风险投资	980
90	搜狐	1998年3月1日	风险投资	210

资料来源：工业和信息化部电子科学技术情报研究所整理。

参考文献

[1] IMF, World Economic Outlook, 2013.

[2] Reed Electronics Research, The Yearbook of World Electronics Data, 2013.

[3] Ernst & Young, Global Technology M&A Update, 2013.

[4] IT Maturity Model, Gartner, 2012.

[5] ICT Facts and Figures Features, ITU, 2012.

[6] GSA Evolution to LTE Report, GSA, 2013.

[7] IMF, 2013 World Economic Outlook-Hopes, Realities, and Risks, http://www.imf.org/external/pubs/ft/weo/2013/01/index.htm, 2013.

[8] IMF, World Economic Outlook-Coping with High Debt and Sluggish Growth, http://www.imf.org/external/pubs/ft/weo/2012/02/10, 2012.

[9] OECD, Internet Economy Outlook 2012, http://www.oecdilibrary.org/science-and-technology/oecd-internet-economy-outlook-2012_9789264086463-en, 2012.

[10] The Yearbook of World Electronics Data 2012/2013, Reed Electronics Research, 2012.

[11] Price Waterhouse Coopers, Technology Sector Scorecard (2012 Q1 - Q4), http://www.pwc.com/gx/en/technology/scorecard/index.html.

[12] Ernst & Young, Global Technology M&A Update (2012Q1 - Q4), http://www.ey.com/CN/en/Industries/Technology.

[13] OECD Internet Economy Outlook, OECD, 2012.

[14] Asia/Pacific Quarterly Mobile Phone Tracker, IDC, 2012.

[15] Worldwide Mobile Phone Tracker, IDC, 2012.

[16] 2012 Software 500, Software Magazine, 2012.

[17] 2012 Smartphone Guide, Gartner & Nomura, 2012.

[18] Worldwide Smartphone Mobile OS 2012~2016 Forecast and Analysis, IDC, Dec, 2012.

[19] Mobile Location Based Services Marketing Whitepaper, Mobile Marketing-Association, 2011.

[20] Marketing Goes Local, PWC, 2011.

[21] 2012 Year in Review, Distimo, 2012.

[22] 2012 Global IPO Update, Ernst & Young, 2012.

[23] 2012 Global Technology IPO Review, PWC, 2012.

[24] 2012 Global Technology M&A Update, Ernst & Young, 2012.

[25] Mobile Financial Services White Paper, Noribo Technologies, 2011.

[26] Mobile Platforms: The Clash of Ecosystems, Vision Mobile, 2011.

[27] Gloabal100, Total Telecom, 2012.

[28] Hype Cycle for Big Data, Gartner, 2012.

[29] Extracting Valuefrom Chaos, IDC, 2011.

[30] 李德升:《我国IT产业发展态势分析》,《金融电子化》,2013年10月。

[31] 万建华:《金融e时代:数字化时代的金融变局》,中信出版社,2013。

[32] 吴成丕:《金融革命:财富管理的互联网竞争》,中国宇航出版社,2013。

[33] 第一财经新金融研究中心:《中国P2P借贷行业服务白皮书》,中国经济出版社,2013。

[34] 《第31次中国互联网络发展状况统计报告》,CNNIC,2013。

[35] 李飞:《移动互联网产业链研究报告》,工业和信息化部电子科学技术情报研究所,2013。

[36] 付伟:《移动互联网芯片技术体系及发展趋势研究报告》,工业和信

息化部电子科学技术情报研究所，2013。

[37] 付伟：《移动互联网系统软硬件技术体系及发展趋势研究报告》，工业和信息化部电子科学技术情报研究所，2013。

[38] 付伟：《移动互联网系统软件技术体系及发展趋势研究报告》，工业和信息化部电子科学技术情报研究所，2013。

[39] 《大数据：创新、竞争和提高生产率的下一个新领域》，麦肯锡，2011。

[40] 《2012~2013年技术曲线成熟度（Hype Cycles）的报告》，Gartner，2012。

[41] 《2011~2012年中国大数据市场研究报告》，计世资讯，2013。

[42] 《国家重要基础数据总量分析及需求评估研究》，工业和信息化部电子科学技术情报研究所，2013。

[43] 《大数据市场收入排行榜与未来预测分析》，Wikibon，2013。

[44] 《奥巴马投2亿美元，大数据上升为国家意志》，《国金证券》2012年3月30日。

[45] 《中国第三方移动应用商店市场研究报告》，易观，2012。

[46] 陈新河：《转型与扩张——2013世界软件产业发展趋势和展望》，《软件与信息技术服务业动态》，2012。

[47] 陈新河：《借鸡生蛋，以最低成本构建可持续发展生态——小米与苹果商业模式的对比研究》，2012。

[48] 《2012年中国手机浏览器用户行为研究报告》，CNNIC，2012。

编后记

《中国IT产业发展报告（2013~2014）》是数字中国联合会与工业和信息化部电子科学技术情报研究所合作研究的成果。其简版报告曾在"中国（深圳）IT领袖峰会"上发布，引起了参会嘉宾、媒体和观众的高度关注和好评。

《中国IT产业发展报告（2013~2014）》以"互联网促进跨界融合"为主题，对本年度中国IT产业的发展态势、发展特点、发展热点进行了梳理和分析，并对未来发展趋势进行了展望。在报告的编写过程中，邬贺铨（中国工程院院士）、沈昌祥（中国工程院院士）、倪光南（中国工程院院士）、刘韵洁（中国工程院院士）、周宏仁（国家信息化专家咨询委员会常务副主任）、李明（国务院发展研究中心信息化建设领导小组办公室主任）、宫亚峰（国家信息技术安全研究中心副总工程师）、姜奇平（中国社科院信息化研究中心秘书长）、俞永福（UC优视科技公司董事长兼CEO）、郑雨林（用友软件公司高级副总裁）、陈尚义（百度公司技术委员会理事）、杨景（中国移动研究院首席科学家）、胡延平（DCCI互联网数据中心创始人）、宋涛（小米科技公司董事长助理）等众多业界专家给予了悉心的指导，提出了宝贵的建议和意见。社会科学文献出版社对本报告的出版给予了大力支持，对报告提出了许多中肯的意见，特别是承担了繁重的编辑任务，在此一并表示衷心的感谢。

《中国IT产业发展报告（2013~2014）》编写组

2014年5月

图书在版编目(CIP)数据

中国IT产业发展报告.2013～2014/李颖主编.—北京：社会科学文献出版社，2014.6
 ISBN 978-7-5097-6025-3

Ⅰ.①中… Ⅱ.①李… Ⅲ.①IT产业-经济发展-研究报告-中国-2013～2014 Ⅳ.①F49

中国版本图书馆CIP数据核字（2014）第098520号

中国IT产业发展报告（2013～2014）

主　编/李　颖

出 版 人/谢寿光
出 版 者/社会科学文献出版社
地　　址/北京市西城区北三环中路甲29号院3号楼华龙大厦
邮政编码/100029

责任部门/皮书出版分社 （010）59367127　　责任编辑/吴　敏
电子信箱/pishubu@ssap.cn　　　　　　　　　 责任校对/王海荣
项目统筹/邓泳红　吴　敏　　　　　　　　　 责任印制/岳　阳
经　　销/社会科学文献出版社市场营销中心 （010）59367081　59367089
读者服务/读者服务中心 （010）59367028

印　　装/北京季蜂印刷有限公司
开　　本/787mm×1092mm　1/16　　　　　印　张/22.5
版　　次/2014年6月第1版　　　　　　　　 字　数/335千字
印　　次/2014年6月第1次印刷
书　　号/ISBN 978-7-5097-6025-3
定　　价/98.00元

本书如有破损、缺页、装订错误，请与本社读者服务中心联系更换

▲▲ 版权所有　翻印必究